発達と保育を支える
巡回相談

臨床発達支援とアセスメントのガイドライン

金谷京子［編著］

金子書房

はじめに

　保育所・幼稚園での配慮の必要な子どものための巡回相談は，県単位の実施に留まらず市町村という自治体独自のシステムで実施されるなど，広く普及してきている。その一方で，巡回相談にあたる相談員の資格基準がなく，さまざまな課題も生じている。例えば，保育者に無理な注文を助言として語っていくなど，保育者を困らせる相談員もいる。

　保育者を困らせる原因の一つとして，巡回相談員が，保育がどのように運営されるのか，「保育」そのものを知らないことがあると思われる。行政等から要請される巡回相談の目的は，気になる子どもの指導への助言となっている。そのため，気になる子どもの行動のみに焦点があたり，他児との関係性や，保育者との関係性を含めて保育を総合的に観ずに気になる子どもの立場のみを援護するような視点で保育者に助言してしまっていることである。保育の現場は，気になる子だけがいるわけではない。周囲の子どもたちと「共に育ち合っている」のである。

　本書は，子どもは「共に育つ」という視点に立ちながら，いかに保育の現場で子どもたちも保育者も楽しく，かつ健全な成長をしていけるかを考える一助になることを目指して記している。

　本書は三部構成で，第Ⅰ部は「発達支援としての巡回相談」として第1章では，巡回相談の意義と理念について，第2章では筆者らが新たに開発したアセスメントの一つとしての行動チェックリストの紹介と使用法について，第3章は障害種別に応じたチェックリストの活用について仮想事例を用いて述べた。

　第Ⅱ部では保育を主軸にした巡回相談の観点から，第4章では，巡回相談の現状と課題について保育現場の声を聞きながら記した。第5章は，保育現場で求められる巡回相談について，第6章では保育者を力づけるための巡回相談員の心構えについて述べた。

　第Ⅲ部では保護者や他機関との連携を念頭におき，第7章は，保護者支援の留意点について，第8章は，巡回相談に関わる諸制度やシステムについて，第9章では小学校への移行支援を記した。

　各部にはQ&Aを設け，具体的な対応例を記している。

　本書の発刊にあたっては，金子書房の編集部井上誠氏，木澤英紀氏にご尽力いただいた。また筆者らが巡回相談に行っている保育所・幼稚園の先生方にもご協力いただき，感謝申し上げる。

2017年10月

金谷　京子

CONTENTS

はじめに　i

第Ⅰ部　発達支援としての巡回相談

第1章　保育のための巡回相談の実施にあたって

1　改めて巡回相談を考える ………………………………………… 2
2　巡回相談員に必要なこと ………………………………………… 3
3　乳幼児巡回相談の特徴と課題 …………………………………… 4
4　「気になる子ども」を包み込んだ保育を支えるために ……………… 6
5　集団保育の良さと難しさを認識する …………………………… 8
6　具体的な巡回相談の進め方 ……………………………………… 9
7　幼児のための特別支援教育の現状と巡回相談の今後の課題 ………… 11

第2章　巡回相談のための行動チェックリストの開発とその意義について

1　巡回相談のための5歳児用行動チェックリスト第1版（試行版）の開発 13
2　4歳児用と3歳児用行動チェックリスト作成の試み ……………… 19
3　今後の展望と課題 ………………………………………………… 25

第3章　行動チェックリストと行動観察表を活用した支援例

1　自閉症スペクトラム障害の事例 ………………………………… 29
2　知的障害のある子どもの事例 …………………………………… 38
3　ＡＤＨＤ事例 …………………………………………………… 44
4　ギフテッド事例 ………………………………………………… 57
5　発達性協調運動障害（ＤＣＤ）事例 …………………………… 61

相談①　「ことばの発達に遅れのある子どもへの支援のポイントは？」72
相談②　「音に過敏に反応する子どもの支援のポイントは？」73
相談③　「友だちを叩く子どもにどう対応すればいいのか？」74

第Ⅱ部　保育を大切にした巡回相談

第4章　巡回相談の現状と課題—保育現場の声

1　巡回相談の手順 …………………………………………………… 76
2　巡回相談の現状と課題 …………………………………………… 77

第5章　求められる巡回相談とは？

1 はじめに …………………………………………………… 84
2 求められる巡回相談の役割 …………………………………… 85
3 インクルーシブ保育と今後の巡回相談のあり方 ………………… 91
　　―子ども理解と行動チェックリストの活用

第6章　保育者をエンパワメントする巡回相談員の心構え

1 保育者の主体性・専門性を大切にする　……………………… 96
2 実践に根ざした課題解決のプロセスを共有する ……………… 100
3 保育者との協働関係を構築する ……………………………… 110

相談④ 「障害のある子と加配保育士だけで"小さな世界"になってしまいます」116
相談⑤ 「障害のある子の支援に園内でなかなか共通理解が図れません」117

第Ⅲ部　連携と協働を通じた支援

第7章　保護者支援で留意したいこと

1 子どもの気になる行動の発現期と保護者の気づき ……………… 120
2 乳幼児健診と保護者へのフォロー ……………………………… 122
3 障害の認識と受容 ………………………………………………… 123
4 保護者は子どもの何が気になるのか ………………………… 124
5 保護者の情報源はなにか ………………………………………… 125
6 保育者と保護者の見方 …………………………………………… 125
7 保護者の気持ちに寄り添う ……………………………………… 126
8 一番困るのは子ども本人 ………………………………………… 128

第8章　巡回相談をめぐる諸制度とシステム

1 現行の保育制度について …………………………………… 129
2 巡回相談の諸制度　………………………………………… 140

第9章　小学校への移行を支援する

1 なぜ移行支援が必要か ………………………………………… 151

2 幼児期から小学校期への子どもの変化を知る ………………… 152

3 どのように移行期の支援をするか ……………………………… 152

4 配慮が必要な子どもへの就学にあたっての保護者支援 ……… 156

相談⑥ 「わが子の障害を認めない保護者とどう向かい合えばいいですか？」158

相談⑦ 「園にいろいろと要求を向けてくる保護者とどう関わればいいですか？」159

相談⑧ 「虐待の可能性のある保護者との接し方は？」160

相談⑨ 「専門機関を利用している園児に関して，専門職との有効な連携の方法は？」161

相談⑩ 「園内研修やケースカンファレンスをうまく進めるポイントは？」162

おわりに　163

索　引　165

資　料　巡回相談に活用できるシート　169

第I部

発達支援としての
巡回相談

保育のための
巡回相談の実施にあたって

金谷京子

> 保育巡回相談にあたっては，巡回相談員の倫理観，保育観，発達観が問われる。対象となる子どもや保育者の人権を尊重し，巡回相談対象児にかぎらず，保育を受けている子ども達の最善の利益を尊重し，発達を考慮した支援をする必要がある。

1 | 改めて巡回相談を考える

　巡回相談とは，「子どもの生活する場に専門家が出向き，生活文脈の中での子どもの育ちをアセスメントし，保育の中での支援のあり方について検討すること」(木原，2011)である。と言われているものの，巡回相談にあたる相談員は，心理の資格をもっている者があたっているとは限らない。特別支援学校の教員があたったり，保健師があたったりと，特に巡回相談員の資格の規定がないのでさまざまな職種の者があたっている。中には集団での「保育」の特質を十分理解していない巡回相談員が，他児との関係性を考慮せず，対象児の能力の問題のみについて助言し，対象児のために過大な課題を保育者に投げかけ，保育者がクラス運営の中でどうしてよいのか当惑してしまうような例もある。巡回相談員の専門性の質が問われるケースもあるのである。

　こうした現状を改善するために，本章では，保育のための巡回相談のあり方を再考したい。

2 | 巡回相談員に必要なこと

1）倫理観を持つ

　筆者らが行う発達支援では，他児と異なる子どもの状態を，良し悪しの価値観と結びつけて考えることはしない。たとえ他児と行動や考えが異なったとしても，それを排除に結びつけない，その子どもの存在自体をまず受け入れることを基本姿勢とする理念に基づいて巡回相談を実施している。

　つまり，排除のための巡回相談ではなく，対象となる子どもが在籍する保育の場でいかにインクルーシブな保育ができるかを共に考えることを目的としている。

　2016年4月から障害を理由とする差別の解消の推進に関する法律（内閣府，2013）が施行された。本法の趣旨は障害を理由に不当な差別的取扱いをしてはならないということである。これは，保育所や幼稚園においても保護者が希望すれば，正当な理由がない限り，障害を理由にサービスの提供を拒否したり，制限したり，条件を付けたりするような行為は禁止するというものである。保育所は保護者が働いているなどの入所条件はあるが，正当な理由がない限り障害を理由に入園を拒否したり子どものケアを拒否したりしてはならないと解釈できる。すでに在籍している子どもであれば，その場で合理的配慮をしていく務めがあるということになる。

　こうした人権への配慮は，援助職である巡回相談員も常に念頭においておかなくてはならない。相手が，障害があるかないかは別としても援助職は相手の人権について十分配慮する必要がある。人権の配慮については，「世界人権宣言」（外務省，2017a）や「子どもの権利に関する条約」（外務省，2017b）も熟読しておくことをお勧めする。

　また，後述する記録の送付時の注意など，個人情報の保護等守秘義務についても遵守されたい。こうした倫理遵守については全国保育士会倫理綱領（全国保育士会，2003）も参考にするとよい。

2）保育観を持つ

　巡回相談では，①相談として対象にあがった園児の問題の見立てと，発達支援の方法について，②気になる子どもを含めた保育集団における保育の困難さへの対処について，③保育者の保護者支援への援助，④利用できる地域資源について検討することが望ましい。そのためには，対象にあがった園児のみを観察し，園児の問題行動を分析しても解決にはならない。

　保育者が保育観をもって保育に携わることは当然であるが，保育者を支援する巡回相談員も子どもを保育の場でどのように育てるのかといった保育観をもっていないと支援はできない。ただし，その園で保育をするのは保育者なので，保育者の保育観に寄り添いながら子どもの最善の利益を第一に考えつつ，保育を共に考えていくことが求められる。

3）発達観を持つ

　子どもの発達支援をしていくには，子どものその時期，その時期の発達特性を理解していないと問題解決に繋がらない。そこでまず，乳幼児期の発達の特徴について 2017年に告示された保育所保育指針（厚生労働省，2017）を通して把握しておきたい。発達を知る意義は，子どもの未来に想いを寄せながら，今の子どもが最大限に可能性を発揮できるように環境を整える作業ができるようにするためである。本章では，乳幼児期の発達について記すが，子どもの将来の社会的自立を考えるには，その後の発達についても把握しておく必要がある。児童期の発達については第 9 章を参照されたい。

　2017年告知の保育所保育指針には，乳幼児の発達を以下のように記してある。

① 乳児期の特徴

「乳児期の発達については，視覚，聴覚などの感覚や，座る，はう，歩くなどの運動機能が著しく発達し，特定の大人との応答的な関わりを通じて，情緒的な絆が形成されるといった特徴がある。」

② 1 歳以上 3 歳未満児

「歩き始めから，歩く，走る，跳ぶなどへと，基本的な運動機能が次第に発達し，排泄の自立のための身体機能も整うようになる。つまむ，めくるなど指先の機能も発達し，食事，衣類の着脱なども，保育士等の援助の下で自分で行うようになる。発声も明瞭になり，語彙も増加し，自分の意思や欲求を言葉で表出できるようになる。」

③ 3 歳以上児

「運動機能の発達により，基本的な動作が一通りできるようになるとともに，基本的な生活習慣もほぼ自立できるようになる。理解する語彙数が急激に増加し，知的興味や関心も高まってくる。仲間と遊び，仲間の中の一人という自覚が生じ，集団的な遊びや協同的な活動も見られるようになる。」

　以上の乳幼児期の定型発達の特徴を踏まえたうえで巡回相談では，保育者が「気になる」とする園児の特徴をみていくことになる。相談対象となった園児の特徴をみるためには，第 2 章の行動チェックリストも参考にしていただきたい。

3 ｜ 乳幼児巡回相談の特徴と課題

　乳幼児巡回相談時のアセスメントは必須であるが，難しさもあるので慎重にしたい。以下，乳幼児巡回相談の特徴と課題について記しておく。

① 乳幼児期は発達的変化が著しい時期であるために障害の診断が難しい。心理アセスメントも慎重を極める。生まれ月による成長の差もあり，同じクラスの中でも子どもの発達の様相の違いがある。アセスメントする際は，こうした点を十分考慮しなくてはならない。

② 障害が疑われる子どもの名前が巡回相談にあがったときに，その子どもの行動観察と支援

についてのカンファレンスに集中しがちであるが，家庭環境についての情報収集も必要である。

③　幼児期は感情のコントロールが未熟であったり，言語化が未熟であったりすることからさまざまな行動表現をする。それらは必ずしも障害が原因となるとは限らない。例えば，ネグレクトなどの家族関係の問題があって落ち着かない様子が見られ，感情が不安定になり，あたかも ADHD と同様の行動をとったりするケースもある。また，保護者が外国人で第一言語の問題があるために他児や保育者とコミュニケーションがうまく取れず，自閉症スペクトラム様の行動をとっている場合もある。

④　保育所・幼稚園は小学校に比べ，園での日常の生活場面の自由度が大きく，一斉で行う知識学習場面が少ない。また，標準知能検査等を園の中で行うことも困難なので，認知面のアセスメントが難しいことが多い。したがって日ごろ子どもを観察している保育者からの情報が頼りになる。時には，保護者からの情報も必要になることもある。発達支援センターなどで発達検査を受けている場合は，保護者からその情報を得てアセスメントの参考にするとよい。

⑤　保育所や幼稚園は集団活動が中心の生活を送っており，特定の子どもを取りだして別室で保育するスタイルは多くの園ではとっていない。中には，クールダウンの意味で，または興味を拡げることを目的に別室保育を短時間にする場合もあるが，多くの場合は，加配という形でメイン保育者以外の保育者が気になる子どもに付いて補助をする形が多い。したがって，クラスの中での対象児と他児との関係やメイン保育者との関係，集団活動への参加法などについてもコンサルテーションをする必要が出てくる。そのためには，巡回相談員も「保育」についての理解を深めておくことが望まれる。

⑥　保育現場では保育者が複数で保育にあたることも多いので，園全体の保育体制のアセスメントやコンサルテーションが必要になる。

⑦　①で述べたこととも関連して，保護者が子どもの問題を認識していないこともある（ことに1歳6カ月や3歳児健診で「問題なし」「様子を見ましょう」で通過の場合は保護者に認識されにくい）。保護者の認識と保育者の認識がずれることがよくある。

⑧　学校への移行の問題を心配して専門機関での早期発見，早期支援を行うべきと保育者は訴えることが多く，専門機関との連携を求めるが，地域によっては社会資源として幼児の療育機関がない場合がある。となると保育所や幼稚園で使える療育的ノウハウを伝える必要が出てくることもある。

　巡回相談では，以上のような乳幼児期の特有の問題を踏まえながら個々の子どもの問題や，クラスの一員としての問題に対応していくことが求められる。

4 | 「気になる子ども」を包み込んだ保育を支えるために

1）保育者は子どもの何が気になるのか

　保育所や幼稚園での巡回相談は保育者からあげられた「気になる子ども」について相談にのることが務めとなる。相談対象にあがってくる乳幼児は医療機関で診断を受けた子どももいれば，受けていない子どももいる。すでに診断が下っていれば，クラスでの子どもの行動は気にならない，ということではない。診断が下っていようがいまいが気になるので巡回相談の対象としてあがってくるのである。

　では，保育者は子どもの何が「気になる」のであろうか。藤井（2008）がA市の保育所への巡回相談を実施しながら40事例について保育者を対象に「保育者が気になる子どもの行動」について調査した。その結果によれば，保育者が気になるとしてあげた主な子どもの行動は，発達の遅れから生じる行動（全体的な遅れ，運動・言語機能の発達の遅れ），会話が成立しない（話しかけに応じない，一方的に話す，オウム返し，文字は読めるが会話にならない等），集団活動時に落ち着きがなく活動や課題に集中しない（動き回る，つぎつぎと違う遊びをする，体のどこかが動いている，ふらふらする，参加しないで寝転がる等），自分の思いどおりにならないときに，他児に手を出す，つぎの活動への切り替えがスムーズにできない（パニックになる，こだわる，時間がかかる等）が多くあがっている。

　上記調査結果からも見えるように，保育者は①定型発達から逸脱すること，②クラス集団活動についていけないこと，③他児とのトラブル，④保育者の指示が通らず保育がやりにくい，⑤小学校へ就学したらできないことが多くて困るであろうことなど，を気にしているようである。上記①の発達の逸脱，②クラス集団活動からの逸脱，③他児とのトラブル，⑤就学後の困難については，主に子ども自身に問題の要因があることが多いが，④は保育者の保育のやりにくさと関係し，保育者の都合で気になっているとも考えられる。

　さて，発達の逸脱があると子どもにとってどのような不利があるのであろうか。クラスの集団行動についていかれないと子どもにとってどのような困難があるのであろうか。また，何が就学後の困難と予想できるのであろうか。気になるとした保育者の思いは，保育者の保育観や児童観あるいは発達観と関連しているはずである。巡回相談にあたっては，保育者の困ることに耳を傾けるのみにとどまらず，子どもをどのように育てたいか，どのように保育したいのか，保育者の保育に対する理念や児童観，あるいは発達観を確認しておく必要がある。どのような保育観や発達観を保育者がもっているかによって，保育者のクラスの子どもへの対応についての助言の内容も左右されるからである。

　保育者が，発達が「気になる」とするときは，定型発達（およそ同年齢の子どもの70％が通過する発達の様相）と「気になる子」は異なると判断してのことでであろう。果たして人と

異なることで何が不利になるのであろうか。もし仮に人と異なることは良くないことという価値観が保育者にあるとすれば、排斥の論理に繋がる可能性があるので注意したい。子どもたちの違いを包み込む保育観をもってほしい。

2）生活するために何が支障になるのかを見立てる

巡回相談の対象児の生活機能や障害の状況を分析し、対策を立てるうえでICF（国際生活機能分類）（図1-1）も参考になる。ICFでは、生活機能構造を心身機能・身体構造、活動、参加に分類し、それに個人因子と環境因子が関わっているとしている。これらの因子と因子間の関係性を丁寧にアセスメントしていくことで、障害児にとっての障壁を分析でき、対応策を考えることができる。

例えば、つぎのように分析し、対策を立てることができる。

聴覚障害のある幼児がクラスで聴こえづらく（心身機能）て保育者の指示に反応せず（活動）、集団活動にもすぐ参加しない（参加）ことが多かった。さらに調べてみると、子どもは補聴器を装着していない（個人因子）、保育者は遠くの後方から話しかける（環境因子）ことが多く、ジェスチャーや絵や図を使うこともなかった（環境因子）ことがわかった。そこで、幼児には補聴器を装着してもらい（心身機能の補完）、前方から保育者が話しかけるようにする、ジェスチャーや絵などを使用して伝えたいことを可視化する（環境の改善）などをしたところ活動や参加に支障をきたさなくなった。

このように何が対象児の障壁になっているのかを丁寧にアセスメントすることも巡回相談員の役割である。

なお、図1-1の活動、参加の内容をチェックする際に、筆者らが開発した行動チェックリストを利用して分析してみることもできるので活用されたい（第2章参照）。

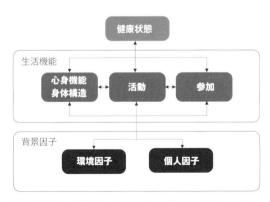

図1-1 ICF（国際生活機能分類）の構成要素間の相互作用　出典：厚生労働省資料より改変

3）保育のユニバーサルデザイン化の提案

巡回相談では，アセスメントも重要な作業であるが，気になる子を含めた保育を充実させるための提案も重要になる。具体的な保育の提案は後章で記しているのでそちらに譲るが，クラスで障害のある園児のためにひと工夫することは，他の園児にもわかりやすくなることが多い。写真1-1は自分のかさを立てる位置をわかりやすくしたかさ立てである。かさ立ての穴に各自のマークを付け，かさを入れるべき所をわかりやすくしている。これは，障害児だけでなく，どの子にもわかりやすい。こうしたどの子にも優しい保育をするヒントを巡回相談員も提供できるようにしたい。

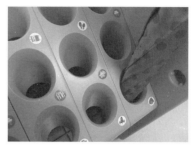

写真1-1　整列位置の可視化例

5 | 集団保育の良さと難しさを認識する

保育所・幼稚園（以下園と略す）は集団生活の場である。保育者は個を育てると共に集団を育てている。巡回相談にあたっては，子ども集団の力動についても認識しながら相談にのる必要がある。

では，子ども集団が個に与える影響はどのようなものであろうか。

まず，子どもたちは集団の中でどのようにして保育者が個別に教えてもいない行動ができるようになるのか要因を考えてみよう。

① 内発的動機づけが働き，子どもたちが織り成すさまざまな遊びや，多様な子どもたちの行動に興味を示す。
② 保育者や他児に誉められることが嬉しくて行動する，外発的動機づけが働く。
③ 他児のさまざまなモデルを見て模倣する。模倣しようとしていることが良いことか好ましくないことか判断して模倣する。
④ 多様な子どもたちの中に自分と同じような行動をする者と共感，共同することで安心して行動できる。
⑤ わからないこと，できないことを他児が教えてくれたり，助けてくれたりして遂行できる。
⑥ 前後の周囲の文脈から，または場の雰囲気から，今，自分が行動しようとしていることは，適切かどうか判断して行動する。
⑦ 集団の一員として，多くの子どもたちが力を合わせないとできない，集団でなければできないことができてしまう。

⑧　試行錯誤しながらできたことを記憶し，経験を積み重ねる。

　以上のように園での保育は集団の力が働いて子どもを成長させている。集団の良さを活用できる保育を支援できるようにしたい。子ども同士で助け合うことができる成長した集団は，能力に弱さがある子どもや，自分を表現することが不得意な子どもをもクラスで共に生活しやすくするであろう。ここで捉え違いをしないように注意したいことは，「助け合う」とは，何でも声をかけ合い，活動を活発化させることではない。長時間保育をしている間には，子どもも一人で静かにしたいとき，ほっとしたいときもある。保育者はじっとしている子どもを見ると，つい「どうしたの？」と声をかけてしまったり，他児に活動に誘ってくれるように頼んだりする習性があるようだが，生活の流れの中でその子の今の調子を見ていくようにしたい。また，集団で活動するがために，騒がしいのが苦手など，個別の感覚にも温度差があるので，そうした個の特徴にも配慮できるような集団にしたい。このような集団であるがための難しさも理解して巡回相談員は支援ができるようでありたい。

6 | 具体的な巡回相談の進め方

　園への巡回相談は，乳幼児検診のフォローや保育所等訪問支援事業など厚生労働省関連の事業として実施するもの，また特別支援教育体制推進事業として文部科学省関連の事業として実施するもの，あるいは自治体独自の子育て支援事業として自治体や障害者支援事業所等が実施するものとがあり，さまざまな運営主体がとり行っている。今や認可保育所では相談システムを利用していないところはないといってよいほど普及し，幼稚園でも公立はもとより，私立幼稚園も自治体に要請すれば巡回相談を受けられる。

　本章では①園のリクエストによる巡回相談，②保護者のリクエストによる巡回相談についての進め方の概要を記す。①の巡回相談については，保育巡回相談ガイドライン研究会が推奨する方式について概要を紹介する。次ページより解説する「様式１〜５」や「表」は，巻末に資料として掲載している。巡回相談の際に活用していただきたい。

①　園のリクエストによる巡回相談

　現在，自治体などが主管となって実施されている巡回相談のシステムでは，自治体によって多少状況は異なるが，多くの場合，巡回相談の回数は，少ないところで年１回，多いところでは，年２−３回であり，前期に助言したことの結果を確かめることができる場合とできない場合がある。保育巡回相談ガイドライン研究会では，できるだけ，自治体等の雇用主に依頼して最低年２回の回数を確保してもらい，同じ年度内にその後の子どもの成長や保育の変化を確認できるように努めている。

・事前の準備

　巡回相談に至るまでの手順はつぎのようである。まず，園は園内で協議したうえで「気になる子ども」をリストアップし，巡回相談員を雇用している自治体等に派遣を要請する。自治体は，巡回相談員に派遣を依頼し，巡回相談員は園と連絡を取ったうえで，事前に対象児のフェイスシート（様式1　巻末P.170），対象児の特徴（様式2　巻末P.171），園での保育で気になることや対象児の得意なこと，保育士が保育上工夫していること（様式3　巻末P.172），および行動チェックリスト（第2章参照）に記入してもらい，データを郵送してもらうか巡回当日にもらえるように準備してもらっておく。郵送してもらうなど園外にデータを出す場合は，個人名を記述せず，イニシャルなどにして個人情報が特定できないようにしておく。

・巡回当日

　園に到着したら，観察の段取り，カンファレンスの段取りなど，その日の流れについて園長と打ち合わせをする。事前に記入してもらった対象児のデータを参考にしながら観察をする（様式4　巻末P.173）。巡回相談の1日の使用時間は雇用契約の内容次第であるが，保育所の場合であれば，朝から食事場面も含めて昼寝前まで観察し，昼寝時間を利用してカンファレンスを実施する。幼稚園の場合は，降園時まで観察し，降園後にカンファレンスをすることになることが多い。

　観察にあたっては，対象児が，何ができたか，できなかったかなどの行動の可否のみを観るのではなく，他児との関係性，保育者との関係性，他児同士の関係性，保育者のクラス運営のしかた，園全体の体制などについても観察しておく。保育の第三者評価基準を参考に筆者が作成した保育評価の視点を記した保育評価チェックリスト（表　巻末PP.175-177）も参考にされたい。

・カンファレンス

　カンファレンスは，できれば園内の全保育者でできると情報共有ができるのでよいが，難しい場合は，クラス担任と園長または主任などの管理者とは話し合いを持ちたい。複数の保育者で担任している場合は，できるだけ全員と話し合いをしたい。話し合いでは，観察の結果から見えたその子の課題と環境整備を含めた対応策について，さらに保護者に伝えたいことなどを話し合う。今クラスで困っていることが担任の話の中心にはなるが，巡回相談員としては，発達的視点を忘れず，今後の子どもの生活適応についても考慮して話を進める。

・記録の提出

　巡回の記録は，巡回相談当日中あるいは，後日整理をし，雇用主に提出する。巡回相談の報告用紙（様式5　巻末P.174）も参考にされたい。ここで注意したいのは，対象児のフェイスシートなどの個人情報に関するものを巡回相談員個人で保管しないこと。また，ネット上での報告は，情報漏洩のリスクが高いのでしないようにする。カンファレンスがもてる園では，記録は保育者が取り，保管するシステムになっているところもあるので園の方針に従いたい。

②　保護者のリクエストによる巡回相談

保護者のリクエストによる巡回相談には、保育所等訪問支援事業がある。保育所等訪問支援事業は児童福祉法第6条2の2の第5項に規定されていて、つぎのような手順で実施される。例えば、保育所への訪問を要請したい場合は、まず保護者が、市町村に障害支援区分の認定について申請を行い、サービス等利用計画を経て、支給決定を受けた後、発達支援センターなどの訪問支援を利用する施設と契約を結ぶ。そのうえで、発達支援センターなどから巡回相談員が保育所や園に派遣される。児童福祉法には、保育所等訪問支援とは、「保育所その他の児童が集団生活を営む施設として厚生労働省令で定めるものに通う障害児につき、当該施設を訪問し、当該施設における障害児以外の児童との集団生活への適応のための専門的な支援その他の便宜を供与することをいう」とされている。訪問する回数は保護者が支給されている限度回数以内であれば何回でも利用することができるので、保護者の希望があれば、毎月訪問するケースもあり得る。なお、訪問結果は保護者に報告することになっている。

7｜幼児のための特別支援教育の現状と巡回相談の今後の課題

1) 特別支援教育への貢献

文部科学省による調査結果（図1-2）を見てもわかるように小学校以降の学校での特別支

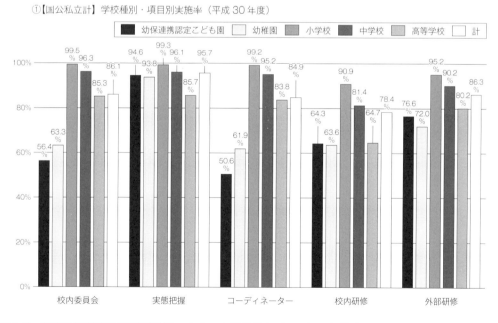

図1-2　特別支援教育体制整備状況　出典：文部科学省（2019）より作成

教育の体制はかなり整ってきた。しかし，幼稚園および幼稚園連携型認定こども園では，コーディネーターの配置も個別の指導計画，個別の教育支援計画の立案もまだ整っていない状況である。小・中学校の特別支援教育に関わる巡回相談では，巡回相談員も個別の指導計画の立案の一助を担っている。保育の場での巡回相談においても個別の指導計画の立案の支援ができるとよい。

２）巡回相談員の資質向上

日本臨床発達心理士会では保育におけるコンサルテーションなどの研修も開催しているが，各地方自治体で巡回相談員のための専門研修を開いているところは少ない。今後，巡回相談員間の連携，巡回相談員のための専門研修制度を確立していくよう要望していきたい。

参考文献

外務省（2017a）．児童の権利に関する条約〈http://www.mofa.go.jp/mofaj/gaiko/jido/zenbun.html〉（閲覧日2018/1/4確認）

外務省（2017b）．世界人権宣言〈http://www.mofa.go.jp/mofaj/gaiko/udhr/〉（閲覧日2018/1/4確認）

藤井和枝（2008）．保育園における保育巡回相談について　第46回特殊教育学会論文集　p.685.

金谷京子（2008）．特別支援教育における巡回相談——保育の場における巡回相談　日本臨床発達心理士資格更新研修会　資料

木原久美子（2011）．巡回発達相談による「気になる」子どもの保育支援——発達相談員としての力量形成のための試論　帝京大学心理学紀要，15

厚生労働省（2017）．保育園保育指針（平成29年告示）　フレーベル館

内閣府（2013）．障害を理由とする差別の解消の推進に関する法律〈http://www8.cao.go.jp/shougai/suishin/law_h25-65.html〉（閲覧日2018/1/9確認）

文部科学省（2019）．平成30年度特別支援教育に関する調査の結果について〈http://www.mext.go.jp/a_menu/shotou/tokubetu/1402845_00003.htm〉（閲覧日2022/12/14確認）

全国保育士会（2003）．全国保育士会倫理綱領〈http://www.z-hoikushikai.com/about/kouryou/index.html〉（閲覧日2018/1/4確認）

第2章 巡回相談のための行動チェックリストの開発とその意義について

澤江幸則

> 巡回相談においては，把握しておきたいポイントが複数ある。本章では，我々が開発した巡回相談に役立つ「行動チェックリスト」の開発についてその意義と経緯を述べる。また，本書ではこの「行動チェックリスト」を読者にデータで提供する。ダウンロード方法についても本章を参照していただきたい。

1 | 巡回相談のための5歳児用行動チェックリスト第1版（試行版）の開発

1）はじめに

　保育巡回相談ガイドライン研究会（後援：日本臨床発達心理士会埼玉支部）では，巡回相談を実施する際に，巡回相談員が現場の保育者とともに，気になる子どもの問題を考えるためのガイドラインの開発を2005年から実施してきた。巡回相談には，子どもの実態把握，保育環境の把握，保育者のニーズの把握，保護者の願いの把握とこれらへの対応が必要となる。そこで子どもの実態把握のための5歳児用行動チェックリストを第1版（試行版）として（以下，5歳児チェックリスト）作成した（金谷・澤江・藤井・根岸・森，2011）。ここでは，この5歳児チェックリストの構成概念妥当性について検討することを目的とした。

　ところで構成概念妥当性については，その定義やその検証方法が研究者間で必ずしも一貫しているわけではない（中村，2009）。従来，構成概念妥当性は，基準連関妥当性と内容的妥当性を合わせた妥当性のタイプとして位置付けられていた（三位一体観）。そのため，この3つのタイプの妥当性を調べることで，例えば発達検査などの項目尺度の妥当性が確かめられるという考え方だったのである。しかしこの観点に批判的な研究者が増え，それを集約するよう

な形で Messick（1989　池田・柳井・藤田・繁桝監訳　1992）が単一的な妥当性概念を提唱し，その枠組みが現在における妥当性概念の基本となっている（村山，2012）。すなわち Messick は，構成概念妥当性こそが妥当性そのものだと考え，それは測定結果に対する解釈がどの程度適切であるかを示すものと考えていた。その解釈の適切さの程度を高めるために，これまで妥当性のタイプとして扱われていたものを構成概念妥当性の側面として捉え直し，それらの側面から検証することを唱えた。Messick自身は6つの側面を提案している。具体的には，内容的側面（content aspect）と本質的側面（substantive aspect），構造的側面（structural aspect），一般化可能性側面（generalizability aspect），外在的側面（external aspect），結果的側面（consequential aspect）である。しかし村山（2012）は，側面が多ければ良いという問題ではなく，これらは必要十分条件ではないと指摘している。すなわち，構成概念妥当性を支えるために，その証拠として，どのような構成概念妥当性の側面をどのように検証するのかという問題を考える必要があると指摘している。加えて村山（2012）は，構成概念妥当性の検証結果は，「妥当性が示された／示されていない」といった二値的判断に委ねるものではなく，その妥当性の程度を判断することが適切であると指摘していた。

　以上のことから，5歳児チェックリストの構成概念妥当性を，Messick らが示した枠組みから検討することにした。

2）　5歳児チェックリストにおける「気になる」行動項目の決定

　まずは，遠城寺式乳幼児分析的発達検査（遠城寺，1981）や田中・ビネー式知能検査（田中教育研究所，1987，2008），新版K式発達検査（生澤・松下・中瀬，2002），KIDS（キッズ）乳幼児発達スケール（大村・高嶋・山内・橋本，1989），日本版デンバー式発達スクリーニング検査（上田・日本小児保健協会，1980）などの項目を参考に項目を選定した。さらに，実際に地域で巡回相談を行っている支援者5名を中心に，5歳の子どもとして「気になる」と思われる行動を現している項目を選び，表現を整えた。その結果，表2-1 にあるように，最終的に56項目に絞られた。

3）　因子分析の結果に基づく検証

　表2-1 の項目に関して，関東地方にある幼稚園や保育所の園長および担当保育者に依頼し承諾を得たうえで5歳児クラスに在籍する健常幼児302名について，担当保育者が「気になる」行動項目にチェックするよう求めた（1：まったく当てはまらない，2：あまり当てはまらない，3：やや当てはまる，4：かなり当てはまる，5：非常に当てはまる）。それらのデータを因子分析（最尤法・プロマックス回転に依拠）し，因子構造を明らかにした。明らかになった因子内項目の整合性を確認するため，クロンバックの α 係数を調べた。分析は IBM社SPSS Statistics Version 22 を採用した。

　その結果，表2-2～2-6 にあるように4つの因子を抽出した。そのうち第1因子は，「不注意

第2章　巡回相談のための行動チェックリストの開発とその意義について

表2-1　5歳児チェックリスト第1版（試行版）

項目番号	項目内容
項目 1	不注意による怪我が多い
項目 2	身体の動かし方や手指の動かし方にぎこちなさがある
項目 3	ルールのある遊び（鬼ごっこなど）がわからない
項目 4	周囲の刺激に気が散りやすく落ち着きがない（不注意・転導性がある，座っていられない。遊びが転々とする）
項目 5	縄跳び，鉄棒，アスレチック等の遊具を使う運動が苦手である（年長）
項目 6	自分の興味あるもの以外には集中する時間が短い（集中力が短い）
項目 7	ボーとしていることが多い（不注意）
項目 8	忘れ物やなくし物が多い
項目 9	数字やアルファベット等の記号に強い興味を示す
項目10	初めてあった人でもとてもなれなれしくする
項目11	指さしなして「あれ」「それ」等の指示代名詞の理解が苦手である
項目12	約束した内容などを忘れてしまうことが多い
項目13	紙飛行機を折り順に沿って折れない
項目14	クラス全体への指示だけではよく理解できない
項目15	空想の世界（ファンタジー）の話に入りやすい
項目16	3つ〜5つまでの数を理解できない
項目17	一点に注意が向き過ぎて，周りの状況がつかめないことが多い（固執性）
項目18	読み聞かせの絵本や素話などのストーリーがわからない
項目19	はさみで紙を線に沿って切れない
項目20	場の状況や空気が読めない
項目21	図鑑のようなものに非常に興味があり，没頭して見ている
項目22	場面の切り替えができない（「お部屋に入るよ」と言われても，部屋には入れなかったり，「体操教室ですよ」「おあつまりですよ」の声かけに集まれない，「お片付けですよ」で片付けができない）
項目23	洋服のボタンかけがうまくできない
項目24	上下，左右の位置関係について，混乱しやすい
項目25	同じ失敗をよく繰りかえす（何度も同じ事で注意される）
項目26	「いっぱい」「少し」などの量の理解が難しい
項目27	皆と同じテンポで支度や着替えができない（処理速度）
項目28	やり慣れたリズム運動やダンスなどができない
項目29	暴言をはいたり否定的なことばを使う（「バカうんち」「死ね」，先生に対して「おまえ」など）
項目30	特定の人としか遊べない
項目31	いつも身体のどこかが動いている
項目32	助詞の使い方に間違いが多い（「は，が，の，を」）
項目33	筋の通った話ができない
項目34	本人のこだわりのために，かんしゃくを起こすことがある（たとえば並べた電車や積み木などを壊された時など）
項目35	かけっこの時や行進の時に手足が正しく動かせない
項目36	会話が一方通行であったり，応答にならなかったりする（自分の好きな電車の話をし続けるなど）
項目37	「やめて」「いいよ」「したい」など，自ら適切な意思表示ができない
項目38	何でも一番にならないと気が済まない（じゃんけんなどでの負けが受け入れられない）
項目39	聞き取りにくい発音や音の置き換えがある（吃音なども含む）
項目40	折り紙をかどにあわせて半分に折れない
項目41	人物画が特に幼い（頭足人など）
項目42	すぐかっとなりやすく，きれやすい
項目43	自ら遊びがみつけられず，手持ち無沙汰にしている
項目44	人にちょっかいを出したり，人の注意を引く行動が多い
項目45	先生の真似をして，リズム打ちができない
項目46	過去の出来事を話すことができない（「昨日の夜，テレビで何をみたの？」「昨日，どこにいったの？」「朝何食べてきたの？」に答えられない）
項目47	順番を待つのが難しい
項目48	簡単な質問に答えられない（「〜はどこ？」など）
項目49	キャッチボールの受け渡しができない
項目50	「早くして」の声かけに適切な行動がとれない，周りの状況「もう，そろそろ，おしまいね」に合わせて行動がとれない
項目51	場にそぐわない独り言やオウム返しが多い
項目52	同年齢の友達同士の会話についていけない
項目53	やりとりの中でトラブルが起きやすい
項目54	想像したものを構成して絵を描くことができない
項目55	整理整頓が苦手である
項目56	集団の中で楽しみを共有したり，一緒に行動したがらない（1人でいたがる）

表2-2　5歳児チェックリスト第1版（試行版）の因子分析結果（その1）

注意と情動のコントロール（α=.958）		因子1	因子2	因子3	因子4
項目42	すぐかっとなりやすく，きれやすい	.913	-.121	-.038	-.053
項目4	周囲の刺激に気が散りやすく落ち着きがない（不注意・転導性がある，座っていられない。遊びが転々とする）	.910	.028	-.115	-.073
項目29	暴言をはいたり否定的なことばを使う（「バカうんち」「死ね」，先生に対して「おまえ」など）	.904	-.100	-.037	-.090
項目53	やりとりの中でトラブルが起きやすい	.856	-.148	-.012	.101
項目38	何でも一番にならないと気が済まない（じゃんけんなどでの負けが受け入れられない）	.853	-.082	-.028	-.055
項目44	人にちょっかいを出したり，人の注意を引く行動が多い	.803	-.082	.056	-.038
項目25	同じ失敗をよく繰り返す（何度も同じ事で注意される）	.789	-.062	.059	.058
項目34	本人のこだわりのために，かんしゃくを起こすことがある（たとえば並べた電車や積み木などを壊された時など）	.740	-.089	.009	.072
項目47	順番を待つのが難しい	.710	-.017	.025	.068
項目22	場面の切り替えができない（「お部屋に入るよ」と言われても，教室には入れなかったり，「体操教室ですよ」「おあつまりですよ」の声かけに集まれない，「お片付けですよ」で片付けができない）	.695	-.016	.021	.162
項目17	一点に注意が向き過ぎて，周りの状況がつかめないことが多い（固執性）	.689	.088	-.110	.227
項目6	自分の興味あるもの以外には集中する時間が短い（集中力が短い）	.656	.166	-.004	-.042
項目20	場の状況や空気が読めない	.636	.269	-.131	.138
項目1	不注意による怪我が多い	.600	.079	-.077	.064
項目55	整理整頓が苦手である	.572	.067	.058	.048
項目10	初めてあった人でもとてもなれなれしくする	.494	-.195	.120	.217
項目31	いつも身体のどこかが動いている	.491	.152	.258	-.286
項目12	約束した内容などを忘れてしまうことが多い	.465	.305	.055	.058
項目8	忘れ物やなくし物が多い	.442	-.003	.103	.242
項目50	「早くして」の声かけに適切な行動がとれない　周りの状況「もう，そろそろ，おしまいね」に合わせて，行動がとれない	.417	.121	.012	.425

表2-3　5歳児チェックリスト第1版（試行版）の因子分析結果（その2）

認知・言語の理解（α=.935）		因子1	因子2	因子3	因子4
項目46	過去の出来事を話すことができない（「昨日の夜，テレビで何をみたの？」「昨日，どこにいったの？」「朝何食べてきたの？」に答えられない）	-.132	.936	-.036	-.008
項目32	助詞の使い方に間違いが多い（「は，が，の，を」）	-.072	.891	-.057	.024
項目11	指さしなしで「あれ」「それ」等の指示代名詞の理解が苦手である	-.019	.874	.000	-.017
項目48	簡単な質問に答えられない（「〜はどこ？」など）	-.267	.857	-.018	.107
項目52	同年齢の友達同士の会話についていけない	-.209	.827	-.067	.204
項目33	筋の通った話しができない	.100	.692	.065	.031
項目39	聞き取りにくい発音や音の置き換えがある（吃音なども含む）	-.045	.675	-.093	-.059
項目18	読み聞かせの絵本や素話などのストーリーがわからない	.023	.675	.180	-.134
項目36	会話が一方通行であったり，応答にならなかったりする（自分の好きな電車の話しをし続けるなど）	.226	.603	-.114	.182
項目41	人物画が特に幼い（頭足人など）	.215	.596	.030	-.221
項目54	想像したものを構成して絵を描くことができない	.241	.515	.084	-.193
項目16	3つ〜5つまでの数を理解できない	.025	.432	.262	.049
項目24	上下，左右の位置関係について，混乱しやすい	.037	.414	.223	.156
項目26	「いっぱい」「少し」などの量の理解が難しい	.007	.403	.108	.230
項目14	クラス全体への指示だけではよく理解できない	.255	.337	.234	.125

表2-4　5歳児チェックリスト第1版（試行版）の因子分析結果（その3）

運動スキル（α＝.944）		因子1	因子2	因子3	因子4
項目28	やり慣れたリズム運動やダンスなどができない	-.086	-.142	.851	.244
項目 5	縄跳び,鉄棒,アスレチック等の遊具を使う運動が苦手である(年長)	-.12	-.200	.817	.291
項目35	かけっこの時や行進の時に手足が正しく動かせない	-.051	-.041	.770	.166
項目 2	身体の動かし方や手指の動かし方にぎこちなさがある	-.061	.122	.727	.115
項目40	折り紙をかどにあわせて半分に折れない	.079	.260	.656	-.244
項目13	紙飛行機を折り順に沿って折れない	.024	.362	.638	-.260
項目23	洋服のボタンかけがうまくできない	.001	.183	.611	.114
項目19	はさみで紙を線に沿って切れない	.080	.350	.610	-.196
項目45	先生の真似をして,リズム打ちができない	.187	.179	.609	-.215
項目49	キャッチボールの受け渡しができない	-.166	.207	.541	.300
項目 3	ルールのある遊び（鬼ごっこなど）がわからない	-.005	.345	.365	.212

表2-5　5歳児チェックリスト第1版（試行版）の因子分析結果（その4）

人や物への関わり（α＝.857）		因子1	因子2	因子3	因子4
項目43	自ら遊びがみつけられず,手持ち無沙汰にしている	-.056	-.029	.080	.655
項目56	集団の中で楽しみを共有したり,一緒に行動したがらない（1人でいたがる）	.220	-.074	.061	.551
項目30	特定の人としか遊べない	.131	-.188	.055	.549
項目51	場にそぐわない独り言やオウム返しが多い	.262	.286	-.219	.496
項目37	「やめて」「いいよ」「したい」など,自ら適切な意思表示ができない	-.181	.211	.052	.482
項目 7	ボーとしていることが多い（不注意）	.221	-.001	.007	.474
項目 9	数字やアルファベット等の記号に強い興味を示す	.175	-.095	.069	.419
項目21	図鑑のようなものに非常に興味があり,没頭して見ている	.312	-.092	.000	.399
項目27	皆と同じテンポで支度や着替えができない（処理速度）	.159	.186	.169	.396
項目15	空想の世界（ファンタジー）の話に入りやすい	.250	.070	-.012	.383

表2-6　5歳児チェックリスト第1版（試行版）の因子分析結果（その5）

因子間相関	因子2	因子3	因子4
因子1	.590	.451	.572
因子2		.735	.532
因子3			.456

による怪我が多い」や「周囲の刺激に気が散りやすく落ち着きがない」など合計20項目で構成され，「注意と情動のコントロール」と命名された。そして第2因子は，「過去の出来事を話すことができない」「助詞の使い方に間違いが多い」「3つ～5つまでの数を理解できない」など15項目から成り，「認知・言語の理解」と命名された。第3因子は，「やり慣れたリズム運動やダンスなどができない」「縄跳び，鉄棒，アスレチック等の遊具を使う運動が苦手である」など，11項目から成り，「運動スキル」と命名された。第4因子は，「自ら遊びがみつけられず，手持ち無沙汰にしている」「集団の中で楽しみを共有したり，一緒に行動したがらない」など10項目から成り，「人や物への関わり」と命名された。

　それぞれの因子内項目の信頼係数（クロンバックのα係数）を算出したところ，すべての因

子において，.80以上であった。このことから，それぞれの項目は，各因子内に配置されていることに問題がないと考えた。また，算出された寄与累積率から，これらの共通因子で説明できるのは56.0%であることがわかった。

これらのことから，5歳児チェックリストの因子構造における構成概念においては，統計的に妥当であると考えた（構造的側面 structural aspect）。またその因子内項目の内的整合性は統計的に認められ，一般化可能性について一定の妥当性があると考えることができた。

4）5歳児チェックリストの実践適用結果からの検証

これらの因子分析結果をもとに，図2-1 にあるように，気になる行動特性傾向をレーダーチャートとして表すことのできるエクセルシートを作成した。

このレーダーチャートは因子ごとに，それぞれの因子による項目，内容をもとに考えられた行動傾向を領域として取り扱い，因子内項目の合計点を領域得点として算出し，それを最高得点（すなわち，因子内の「気になる」行動項目がすべて「非常に当てはまる」だった場合）が100になるように得点化した。

このチェックリストおよびレーダーチャートをもとに実際に巡回相談で活用してみたところ，巡回相談で対象となった子どもの障害特性と，本チェックリストで明らかになった「気になる」行動特性傾向に関連性のある事例が複数みられた（根岸，2012）。例えば，注意や衝動性，多動が適応上の困難さに影響している障害であるADHD（注意欠如・多動性障害）の診断を受

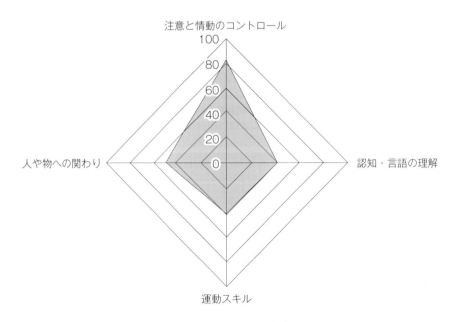

図2-1　5歳児チェックリスト行動傾向領域レーダーチャート（例）

けていた子どもにおいて,「注意と情動のコントロール」領域で高い得点が示されていた。また対人関係や物へのこだわりなどにおいて適応上の問題を呈する自閉症スペクトラム障害の診断を受けていた子どもにおいて,「人と物への関わり」領域で高い得点が示されていた。加えて,知的発達全般に遅れを呈する知的障害を有する子どもにおいて,「認知・言語の理解」領域で高い得点が示されていた。また運動上の麻痺などがある子どもに,「運動スキル」領域が他の領域に比して高い傾向があることが示された。

　これらのことから,この5歳児チェックリスト第1版（試行版）における行動傾向領域は,実際の巡回相談における子どもの実態を把握するうえで逸脱しているものではないと考えることができた（澤江, 2013）。すなわち,5歳児チェックリストは,構成概念妥当性における内容的側面（content aspect）や本質的側面（substantive aspect）において,一定の妥当性があるのではないかと考えることができた。

2 | 4歳児用と3歳児用行動チェックリスト作成の試み

1）はじめに

　われわれは,5歳児チェックリストをもとに巡回相談を重ねてきた。その中では,当然であるが,4歳児クラスや3歳児クラスからの巡回相談の依頼があった。その際,5歳児チェックリストを活用していたが,項目内容が年齢相応でないことや,年齢における妥当性に不安を感じることがあった。

　そこで,5歳児チェックリストをもとに,年齢相応の項目妥当性と,一貫した視点に基づく継続的な支援を可能にする方法を検討する必要があると考え,4歳児用行動チェックリスト（以下,4歳児チェックリスト）と3歳児用行動チェックリスト（以下,3歳児チェックリスト）を開発することにした。

2）4歳児チェックリストと3歳児チェックリストの
　「気になる」行動項目の選定

　まずは4歳児チェックリストと3歳児チェックリストの「気になる」行動項目を決定するために,5歳児チェックリストで作成された項目をベースに,その項目のもつ発達的意味をできるだけ変更しないように,4歳児や3歳児の行動に落とし込んで表現することを試みた。例えば,5歳児チェックリストの「忘れ物やなくし物が多い」という項目を,不注意な行動特性をベースに,4歳児チェックリストでは「物をよくなくす」と,3歳児チェックリストでは「物をよくなくしたり,置き忘れたりする」という表現に変更した。また,5歳児チェックリストの「身体の動かし方や手指の動かし方にぎこちなさがある」という表現は,4歳児チェックリ

ストでは問題がないと考えそのままにしたものの，3歳児チェックリストに関しては，同じ協調運動系の課題である「片足でケンケンができない」という内容に換えた。一方，5歳児チェックリスト項目で使用した表現を，そのまま4歳児チェックリストと3歳児チェックリストの項目で使用したものもあった。例えば，「周囲の刺激に気が散りやすく落ち着きがない（不注意・転導性がある，遊びが転々とする）」などである。またこの改訂に合わせて，5歳児項目内容についても，一部，表記や内容を現状に合わせて修正することにした。これらの表現の変更については，実際に巡回相談を担当している5名の支援者の合議に基づき行った。

その結果，表2-7～2-9 にあるように，5歳児チェックリスト第2版（以下，5歳児チェックリストR）と4歳児チェックリスト，3歳児チェックリストを作成した。これらのうち，数字に＊のついた項目は，3歳児と4歳児と5歳児で内容が同じもので，これらは縦断的に変化を追うのに有効な項目であると考え，行動チェックリストにおける共通項目として設定した。

3）各歳児チェックリストの行動傾向領域内における項目の内的整合性

5歳児チェックリストRと4歳児チェックリスト，3歳児チェックリストにおいて，領域内項目の妥当性について検討することとした。そのため，関東地方にある幼稚園や保育所の園長及び担当保育者に協力を依頼し承認を得たうえで，3歳児クラス168名と4歳児クラス167名，および5歳児クラスに在籍する幼児158名，計493名に関して，担当保育者が「気になる」行動項目に，チェックするよう求めた（1：まったく当てはまらない，2：あまり当てはまらない，3：やや当てはまる，4：かなり当てはまる，5：非常に当てはまる）。

それらの結果をもとに，領域内項目ごとにクロンバックの α 係数を導き出し，領域内ごとの内的整合性を確認することにした。分析は IBM社SPSS Statistics Version 22 を採用した。

分析の結果，5歳児チェックリストRにおいては「注意と情動のコントロール」領域の α 係数は .922（N=158）で，「認知・言語の理解」領域の α 係数は .911（N=156），「運動スキル」領域の α 係数は .861（N=153），「人や物への関わり」領域の α 係数は .787（N=142）であった。ついで4歳児チェックリストにおいては「注意と情動のコントロール」領域の α 係数は .931（N=162）で，「認知・言語の理解」領域の α 係数は .902（N=149），「運動スキル」領域の α 係数は .853（N=107），「人や物への関わり」領域の α 係数は .745（N=161）であった。そして3歳児チェックリストにおいては「注意と情動のコントロール」領域の α 係数は .950（N=163）で，「認知・言語の理解」領域の α 係数は .930（N=151），「運動スキル」領域の α 係数は .894（N=102），「人や物への関わり」領域の α 係数は .816（N=155）であった。

以上のように，各歳児チェックリストのすべての領域における α 係数が .700以上であったことから，各歳児チェックリストの領域内項目における内的整合性について確かめることができた。

4）行動傾向領域得点の年齢推移に基づく検証

各歳児チェックリストに基づく行動傾向領域内項目によって算出された得点（領域得点）を

第2章 巡回相談のための行動チェックリストの開発とその意義について

表2-7 5歳児チェックリスト第2版（R）＊：5・4・3歳児共通項目

項目番号	項目内容
項目 1*	不注意による怪我が多い
項目 2	身体の動かし方や手指の動かし方にぎこちなさがある
項目 3*	ルールのある遊び（鬼ごっこなど）がわからない
項目 4*	周囲の刺激に気が散りやすく落ち着きがない（不注意・転導性がある，遊びが転々とする）
項目 5	縄跳び，鉄棒，アスレチック等の遊具を使う運動が苦手である（年長）
項目 6	自分の興味あるもの以外には集中する時間が短い
項目 7*	ボーとしていることが多い（不注意）
項目 8*	忘れ物やなくし物が多い
項目 9*	数字やアルファベット等の記号に強い興味を示す
項目10*	初めてあった人でも，とてもなれなれしくする
項目11	指さしなしで「あれ」「それ」等の指示代名詞の理解が苦手である
項目12*	約束した内容などを忘れてしまうことが多い
項目13*	先生や友達の名前をなかなか覚えられない
項目14*	クラス全体への指示だけではよく理解できない
項目15	空想の世界（ファンタジー）の話に入りやすい
項目16*	10までの数を理解できない
項目17*	一点に注意が向き過ぎて，周りの状況がつかめないことが多い（固執性）
項目18	絵本や素話などのストーリーがわからない
項目19	はさみで紙を線に沿って切れない
項目20	場の状況や空気が読めない
項目21*	図鑑のようなものに非常に興味があり，没頭して見ている
項目22*	場面の切り替えができない（「お部屋に入るよ」と言われても，部屋には入れなかったり，「体操教室ですよ」「おあつまりですよ」の言葉かけに集まれない，「お片付けですよ」で片付けができない）
項目23	洋服のボタンかけがうまくできない
項目24*	上下，左右の位置関係について，混乱しやすい
項目25*	同じ失敗をよく繰りかえす（何度も同じ事で注意される）
項目26*	「いっぱい」「ちょっと」などの量の理解が難しい
項目27*	皆と同じテンポで支度や着替えができない（処理速度）
項目28	やり慣れたリズム運動やダンスなどができない
項目29*	暴言をはいたり否定的なことばをよく使う（「バカうんち」「死ね」，先生に対して「おまえ」など）
項目30	特定の人としか遊べない
項目31	いつも身体のどこかが動いている
項目32*	助詞の使い方に間違いが多い（「は，が，の，を」）
項目33*	危険や他児の気持ちの予測ができず，「もしもお友だちを叩いたら，お友だちはどういう気持ちになるの？」など，仮の話に答えられない
項目34*	本人のこだわりのために，かんしゃくを起こすことがある（たとえば並べた電車や積み木などを壊された時など）
項目35	かけっこの時や行進の時に手足が正しく動かせない
項目36*	会話が一方通行であったり，応答にならなかったりする（自分の好きな電車の話をし続けるなど）
項目37*	「やめて」「いいよ」「したい」など，自ら適切な意思表示ができない
項目38*	何でも一番にならないと気が済まない（じゃんけんなどでの負けが受け入れられない）
項目39	聞き取りにくい発音や音の置き換えがある（吃音なども含む）
項目40	紙飛行機を折り順に沿って折れない
項目41	人物画が特に幼い（頭足人など）
項目42*	すぐかっとなりやすく，きれやすい
項目43*	自ら遊びがみつけられず，手持ち無沙汰にしている
項目44*	人にちょっかいを出したり，人の注意を引く行動が多い
項目45*	先生や他児の真似をして，手遊び，指遊びができない
項目46*	過去の出来事を話すことができない（「昨日の夜，テレビで何をみたの？」「昨日，どこにいったの？」に答えられない）
項目47	順番を待つのが難しい
項目48*	簡単な質問に答えられない（「～はどこ？」「だれと～したの？」など）
項目49	続けてボールを投げたり，受けたりできない
項目50	周りの状況をみて，急いだり，ゆっくりしたりの調整ができない
項目51*	場にそぐわない独り言やオウム返しが多い
項目52	同年齢の友達同士の会話についていけない
項目53*	やりとりの中でトラブルが起きやすい
項目54*	与えられたテーマに沿った絵を描けない
項目55*	整理整頓が苦手である
項目56*	集団の中で楽しみを共有したり，一緒に行動したがらない（1人でいたがる）

表2-8　4歳児チェックリスト　＊：5・4・3歳児共通項目

項目番号	項目内容
項目 1*	不注意による怪我が多い
項目 2	身体の動かし方や手指の動かし方にぎこちなさがある
項目 3*	ルールのある遊び（鬼ごっこなど）がわからない
項目 4*	周囲の刺激に気が散りやすく落ち着きがない（不注意・転導性がある，遊びが転々とする）
項目 5	縄跳び，鉄棒，アスレチック等の遊具を使う運動が苦手である
項目 6	自分の興味あるもの以外に集中する時間が短い
項目 7*	ボーとしていることが多い（不注意）
項目 8*	物をよくなくす
項目 9*	数字やアルファベットなどの記号に強い興味を示す
項目10*	初めてあった人でも，とてもなれなれしくする
項目11	指さしなしで「あれ」「それ」などの指示代名詞の理解が苦手である
項目12*	約束した内容などを忘れてしまうことが多い
項目13*	先生や友達の名前をなかなか覚えられない
項目14*	クラス全体への指示だけではよく理解できない
項目15	空想の世界（ファンタジー）の話に入りやすい
項目16*	5こまでの数を理解できない
項目17*	一点に注意が向き過ぎて，周りの状況がつかめないことが多い（固執性）
項目18	読み聞かせや素話などの内容が理解できない
項目19	はさみで紙を線に沿って切れない
項目20	場の状況に合わせた行動がとれない（集まりの時に騒ぐなど）
項目21*	図鑑のようなものに非常に興味があり，没頭して見ている
項目22	場面の切り替えができない（「お部屋に入るよ」と言われても，部屋には入れなかったり，「体操教室ですよ」「おあつまりですよ」のことばかけに集まれない，「お片付けですよ」で片付けができない）
項目23	ボタンかけがうまくできない
項目24*	上下，左右の位置関係について，混乱しやすい
項目25*	同じ失敗をよく繰りかえす（何度も同じ事で注意される）
項目26*	「いっぱい」「ちょっと」などの量の理解が難しい
項目27*	皆と同じテンポで支度や着替えができない（処理速度）
項目28	音楽に合わせて体操などができない
項目29	暴言をはいたり否定的なことばをよく使う（「バカうんち」「死ね」，先生に対して「おまえ」など）
項目30	特定の人としか遊べない
項目31	静止すべき時に体のどこかが動いている
項目32*	助詞の使い方に間違いが多い（「は，が，の，を」）
項目33*	危険や他児の気持ちの予測ができず，「もしもお友だちを叩いたら，お友だちはどういう気持ちになるの？」など，仮の話に答えられない
項目34*	本人のこだわりのために，かんしゃくを起こすことがある（たとえば並べた電車や積み木などを壊された時など）
項目35	かけっこの時や行進の時に手足が正しく動かせない
項目36*	会話が一方通行であったり，応答にならなかったりする（自分の好きな電車の話をし続けるなど）
項目37*	「やめて」「いいよ」「したい」など，自ら適切な意思表示ができない
項目38*	何でも一番にならないと気が済まない（じゃんけんの負けが受け入れられない）
項目39	聞き取りにくい発音や音の置き換えがある（吃音なども含む）
項目40	紙飛行機程度の折り紙を折り順に沿って折れない
項目41	人物画が幼い（全身を描かない）
項目42*	すぐかっとなりやすく，きれやすい
項目43*	自ら遊びがみつけられず，手持ち無沙汰にしている
項目44*	人にちょっかいを出したり，人の注意を引く行動が多い
項目45*	先生や他児の真似をして，手遊び，指遊びができない
項目46*	過去の出来事を話すことができない（家庭であったことを話せない）
項目47	順番を待つのが難しい
項目48*	簡単な質問に答えられない（「～はどこ？」「だれと～したの？」など）
項目49	人とボールのやり取りができない
項目50	「急いで」「早くして」や「もう，そろそろ，おしまいね」などの速度を要求することばかけで，行動が調整できない
項目51*	場にそぐわない独り言やオウム返しが多い
項目52	同年齢の友達同士の会話についていけない
項目53*	やりとりの中でトラブルが起きやすい
項目54*	自分で決めたテーマの絵が描けない
項目55*	片付けが苦手である
項目56*	集団での遊びをしたがらない（どちらかいとえば一人でいる方が好き）

第2章　巡回相談のための行動チェックリストの開発とその意義について

表2-9　3歳児チェックリスト　＊：5・4・3歳児共通項目

項目番号	項目内容
項目 1*	不注意による怪我が多い
項目 2	片足でケンケンができない
項目 3*	ルールのある遊び（鬼ごっこなど）がわからない
項目 4*	周囲の刺激に気が散りやすく落ち着きがない（不注意・転導性がある，遊びが転々とする）
項目 5	大型遊具によじ登れない
項目 6	短い時間でも集中して遊べない
項目 7*	ボーとしていることが多い（不注意）
項目 8*	物をよくなくしたり，置き忘れたりする
項目 9*	数字やアルファベット等の記号に強い興味を示す
項目10*	初めてあった人でも，とてもなれなれしくする
項目11	「あれとって」「それやって」などのことばかけに応じられない
項目12*	約束した内容などを忘れてしまうことが多い
項目13*	先生や友達の名前をなかなか覚えられない
項目14*	クラス全体への指示だけではよく理解できない
項目15	空想の世界に入り込み，役になりきってなかなか現実に戻りにくい（テレビのキャラクターやコマーシャルなど）
項目16*	3こまでの数を理解できない
項目17*	一点に注意が向き過ぎて，周りの状況がつかめないことが多い（固執性）
項目18	読み聞かせや紙芝居を見ていられない
項目19	はさみで紙を切れない
項目20	場の状況に合わせた行動がとれない（集りの時に騒ぐなど）
項目21	図鑑のようなものに非常に興味があり，没頭して見ている
項目22*	場面の切り替えができない（「お部屋に入るよ」と言われても，部屋には入れなかったり，「体操教室ですよ」「おあつまりですよ」の言葉かけに集まれない，「お片付けですよ」で片付けができない）
項目23	靴下またはズボンを一人ではけない
項目24*	上下がわからない
項目25*	同じ失敗をよく繰りかえす（何度も同じ事で注意される）
項目26*	「いっぱい」「ちょっと」などの量の理解が難しい
項目27*	皆と同じテンポで支度や着替えができない（処理速度）
項目28	音楽に合わせて体操などができない
項目29*	暴言をはいたり否定的なことばをよく使う（「バカうんち」「死ね」，先生に対して「おまえ」など）
項目30	人と遊べない，同じくらいの子どもとやりとりしながら遊べない
項目31	座っているべき時に，その場にいられない
項目32*	「○○ちゃんがした」「△△ちゃんがいない」など助詞の「が」が使えない
項目33*	「もしも洋服がぬれたら，どうするの？」など，仮の話に答えられない
項目34*	本人のこだわりのために，かんしゃくを起こすことがある（たとえば並べた電車や積み木などを壊された時など）
項目35	ゴールに向かって，ふらついたり，よろけたりせずに走ることができない
項目36*	会話が一方通行であったり，応答にならなかったりする（自分の好きな電車の話をし続けるなど）
項目37*	「やめて」「いいよ」「したい」など，自ら適切な意思表示ができない
項目38*	何でも一番にならないと気が済まない（なだめても負けを受け入れられない）
項目39	発音が不明瞭で何を言っているのか聞き取れない（身近な人でも）
項目40	紙を二つ折りにして四角が作れない
項目41	顔らしいものを描いて，その中に目や口などを描けない
項目42*	ほとんどの子が怒らないところで，かんしゃくをおこしやすい
項目43	自ら遊びがみつけられず，手持ち無沙汰にしている
項目44*	人にちょっかいを出したり，人の注意を引く行動が多い
項目45*	先生や他児の真似をして手遊び，指遊びができない
項目46*	簡単な出来事を思い出して，話すことができない（前にやったこと・家庭であったことなどを話せない）
項目47	順番がわからない（わりこんだり，先にやってしまう）
項目48*	簡単な質問（「〜はどこ？」，「だれと〜したの？」）などに答えられない
項目49	ボールの投げっこや転がしっこができない
項目50	「急いで」「早くして」や「もう，そろそろ，おしまいね」などの速度を要求することばかけで，行動が調整できない
項目51*	その場の状況と関係のない独り言やオウム返しをすることが多い
項目52	同年齢の友だち同士の会話に入れなかったり，続かなかったりする
項目53*	物の取り合いでトラブルが起きやすい
項目54*	絵らしいもの（形らしいもの）が描けない，なぐり描きのようなものしか描けない
項目55*	片付けが苦手である
項目56*	集団での遊びをしたがらない（どちらかといえば一人でいる方が好き）

23

表2-10 領域得点の年齢推移（横断的データ）

領域	3歳児 (N=86)	4歳児 (N=88)	5歳児 (N=116)
注意と情動のコントロール	38.65 ±15.96	33.49 ±10.80	36.48 ±11.10
認知・言語の理解	32.82 ±13.03	30.40 ±6.69	30.52 ±7.25
運動スキル	34.07 ±13.71	31.88 ±9.41	32.59 ±9.06
人や物への関わり	35.00 ±11.32	34.23 ±9.55	30.67 ±7.31

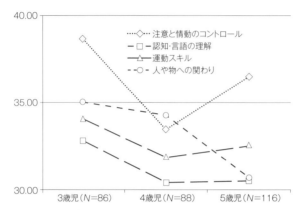

図2-2 領域得点の年齢的推移

もとに，横断的データに基づく年齢推移を示すことにした。すなわち上記3）のサンプルのうち，保育者が「気になる」とチェックした子どもを除き，なおかつ欠損値のある子どもを完全に除いた3歳児クラス（86名）と4歳児クラス（88名），5歳児クラス（116名）に在籍する幼児計290名を分析対象とした。その結果を表2-10 に示し，図2-2 のようにグラフで示した。そして領域ごとに，歳児クラスを要因とした一元配置の分散分析を行った。その結果，「注意と情動のコントロール」（F (2,287) =3.665, p<.05）と「人や物への関わり」（F (2,287) =6.368, p<.01）において，歳児クラスによる主効果が確認された。Bonferroni法に依拠した多重比較の結果，「注意と情動のコントロール」は，3歳児が4歳児に比べて統計的に有意に高く（p<.05），「人や物への関わり」は3歳児が5歳児に比べて統計的に有意に高かった（p<.01）。

　すなわち，「注意と情動のコントロール」は3歳児から4歳児にかけて一旦下がるが5歳児にかけてまた気になり始める傾向がみられた。「認知・言語の理解」と「運動スキル」は，年齢間に差がなく気になる傾向がみられた。「人や物への関わり」は，3歳児と4歳児にかけて気になる傾向がみられるが5歳児になると気にならない傾向がみられた。

　3歳児は，一般的に自己中心性が抜けきれておらず，注意をコントロールすることがようやくできはじめる時期であるが（Cooper, Moodley, & Reynell, 1978），完全ではない。そして，

3歳から6歳にかけて子どもは自律的に情動調整を行うようになることが指摘されている。すなわち，3歳児はその初期であることから，情動調整を十分に行うのには難しい時期であると推察できる。つまり3歳児は，注意や情動面において，不完全ながらも変化の兆しがみられる時期であることから，保育者が気になりやすくなるのではないかと考えられた。

　4歳児は，3歳児からの変化の兆しのあった情動面での安定とともに，対人面で大きな変化がみられる時期である。これまでに相対的に多くみられていた相互作用は伴わないが一緒に居るといった平行行動が主である段階から，仲間を伴う活動への参加や勧誘（松井・無藤・門山，2001）やいざこざ（高濱・無藤，1999）などの相互作用が伴う社会的行動が増加していくといわれている。そのために，この時期の子どもをみる保育者は，子どものそのような対人的行動に，比較的目が向きやすくなるのかもしれない。そのことが逆に，独りでいる子どもや特定の物にこだわるような子どもが気になりやすくなると考えることができる。

　5歳児は，4歳児で多くみられた「いざこざ」が3歳児程度まで減少するという報告があるぐらい（高濱・無藤，1999），対人的行動は安定してくるといわれている。それとは相対的に，情動面での問題として，集団の中の年長として模範的行動が求められることから，必然的に保育者もその点を気にすることになる。加えて，「中間反抗期」とよばれるように，自立欲求の高まりから，保育者など大人に対して反抗的な態度をとることが指摘されている。そうしたこともあって，注意や情動のコントロールといった点が気になりやすくなるのではないかと考えられる。

　以上のことから，本調査で示された結果は，今日の子どもの発達状況から逸脱しているわけではなく，各歳児における特徴，特に社会情動面において把握できているものと理解でき，本質的側面（substantive aspect）において，一定の妥当性があるのではないかと考えることができた。

3 | 今後の展望と課題

　5歳児チェックリストおよび4歳児チェックリスト，3歳児チェックリストの構成概念妥当性について検証した。そのうち内容的側面と本質的側面，構造的側面，一般可能性側面については，一定程度ではあるが，それらの妥当性を確認することができた。

　しかし外的側面での検証を行うことができなかったことや，村山（2012）が指摘しているように，繰り返し多面的に検証を重ねていく必要があると考えている。

　今後，実際に使用していく中で，文言や構成についての変更が伴う可能性を否定しない。むしろ，実態に合わせて変更すべきものと考えている。その際に，可能な限り，多面的に妥当性が検討されなければならないと考えている。

　以上の点を踏まえ，現時点での最新版を次ページに記したホームページに示す。

巡回相談のための行動チェックリストの使用方法

1）チェックシートを入手

　以下の HP から，巡回相談のための行動チェックリストの最新版をダウンロードする（最新版は予告なく変更することがある）。使用に際して，項目内容の変更は行わないことが条件である。実際に使用する際は印刷をして用いることができる。

　金子書房 HP の本書紹介ページ（http://www.kanekoshobo.co.jp/book/b351828.html）よりファイルをダウンロードし，ファイルを開く際につぎのパスワードを入力する（パスワード：junkaisoudan313）。

2）行動内容に合わせてチェック欄に数字を記入する

① 該当する子どもの学年に合わせて入力シートを選択する。

　年長および5歳児クラスの場合は「入力シート5歳児」を，年中および4歳児クラスの場合は「入力シート4歳児」を，年少および3歳児クラスの場合は「入力シート3歳児」を選択する。

　縦割りクラスや異年齢を含めたクラスの場合は，始業・入学年度の4月1日付けの年齢で判断する。すなわち4月1日時点で3歳であれば，「入力シート3歳児」を選択する。

② Q01 から該当する行動内容に対してチェック欄の左側の小さめの欄に，「1」（まったく当てはまらない）から，「5」（非常に当てはまる），もしくは，左記行動をみたことがない場合は「0」を記入する。

　その際，該当する子どもが在籍する子ども集団（保育所・幼稚園全体）の中で，子どもと同じ性別，および月齢が最も近い子ども数名と比較しながら記入する。

③ 特記事項があれば，右側の欄に自由に記入する。最近の体調やその行動が現れやすい時間帯，その行動に附随する気になる行動などを記入しておく。後のカンファレンス，定期的に記録している場合の振り返りに有効な情報になることがある。

3）特性傾向グラフ

　入力シートに全て数値を記録すると，特性傾向グラフが完成して表示される。この表は，デフォルトでは「5歳児」「4歳児」「3歳児」となっているが，例えば，「4月」「9月」「1月」など一定の期間を置いてチェックリストを記入しグラフ化することで，子どもの変化を確認できる。また，「園長」「主任」「保護者」などさまざまな人がチェックリストを記入し，それをグラフ化することで，関わる保育者がどの部分に注目しているのかを確認することができる。目的に応じて，有効な使用方法を試みることが可能である。

巡回相談のための行動チェックリストの
適切なご活用に関するお願い

　本行動チェックリストは保育・教育現場において，効果的な発達支援を行うために必要な，子ども理解のツールのひとつとして開発されました。ご活用に際しては，以下の諸点に十分ご留意いただき，適切にご活用をされますようお願いいたします。

　①　診断のためのツールではありません

　本行動チェックリストは診断のツールではありません。この結果で，子どもの障害を断定することはできません。それは，子どもと保護者の人権尊重の倫理に抵触する行いです。また障害を断定すること自体が，巡回相談員や保育者としての職域を逸脱した行為であることは言うまでもありません。

　②　保護者を説得する材料として使うことはおやめください

　本行動チェックリストの結果を，保護者の理解と承諾のないまま提示することはおやめください。障害や発達の遅れを保護者に「認めさせる」ため，医療機関の受診を「納得させる」手段として，短絡的に本行動チェックリストを実施することも避けてください。こうした軽率な実施が，保護者と保育者間の信頼関係に支障を来す恐れがあります。

　③　相談活動では慎重な活用をお願いします

　本行動チェックリストは，巡回相談において巡回相談員や保育者が記入することを前提に開発されました。これを無自覚に保護者に渡し，チェックを求めることは避けてください。保護者が得点に一喜一憂し，個々の項目を努力目標に掲げ焦燥感や不安感を高める恐れがあります。

　④　判定基準としての使用は想定していません

　小学校入学時の就学形態（通常学級・特別支援学級・特別支援学校）の判定を目的としたものではありません。本行動チェックリストはあくまで子ども理解と支援の手立ての検討に供するものであり，判定の基準としての活用は想定していません。就学に際しては，保護者には自治体の教育センターなどの地域の資源や人材による，正規の相談やアセスメントを推奨してください。

　⑤　理解の手立ての「ひとつ」に過ぎないことを確認してください

　本行動チェックリストは子どもの発達的ニーズを理解するツールとして開発されました。しかしこのツールは，あくまで理解の手立ての「ひとつ」に過ぎないことをご承知おきください。本行動チェックリストの使用の有無にかかわらず，発達支援では多面的かつ総合的な情報の収集が不可欠であることに変わりはありません。

参考文献

Cooper, J., Moodley, M., & Reynell, J. (1978). *Helping Language Development*. Edward Arnold.

遠城寺宗徳（1981）．遠城寺式・乳幼児分析的発達検査〔九大小児科改訂版〕　慶応通信．

生澤雅夫・松下　裕・中瀬　惇（2002）．新版K式発達検査2001実施手引書　京都国際社会福祉センター．

金谷京子・澤江幸則・藤井和枝・根岸由紀・森　正樹（2011）．保育巡回相談ガイドラインⅠ　日本教
　育心理学第53回総会抄録集，396．

松井愛奈・無藤　隆・門山　睦（2001）．幼児の仲間との相互作用のきっかけ——幼稚園における自由
　遊び場面の検討——　発達心理学研究，**12**(3)，195-205．

Messick, S. Validity. In R.L.Linn. (Ed.), (1989). *Educational measurement 3rd ed.* American Council on
　Education & Macmillan. pp.13-104.（リン，R. L.　池田　央・柳井晴夫・藤田恵璽・繁桝算男（監訳）
　（1992）．教育測定学　上巻　みくに出版　pp.19-145.）

村山　航（2012）．妥当性——概念の歴史的変遷と心理測定学的観点からの考察——　教育心理学年報，
　51，118-130．

中村陽人（2009）．構成概念妥当性の検証方法に関する検討——弁別的証拠と法則的証拠を中心に——
　横浜経営研究，**30**(1)，203-219．

根岸由紀（2012）．保育巡回相談の進め方——保育巡回ガイドラインの作成と活用——　臨床発達心理
　士会埼玉支部第1回ミニ研究会資料．

三宅和夫（監修）大村政男・高嶋正士・山内　茂・橋本泰子（編）（1989）．ＫＩＤＳ（キッズ）乳幼
　児発達スケール　発達科学研究教育センター．

澤江幸則（2013）．保育巡回相談用行動チェックリスト（自主シンポジウム：保育に生かす保育巡回相
　談）　日本教育心理学会第55回総会論文集，S160-S161．

高濱裕子・無藤　隆（1999）．仲間との関係形成と維持——幼稚園期3年間のいざこざの分析——　日
　本家政学会誌，**50**(5)，465-474．

田中教育研究所（編）（1987）．全訂版田中ビネー知能検査法　田研出版．

田中教育研究所（編）杉原一昭・杉原隆（監修），中村淳子・野原理恵・大川一郎・芹澤奈菜美（編）
　（2008）．就学児版 田中ビネー知能検査Ⅴ　田研出版．

Frankenburg, W. K.　上田礼子・日本小児保健協会（1980）．日本版デンバー式スクリーニング検査
　医歯薬出版．

行動チェックリストと行動観察表を活用した支援例

第3章

藤井和枝・白石京子・根岸由紀・澤江幸則

> 巡回相談では，ASD，軽度知的障害，ADHD，DCDのある子どもたちが保育者から相談対象児としてあげられることが多い。そこで，第3章では，それらの障害特性を持つ子どもを対象とした実際の巡回相談を想定して，具体的な支援に触れている。さらに，わが国では支援対象とされることが少ないが，保育者の理解と配慮を必要とするギフテッドの子どもに対する支援についても取り上げている。

1 | 自閉症スペクトラム障害の事例

1）乳幼児期の自閉症スペクトラム障害のある子ども

1　自閉症スペクトラム障害の診断基準（DSM−5）

　2013年に改訂されたアメリカ精神医学会（APA）の診断基準DSM−5では，高機能自閉症，アスペルガー障害，広汎性発達障害などと呼ばれていた障害は「自閉スペクトラム症/自閉症スペクトラム障害」（本書では以下ASDとする）に包括された。障害の徴候は，自閉症の重症度，発達段階，暦年齢によって大きく変化するため，スペクトラム（連続したもの）として捉えるようになった。

　ASDの主な特徴として，A．複数の状況で社会的コミュニケーションおよび対人的相互反応における持続的な欠陥，B．行動，興味，または活動の限定された反復的な様式，の2つがあげられた。さらに，C．それらが発達早期に存在している，D．その症状が社会的，職業的，または他の重要な領域における現在の機能に臨床的に意味のある障害を引き起こしている，E．知的能力障害や全般的発達遅延ではうまく説明されない，の5点を満たすことが診断基準として示された。ASDのある人には，上記AとBがみられるが，その人の年齢，知的水準，およ

び言語能力，治療歴や現在受けている支援等の要因によってさまざまな現れ方をする。

2　ASD のある子どもの乳児期の様子

ASD と診断された子どもを持つ母親が，後方視的に乳児期のわが子の様子を振り返ってみると，非常に育てやすかったという場合と非常に育てにくかったという場合にほぼ二極分化される。

前者は，定期的におむつ交換や授乳をするだけで泣くことが少なく，おとなしくて非常に育てやすかったという場合で，これは子どもが人を求めていなかったということであり，抱っこやあやしを心地良いと感じていないためで，乳児期に親子間の相互交渉の機会が非常に少なく，愛着関係が形成され難い。

後者は，非常に育てにくく，子どもが何を求めているのか親として理解できなかったという場合である。例えば，子どもが眠くて苛立つが抱っこしてもなかなか寝付かず，やっと寝付いたと布団に入れると 30 分弱で目覚めて，叫ぶように泣き，なかなか泣き止まないなどが日々繰り返され，親子共に夜間もゆっくり眠れない，離乳がうまく進まず同じ物しか食べてくれない，自宅以外の場所や家族以外には場所見知り人見知りが激しくほとんど外出できなかったなどである。刺激に対する過敏さや小さな変化を嫌う特性が乳児期から顕著にみられ，親子間のやりとりを通しての気持ちの通い合いが少なく，わが子の欲求を的確に理解して満たしてあげられたという体験が少なく，親としての充実感や自信をもち難くする子どもとして受け止められている。

3　ASD のある子どもの幼児期の様子

ASD の子どもが，親子間に愛着関係が形成されないまま幼児期を迎えると，子どもが家から勝手に出て行くとか，外出先で大人の手を振り切ってどこかに行ってしまい迷子になることが多々ある。他者との関係性の育ちがゆっくりしているため，子どもが他者に欲求を伝えることと他者（親）が子どもの欲求を理解することの両方が難しい。感覚・知覚や認知の仕方が定型発達の子どもと異なるために，親が子どもを理解できないこともある。その結果，子どもは欲求不満に苛立って叫び，親もわが子の気持ちや欲求を的確に理解できないもどかしさに，相互に疲れ，子育てが非常につらくなっていることが少なくない。

ASD のある子どもが幼児期にしばしば示す行動を以下にあげる。「社会的コミュニケーションや対人的相互反応における持続的な欠陥」に関しては，表出言語（話しことば）の遅れやエコラリア（おうむ返し）がみられ，理解が乏しかったり，話しことばがほとんどない子どももいる。ことばを話す子どもでは，質問されたことには答えないが話したいことを一方的に話したり，場にそぐわないことや独り言を話したり，親しい大人に同じ質問を繰り返し，同じ答えが返ってくることに安心感や楽しみを見出していることもある。他者と考えや感情を共有するなど他者との関係性については，目線を合わせないように避けたり，親など特に親しい人とし

か目線を合わせなかったりする。「こんにちは」やバイバイなどの身振りや動作模倣をしなかったり，してはいるがやり方が他児と異なることがある。手差しや指差しがなかなか出てこない，相手の気持ちや意図を理解しようとして指した方を見ない（共同注意の欠如）。同年齢の子どもやその遊びに興味・関心を示さず，日常生活で体験したりテレビで観たことをさまざまなごっこ遊びの中で再現したり，ごっこ遊びの中で他者とイメージを共有して役割を演じてやりとりすることをほとんどしないが，一人で自分の世界で何かになりきって振るまっていることもある。

「行動，興味，または活動の限定された反復的な様式」については，ミニカーを一列に並べ床に寝転がって並べたものを眺めたり，玩具の車の車輪を回したりなど，同じ行為を繰り返し，遊びが発展しない。並べた物を崩されると非常に怒り，物の配置が変わることを嫌う。極端な偏食や，好きな絵本やDVDを毎日繰り返し観る，気にいった衣類以外は着たがらないなど，変化しないことに安心感を持つ。特定の音に過度の不快感や恐怖感を持つとか，皮膚感覚が過敏なために身体に触られたり抱かれることを極端に嫌うなど，刺激に対して非常に過敏な面がある反面，出血するほど怪我をしても痛がったり泣いたりしないこともあり，過敏と鈍麻が共存している。

4 巡回相談で出会うASDのある子どもたち

2歳前後になると，定型発達の子どもでは，子ども同士で顔を見合わせて一緒に笑ったり，他児の行為の影響を受けて同じようなことをするなど，子ども同士の関わりがみられるようになるため，他児との違いが明らかになってくる。ASDのある子どもでは，社会性の発達の遅れのために，対人的コミュニケーション行動があまりみられない。好きな遊び，例えば，水道の蛇口から流れる水にずっと手をかざしたり，トイレの水を何度も流して流れる水を眺めていたり，換気扇や扇風機など回る物を飽きずに眺めているなど，他児と一緒に遊ぶよりも，自分の世界で好きなことをして過ごす姿がみられるようになる。

また，1つの活動から他の活動に移るとき，先に行っていた活動をなかなか終わりにできず，つぎの活動に気持ちを切り替えることが難しいことが多々ある。変化を好まない，先にしていた活動に十分満足するまで終わりにできないなどがその理由と考えられ，それが集団でスムーズに生活することを妨げている。

2）ASDのある子どもへの支援──事例を通して考える

1 巡回相談の進め方（X市の場合）

巡回相談に先立ち，X市の担当課から対象児の資料が巡回相談員に送付され，巡回相談員は対象児の様子や担任保育者が気になっている点などの概要を把握したうえで園を訪問する。保育所への巡回相談の場合，9時過ぎに園を訪問し，園長から対象児が在籍するクラスの当日の日案を渡され，その日のタイムスケジュールについて説明されることが多い。園長から，資料

には書かれていない対象児の最近の様子や変化，保護者の子どもとの関係やわが子に対する見方・考え方などが説明され，巡回相談員も資料についての疑問点などを質問する。担任保育者から巡回相談員に重点的に観察してほしい行動について説明されることもある。さらに，巡回に先立ち，巡回相談員から対象児ごとに行動チェックリストの記入を担任保育者に依頼しているため，それを受け取る。ほとんどの園児が登園する9時半ごろから昼食の途中くらいまで子どもの行動観察を行う。対象児の気になる行動が，昼食，昼食後の活動，着替え，午睡時間などにみられる場合は，観察時間を延長する。できるだけ保育の妨げにならないよう，対象児の行動，保育環境や担任保育者の対応，クラスの子どもたちの様子などを観察する。必要に応じて対象児に直接ことばをかけることもあれば，対象児から話しかけられた場合はさりげなく応じる。

　X市の巡回相談では，複数の対象児があげられることが多く，対象児が同じクラスの場合もあれば，異なるクラス（年齢）の場合もある。全員異なるクラスの場合，担任保育者がみてほしいという保育場面を観察できるように園長がうまく誘導してくれるが，観察できなかった場面については，保育カンファレスの際に担任保育者から話を聞かせてもらう。

2　対象児とクラスの状況

　X市では，市内の公私立保育園への巡回相談は，園からの要望があれば年4回まで実施している。A保育園は，0〜5歳児まで各年齢1クラスずつ計6クラスあり，定員110名の園である。巡回相談の対象としてあげられたのは，3歳児クラスのユウ君（仮名）である。なお，本事例は，筆者のこれまでの発達支援における諸活動をふまえ，人名や園名等の各種設定，及び登場人物の言動に加工を施した構成事例として掲載したものである。ユウ君の母親は1年間育児休業を取得し，その後3カ月間母方祖母にみてもらい，1歳児クラスに4月から入園し，在園期間は2年半弱である。始歩は1歳3カ月だったが，1歳6カ月児健診では，ことばと指差しがまだ出ておらず，目線が合いにくく，母親が手を放すと一人で行ってしまう，大勢の人が集まる場は苦手で大泣きする，偏食が著しいなど，母親からの訴えとユウ君の様子から，健診時に母親は心理士から心理相談に誘われた。医療機関の受診を勧められたが，両親は，男の子はことばが遅く活発だからもう少し様子をみてからと考えた。保健センターの親子教室にも誘われたが，職場復帰して日が浅く仕事を休めないことを理由に断った。その後，2歳4カ月になってもことばや指差しが出てこないため母親が心配になり，市の発達相談を受け，2歳5カ月で医療機関に繋がった。2歳7カ月でASDと診断され，発達全体もゆっくりしていると言われた。

　3歳児クラスは園児20名のうち，ユウ君の他に軽度知的障害のあるアキちゃん（仮名）がおり，担任保育者以外に短時間保育者（Q）1名が9：30〜13：30まで配置されている。ユウ君の現在の様子と担任保育者からの相談内容は表3-1のようであり，対応の仕方について助言をしてほしいということである。

第3章　行動チェックリストと行動観察表を活用した支援例

表3-1　対象児の現在の様子と課題

200X年△月○日　A保育園　　対象児（3歳児クラス　ユウ君）　　　　記述者（担任保育者）

領域/項目	子どもの様子	子どもの課題	保育者の工夫
生活習慣	・偏食がある。食べこぼしが多い。 ・衣類を脱ぐことは一人でできる。着衣は援助が必要（表裏，前後，左右，靴下と上履きは嫌い）。 ・大小便は衣類を全部脱いで便器に座る。	・偏食で，嫌いな物を減らして食べるよう促すと，大嫌いな食物の場合，苛立って泣き出し，器を床に払い落とす。	・嫌いな物を減らして，完食できるとほめる。
対人関係 （対大人・対子ども）	・他児に関心が生まれてきて，一緒に走り回ることを楽しむ。 ・他児の気持ちの理解は難しい。 ・自分の興味・関心を満たすことが優先し，他児とトラブルになる。	・本児が大好きな絵本や玩具を他児が持っていると取り，トラブルが頻発。 ・本児が目指す場所へ向かう途中に他児がいても，回り道をせず，ぶつかったり押したりして直進する。	・他児が泣いているのを見せ，他児の気持ちを伝えている。 ・他児が使っているときは順番を待つことを繰り返し教えている。
運動（粗大・微細）	・園庭で走るのが大好き。廊下やベランダでも走る。 ・手指操作はぎこちない。	・筆圧が弱い。 ・不器用。	・危険のないよう見守っている。
言葉（理解・表出）	・主に2語文で話し，一方的な発話が主で，会話が成立しにくい。 ・全体への指示だけでは伝わらない。	・全体への指示は聞いていないことが多い。	・全体への指示の後，短く簡潔に個別に言葉かけをしている。
あそび・その他	・水遊びが好き。 ・行動の切り替えが難しい。 ・他児のごっこ遊びをまね，器に食物を入れるが，他児とのやりとりにはならない。	・手足を洗うとき，水遊びが始まるとなかなかやめられない。 ・自分のしたい行為をなかなかやめられず，集団行動から外れる。 ・鬼ごっこなどルールの理解が難しい。	・排泄時トイレに付いて行き，水遊びが始まる前に，次の活動に気持ちが向くよう言葉かけをしている。

3　巡回相談当日の行動観察

　X市の保育所ではエプロンをつけている保育者が多いため，筆者は行動観察時にはカジュアルな服装にエプロンをつけ，子どもや保育者の光景に溶け込むようにしている。幼児クラスに入ると，「誰？」「何しに来たの？」「どこから来たの？」など質問されるため，エプロンのポケットに手作りの名札（平仮名）をつけている。子どもが，「○○さんだ」「○○先生だ」と文

字を読んでくれると，「字が読めるの，すごいね」などと返事しながら，流れを妨げずに受け入れてもらうようにする。子どもたちができるだけ普段どおりに過ごせるよう，自然体で部屋の隅で立ったり座ったりして，園長がそっと衣類の色で教えてくれた対象児とクラスの様子を観ている。皆が移動するときはさりげなく後ろからついていく。対象児の様子などを忘れないようメモし，描画や作品が掲示されていれば，行動観察の合間に対象児とクラス全体の作品を見るようにしている。

　ユウ君の現在の主な課題として，①場面の切り替えがなかなかできず集団行動から遅れる，②自分が興味・関心のある物を他の子どもが持っていることが納得できず，力ずくで取ってしまう，目指す物に向かう途中にいる子どもは目に入らず，ぶつかったり押したりし，相手が痛くて泣いていても意に介さない，③偏食が強く完食できず食事の場面で苛立つ，の３つが保育者からあげられており，巡回当日も普段とあまり変わらず，その様子を観察することができた。当日の保育の流れ，保育者の働きかけとユウ君の行動は表3-2のようであった。

4　カンファレンス

　X市の巡回相談では，午睡時間に，園長，主任，対象児の担任保育者や加配保育者だけでなくできるだけ多くの保育者が参加してカンファレンス形式でコンサルテーションを行っている。対象児が複数で複数クラスにいる場合，午睡時間だけでは十分な話し合いができず，対象児の担任保育者等とその後も話し合うことが多い。

　園長が司会をし，担任が対象児の様子や課題について簡潔に説明し，その後，巡回相談員が当日観察した対象児の様子を話す。時間外保育や土曜日などクラス活動以外の時間帯や場での様子，関わったときの印象などを担任以外の保育者も話す。多くの保育者のさまざまな視点からの情報により子どもの姿をトータルに捉えることができる。

　子どもの特性や性格により，ほぼ普段どおりの姿を見せてくれる子どもと，観察者の存在を意識して言動をコントロールし目立たない子どもがいるが，そのこと自体がその子どもの特性であり，子どもを知るための重要な情報である。

　カンファレンスでは，保育者が記した子どもの様子，観察時の行動観察メモ，行動チェックリストとそのチャート，他の保育者からの情報をもとに保育を振り返る。巡回相談員は，対象児の課題に対する担任保育者等の工夫していた点をあげ，継続するよう勧める。保育者たちから，さらなる配慮点や改善点が提案される。それらをまとめる形で巡回相談員が提案する。

　例えば，今回ユウ君の課題としてあげられた，①の「場面の切り替えがなかなかできず集団行動から遅れる」ことについて，ユウ君の好きなことを十分にできるように，例えば，友だちと走り回れる「むっくりくまさん」（子どもたちが手をつないで輪になり，輪の真ん中に熊役（鬼）の子どもが目をつぶってしゃがむ。「むっくりくまさん，むっくりくまさん……」と歌いながら熊役の子どもの周りを回る。歌の終わりで眠っていた熊が目を覚まし起き上がると，輪になっていた子どもたちは逃げ，鬼役の子どもは「食べちゃうぞー」と追いかける，一種の鬼

表3-2 行動観察の記録

時間	主な活動・保育者の働きかけ	ユウ君の行動
9:45	新聞紙であそぼう（紙ちぎり，紙の雨，Tシャツやスカートに見立て身につける。その後紙片を2枚のビニール袋に入れ，1つの袋を熊の顔，他の袋を胴体にみたてくっつけて熊にする） • 実際にちぎって散らしたり，紙の真ん中をくり抜きTシャツのように着たり，スカートのように巻いて見せながら説明する。	• 全体への指示は聞かないで，車の絵本を見ている。他児が裂いたり投げたりするのを見てちょっと驚き退くが，加配保育者が紙を破るのを何度も見せて誘うとユウ君も紙を破り宙に投げ上げるが数回で終わる。他児が紙を散らし興奮気味であるのに触発され，自分の世界に入り，独り言を言いながら見えない敵との戦いに没頭する。
10:15	• 「楽しかったね。今度は紙を集めて熊さん人形を作るから，袋にたくさん入れてね。誰が一番沢山入れてくれるかな」と言葉かけし，実際に紙片を拾って袋に入れる。紙片が全部ビニール袋に入ると，黒マジックで目，赤で口を描き2つの袋をくっつけ「熊さんができました」と言う。	• ユウ君は話を聞かないで，走り回ったり，架空の敵と戦っている。 • 出来上がった熊をパンチする子どもを見ると，ユウ君も熊にパンチする。
10:25	排泄・帽子を被って園庭に移動 園庭で好きな遊び（砂場でままごとや砂遊び，走り回る，保育者がリードして「むっくりくまさん」を希望者だけでする） • 担任保育者は子どもたちと砂場で山や池を作り，バケツで水をくみ砂場に流す遊びを援助。加配保育者は，走っている子どもを追いかけたり，ユウ君やアキちゃんの遊びを援助。 • 砂場での遊びに飽きたり，好きな遊びを見つけられなかった子どもを誘い，「むっくりくまさん」を始める。	• 個別の言葉かけで排泄する。何度も便器の水を流して眺める。手洗いで水遊びを始める。皆が園庭で遊び始める頃，水遊びをやめてパンツとズボンを履き，帽子を被り園庭に出る。 • 園庭の水道で水遊びを始める。 • 「むっくりくまさん」の鬼ごっこで，走り回っている子どもたちを見て，ユウ君も一緒に走り回る。
11:00	遊具（砂・水遊びの道具）の片付け 手足を洗い室内へ移動。着替え・排泄・手洗い	• 保育者の話を聞いていない。歓声をあげて，数人と一緒に走り回っている。 • 大半の子どもが手を洗って室内に移動し着替えを終えた頃，何度も加配保育者に促され強いられて，手足を洗い室内に移動。
11:25	昼食準備（担任保育者が準備する間，子どもたちは好きな絵本を見て待っている） • 加配保育者はユウ君たちの着替えなどの援助をする。 • 盛り付けが終わり，グループごとに盛り付けられた器を自分の席に運ぶよう言葉かけする。	• 他児よりかなり遅れて着替え終わると，ユウ君の好きな絵本を男児が見ていることに気付く。一直線に走って行き，絵本を取ろうとするが，男児の抵抗にあう。大声で泣き始めいつまでも泣いている。絵本に突進したとき，通り道にいた2名の子どもがユウ君にぶつかられ，痛くて泣いているが意に介さない。 • 見たかった絵本を見られなかったため，納得できず，苛立って泣いている。
11:45	昼食開始	

ごっこ）が大好きなら，早目に開始して十分満足できるまで行えるよう工夫したり，「とっても楽しかったね，今日はおしまい」と，満足するまで行ったら終えるということをユウ君に理解してもらう。さらに，終了の10分前，5分前に，「あと○○分でおしまい」と予告するとか，本物の時計の横に本物と同サイズの玩具の時計を並べて置き，玩具の方は終わりの時間に針を合わせ，2つの時計の針の位置が同じになったら活動を終えて部屋に入ることを，活動の最初と終了間近に見せて伝えることで徐々に見通しがもてるように促すという提案をした。

②の「自分が興味・関心のある物を他の子どもが持っていることが納得できず，力ずくで取ってしまう，……」ことについて，ユウ君が他児に手を出すのは，好きな絵本に強く固執するためではないか。その絵本を自分の絵本と思っていて取り返しているつもりではないか，ユウ君以外に乗り物の絵本を頻繁に手にしていたのは他の男児2名であったことを伝える。順番を待ち，他児の気持ちを考えられるようになるには時間がかかり，それまでの間，他児が痛い思いをしたり危険である。そこで，乗り物図鑑のような類似の絵本を複数用意して，「この絵本にも素敵な電車がのってるよ」と，他の本も同様な内容であることをこれら3名に見せ，そのうえで順番に見ることを繰り返し伝えてみてはどうかと提案した。ユウ君は他者の気持ちを理解する前に他者の存在を意識することが課題である。自分の世界に没頭しているとき，保育者が傍に並んで同じ動作をして見せ，「あれっ」と気づくのを促したり，ユウ君にぶつかられたり押しのけられて泣いている子どもの傍に戻して，「ユウ君がケン君（仮名）を押したから，ケン君が痛いって泣いてるよ」と話しながら，他児に注意が向くように促す。他児には「ユウ君が走ってきたら通り道をあけようね」など，トラブル回避の方法を伝えてはどうかと提案した。

③の「偏食が強く完食できず食事の場面で苛立つ」について，嫌いな食べ物を食べるよう促すと苛立ち，泣いて器を払い落とし，そこで食事が終了になれば，器を払って床に落とせば嫌いな食べ物を食べなくても済むことを学習させ，払い落とす行為を強化していることになる。嫌いな食べ物は程度に応じて減らす量を変え，吐くほど大嫌いな物は暫く食べることを求めない。毎日完食して誉められることを短期目標とする。好きな食べ物のお代わりをもらえる日が増えて，我慢や頑張りを誉められるように配慮し，家庭でも同様の対応をしてもらうこととした。

5　行動チェックリストの活用

巡回時の行動観察では，対象児が普段の様子をそのまま示すとは限らず，普段どおりであっても2～3時間の観察だけでは子どもの全体像をみることは難しい。そこで，対象児の評価の精度を上げ，短時間に子どもの全体像を把握するため，行動チェックリストを作成した。普段子どもをよくみている保育者に前もってチェックしてもらうことで，巡回当日には示さない特性を含む全体像を巡回相談員が知ることができる。保育者はチェックをすることで，改めて対象児の特性や対象児の抱える困難さを理解することができる。

ユウ君について保育者にチェックしてもらった行動チェックリストをもとに作成したレーダーチャートを図3-1に示した。このチャートは，評定平均値が高いほど困難の度合いが高くなる。

ユウ君が高得点を示したのは,「人と物への関わり」と「言語・認知理解」の領域である。前者の領域では,「空想の世界に入り込み,役になりきってなかなか現実にもどりにくい」「図鑑のようなものに非常に興味があり,没頭して見ている」「人と遊べない,同じくらいの子どもとやりとりしながら遊べない」など,興味・関心のあることに過集中してしまい,他児と関わることに困難を示していることがわかる。後者の領域では,「クラス全体への指示だけではよく理解できない」「『いっぱい』,『ちょっと』などの量の理解が難しい」「会話が一方通行であったり,応答にならなかったりする」「同年齢の友だち同士の会話に入れなかったり,続かなかったりする」など,話しことばによる人とのコミュニケーションに困難さをもち,抽象的な表現を理解するのが難しいことがわかる。つぎに,「注意と情動のコントロール」の領域においては,「一点に注意が向きすぎて,周りの状況がつかめないことが多い」「場面の切り替えができない」「本人のこだわりのために,かんしゃくを起こすことがある」「『急いで』『早くして』や『もう,そろそろ,おしまいね』などの速度を要求することばかけで,行動が調整できない」「物の取り合いでトラブルが起きやすい」などもみられ,自身の興味・関心が優先され,その度合いが強いために他児とトラブルになったり,集団生活に支障をきたしていることがわかる。また,「ルールのある遊びがわからない」「ボールの投げっこや転がしっこができない」などもみられ,他児と関係性を保ちながら遊ぶことが難しいことがわかる。これらのことから,他児とのトラブルや集団生活での困難さは,ユウ君が興味を持つ物や遊びに対する強いこだわりから生じ,他児に対して関心をもち始めてはいるが,他児の存在をきちんと意識したり気持ちを理解するところまで至っていないことによると考えられる。言語発達がゆっくりで,理解や表出

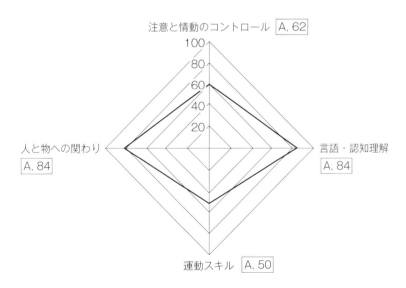

図3-1 ユウ君のレーダーチャート

が２歳児前半の発達段階にあり，抽象的なことばの理解は特に苦手である。一方，粗大運動や生活習慣については，生活年齢相当のことが大体でき，ユウ君の強みである。強みを活かして，体を動かす活動を他児と一緒に行う中で，他児の存在を意識できるよう支援していくことが目標となる。他児が痛い思いや悔しさから泣いているとき，他児の気持ちに気づけるよう支援することは，さらにその先の目標となる。

　数カ月後の巡回相談で，「ユウ君の行動が他児とのトラブルに発展し，クラス中が落ち着かないことが一番の悩みでした。魅力的な乗り物の絵本や図鑑を５冊ほど用意したところ，ユウ君も他の男児も見たい本を見られるようになり落ち着きました。他にもユウ君の行動の理由が理解できたことで他児とのトラブルを回避する対応ができるようになりました」と担任保育者が話してくれた。

2 | 知的障害のある子どもの事例

1）幼児期の知的障害のある子ども

1　知的障害の診断基準（DSM-5）

　DSM-5によれば，以下の基準A，B，Cを全て満たす場合に知的能力障害と診断される。ただし幼少期（５歳未満）の場合は評価が難しいので，「全般的発達遅延」として，一定の期間をおいて再度評価することもある。また症状の程度は，軽度（mild），中等度（moderate），重度（severe），最重度（profound）の四段階に分類される（髙橋・大野，2014）。

A．臨床的評価および個別化，標準化された知能検査によって確かめられる，論理的思考，問題解決，計画，抽象的思考，判断，学校での学習，および経験からの学習など，知的機能の欠陥。
B．個人の自立や社会的責任において発達的および社会文化的な水準を満たすことができなくなるという適応機能の欠陥，継続的な支援がなければ，適応上の欠陥は，家庭，学校，職場，および地域社会といった多岐にわたる環境において，コミュニケーション，社会参加，および自立した生活といった複数の日常生活活動における機能を限定する。
C．知的および適応の欠陥は，発達期の間に発症する。

日本精神神経学会（日本語版用語監修），髙橋 三郎・大野 裕（監訳）
DSM-5 精神疾患の診断・統計マニュアル．p.33，医学書院，2014

2　知的障害のある子どもの幼児期の様子

　知的障害の子どもは，生理的原因（知的障害の程度は軽いが，知的能力に全般的に遅れがみられる），病理的原因（内的な要因としてのダウン症候群やプラダーウィリー症候群など，外的な要因としては出産時の仮死状態，未熟児出産など）心理的・社会的要因（育つ環境の劣悪さなど）の３つの要因で分けて考えるのが一般的である（岩井・水野・酒井，2006）。

子どもの特徴としては，第一に動きがゆっくりで筋緊張が低く，歩行の獲得までに時間がかかるなど，運動発達への影響がみられる。粗大運動，微細運動ともゆっくりしていることが多い。

第二に言語，コミュニケーション・認知の側面である。喃語が少ない，発語が明確でない，ことばによる指示理解が少ない，模倣が少ない，ことばより動作による要求表現が多い，会話の成立が難しいことなどがある。自分の要求が相手に伝わらないもどかしさから，結果として「癇癪が激しい」「泣き叫ぶ」「手が出る」こともある。

第三は情緒や対人関係の発達の側面である。人や物への興味や関心が薄い，周囲の働きかけに対しての反応が弱い，自分から動こうとすることが少ないことが多い。生活での失敗経験も多いため，保護者の子どもへの行動の禁止や干渉（過干渉）や手出しが多い（過保護）といった養育態度が，子どもの行動に影響する場合もある。

3　巡回相談で出会う知的障害のある子どもたち

巡回相談では，さまざまな知的障害のある子どもたちに出会う。彼らは障害の原因や程度，併存症状などが多様であるうえ，さまざまな個性が混ざりあっており，いろいろな子どもがいる。例えば，他児と一緒に活動できない，保育者の指示を理解できない，他児の行動に関心が少ない，活動の順序や約束事がわからない，などの場合が多い。また健常児の方も，知的障害のある子どもへの関わり方を知らないため，うまく関わることができない。知的障害のある子どもはことばやコミュニケーションの遅れもある場合が多く，その結果，突然癇癪を起こす，すぐに泣く等の行動が観察されやすい。

そのような気になる行動の背後には，彼らなりの意味がある。その行動の意味を汲み取ったうえで配慮や工夫を凝らすことが，子どもの力を活かした適切な行動を育むことになる。また，彼らは，一斉活動が遅れがちで園生活に順応しにくいが，生活習慣の遅れも目立つ。円滑な園生活には生活習慣の習得が必要であるが，簡単な生活習慣であっても，彼らには易しい作業ではない。しかし保育者ならではの工夫を凝らした支援（根岸，2015）を毎日積み重ねることで，生活習慣を習得できることが報告されている（上岡，1992；林，2007）。障害の状態は個人の能力だけで決まるのではなく，支援や環境によっても変化することを念頭に置きたい。

2）事例を通して知的障害のある子どもの支援を考える

1　巡回相談のすすめかた

B私立幼稚園では子育て相談（親子教室）と保育者の相談を行っている。前者は子育て支援を利用する保護者への直接保護者面談（保護者の子育て不安や発達に関する疑問に応じる。入園後は保育者を通して），後者は，保育者の相談に対するコンサルテーションであり，（園児の場合は，主任や担任から大まかな説明を受け，必要に応じて観察，協議する）リクエストによっては保護者と面談する。

2 対象児とクラスの状況

B私立幼稚園は，年少・年中・年長の各3クラスからなる240人規模の施設である。対象児アイちゃん（3歳仮名）が所属する年少クラスは，集団全体が落ち着かない状態であった。中でも本児はことばによる指示を理解できず癇癪を起こす，活動がわからない，他児と関わらない，立ち歩き，教室から出ていくことが目立った。また身体の使い方にぎこちなさがみられ，転んでいる姿がよく見られた。若い担任は，クラス全体の保育とアイちゃんへの対応について悩んでおり，巡回保育相談員に相談要請があった。

3 行動観察

要請を受けて，相談員が巡回相談に赴き行動観察したところ，以下の様子がわかった。視線が合いづらく，名前を呼んでも反応しない。呼ばれているのが自分であろうことに気づいていないようだ。おもちゃにつぎつぎと手を出すが，興味が移りやすい。何か言いたいという意欲は感じられるものの，何を言っているか聞き取れない。思いどおりにいかないと，癇癪を起こす。結果，保育者とのことばのやり取りにならず，「うーうー」と泣き出してしまう。体が華奢で，動きがぎこちなく，走るとよろけよく転ぶ。一人で靴がはけない。また時折「あーあー」と発声するが，何を言っているのか保育者に聞き取れずにいた。アイちゃんは相手のことばが理解できないだけでなく，自分の意思を相手に伝えられず泣き出し，保育者に抱っこされる時間が多い。両者の間の意思疎通がうまくいっていない様子である。ダンスは好きで，機嫌よくニコニコして，好きな曲になると「ああ！」と言って保育者と一緒にダンスを楽しむこともある。絵本も大好きで，特にカラフルな本の気に入ったページを開いて，保育者に読んでとせがむ。保育の中での全体指示が入りにくく，保育者は困っていた。生活習慣に関しては，食べ物の咀嚼がうまくいかず，靴や帽子の着脱は自ら進んでせず，やってもらうのを待っていた。

4 カンファレンス（支援前）

1学期，園においてカンファレンスが開かれ，園長や主任，学年担任と巡回相談員が参加して，アイちゃんに対して，保育者の子どもの観察や行動チェックリストをもとに保育が振り返られ，①視線が合わず，ことばによるコミュニケーションができない，②転びやすい，③園のルーティン活動ができない，④癇癪を起こす，という課題が提示された。

そして，これらの課題①に対しては，①目を合わせて，本児の動きや音をまねたり，気持ちを代弁したりする。具体的にはくすぐり遊びや「いないいないばー」を通して，関係を構築する。いろいろな経験をさせて，言語理解の土台を作る。課題②に対しては，②音楽やリズムを使って，運動スキルの向上を促す。転びやすい所にはカラフルなテープを貼って注意を促す。課題③に対しては，③絵カードや写真を使って，視覚的手段によって伝える支援を行う。課題④に対しては，④お気に入りの場所に連れていき，やわらかいタオルケットを与えて，気分を落ち着かせる工夫が考えられた。

その他，保育者からは「もしかしたら，私は早口で，タイミングもアイちゃんには早いかも知れない」との気づきが述べられ，保育者はアイちゃんにことばがけをする際には，「はっきり，わかりやすく，短いことば」の表現を心がけることとなった。このようにカンファレンスは，保育者が自分の保育を振り返る糸口となった。

5　支援

カンファレンスで決定された方針や対策に従って，アイちゃんへの支援が1年間にわたって行われた。その間，複数回カンファレンスが行われ，その都度，巡回相談員や保育者は，保育の場で子どもを観察し，情報を共有し，自分なりの見立てを語りながら，皆で，子どもの捉え方，保育の気づき，支援のあり方を振り返る作業に向き合い，調整が施された。

6　カンファレンス（支援後）

3学期のカンファレンスにおいて，1年間の支援の総合的な評価が行われた。

①「視線が合わず，ことばによるコミュニケーションができない」という課題については，あいさつや遊びのときにアイちゃんとアイコンタクトやスキンシップを心掛けるなどの工夫をしたところ，次第に保育者と視線が合い，単語が出てくるようになった。その後，絵本への指さしや自分の要求・否定も示すようになった。うまく言えなくても身振りやサインを組み合わせ，通じるようになったとき，やりとりも増えていった。

②「転びやすい」という課題に対しては，大好きなダンスの曲を自分なりに踊り，転ぶことが減った。

③「園のルーティン活動ができない」については，キャラクターのシールの活用によって，帽子をかぶったり靴を履いたりすることができるようになった。

④「癇癪を起こす」については，自分の気持ちや考えを伝えるという行為と意欲が出てきて，癇癪の回数が著しく減ってきた。

また保育者は，スモールステップで行った具体的な支援について，そのA．手がかり，B．手順，C．環境設定の工夫を報告した。

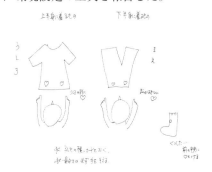

図3-2　保育者から保護者への連絡帳

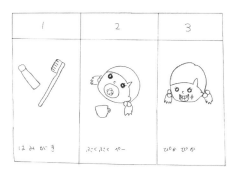

図3-3　保護者の工夫

このような成果に保育者は自信をつけ，さらに本児に有効な支援を考え，保護者に「保育の中で行えるもっと効果的な関わり方が知りたいので家庭ではどう対応しているか教えてほしい」と連絡帳を通して伝え，保護者も家庭での生活の様子を伝えた。その後，保育者は支援のアイデアや工夫について保護者との情報交換を盛んに行った（図3-2，図3-3）。アイちゃんは，身近で具体的にできることを通し，成功体験が積み重ねられ，達成感や意欲が増すようになった。

7　チェックリストの活用

奥住（2011）は，チェックリスト等の指標は，子どもの発達の状態を客観的な目で見る重要な視点である一方，実践者は生活の中の子どものリアルな姿と関係づけながら活用するほうがよいことを述べており，その観点から2つのチェックリストを活用した。

(1)　行動チェックリスト

行動チェックリスト（金谷, 2014）は子どもの発達をみるもので（56項目，5段階評価），注意・

表3-3　生活習慣チェックリスト（質問紙）

領域	質問項目						
食事	箸の使用ができる	茶椀をもって食べる	好き嫌いなく食べる	集中して食べる	固い物を良く噛んで食べる	朝ご飯を食べる	おやつより主食を食べる
排泄	昼間おしっこ・おもらしをしないで過ごせる	トイレで排便し始末ができる	トイレで排尿し始末ができる	和式のトイレでも用がたせる	毎日の排便が習慣になっている	夜おもらししない	夜オムツしない
睡眠	眠くてもぐずらずに過ごす	添寝がいらない	スムーズに寝る体制がとれる	いつも決まった時間に寝る	夜中に目覚めることなく眠る	夜中に夢でおきたりうなされずにいる	寝るときは何かをもたなくても眠れる
着脱衣	トレーナー・Tシャツが着られる	ズボン等の前後を間違えない	帽子をかぶることができる	靴下を正しくはける	前開きのシャツの袖を通して着られる	靴を左右間違わずはく	寒暖に応じた衣服の着脱ができる
清潔	食事の前に手を洗う	歯を磨く	うがいができる	鼻をかむ	汚れたら着替える	石鹸を使って手を洗う	自分の手足顔が汚れたらきれいにできる
整理	玩具の片付けができる	汚れた服を所定の所へ	ゴミをゴミ箱にすてる	着替えたら服をたたむ	玩具等の方向や形を揃える	大事な物とそうでない物を区別	靴を揃える
巧緻性	スナップ・ファスナーの開閉	タオル雑巾を絞る	紐を結ぶ	手をつなぐとき力加減ができる	洋服のボタンをはめられる	正座ができる	水を使った後蛇口をしめる

情動，言語・認知，運動スキル，人や物との関わりの4領域から構成されている。得点が低いほど達成できていることを示す（100点満点）。チェックリストは保育者と心理士が評定する（行動チェックリストとアセスメント表を使用）。これは子どもの全体像を共通認識として把握するためには，保育者と巡回相談員との検討が重要だからである。

(2) 生活習慣チェックリスト

生活習慣は繰り返しトレーニングすることで，将来的な自立に結びつくと考えられている。そのため生活習慣に焦点を当てた支援は重要であり，生活習慣チェックリストはその支援ツールとして活用できる（表3-3）。

生活習慣チェックリストは白石・金谷（2015）が開発した，子どもの生活習慣習得度を測定する尺度であり，今回用いるのはその改訂版である。

子どもの発達の全体像を見極めるためには，発達の諸側面を測定する行動チェックリストが有効だが，それに加えて，家庭と保育の場で必要なスキルである生活習慣の定着度を見るために，生活習慣チェックリストを開発した。尺度の内容は食事・排泄・睡眠・着脱衣・清潔・整理・巧緻性の7領域に分かれている。各領域は7項目から成り，尺度全体では49項目になる。

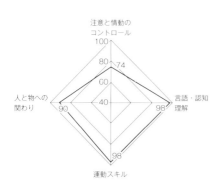

図3-4　行動チェックリスト（支援前）

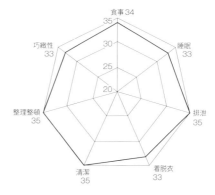

図3-5　生活習慣チェックリスト（支援前）

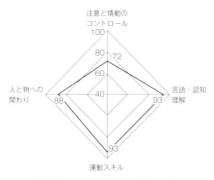

図3-6　行動チェックリスト（支援後）

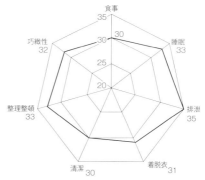

図3-7　生活習慣チェックリスト（支援後）

評価方式は５件法（１〜５）で，得点が低いほどその項目が達成できていることを示す。項目得点を合計して領域得点が計算される（35点満点）。このチェックリストに行動チェックリストを加え，保育者に支援前後で評価してもらった。

⑶　チェックリストの活用

　支援開始前，保育者によるアイちゃんの評価の結果，行動チェックリストでは特に，言語・認知理解と，運動スキルが弱いことが確かめられた（図3-4）。この２領域は，行動観察では「ことばが不明瞭で何を言っているのか聞き取れない」「段差でつまずく」という観察と合致する。また，生活習慣チェックリストでは清潔，食事，整理，排泄が課題ということがわかり，行動観察と整合的であった（図3-5）。

　１年後，再び同じ評価をしてもらったところ，行動チェックリストでは，言語・認知理解と運動スキルが向上した（図3-6）。「発音が不明瞭で何を言っているか聞き取れない」が５から４へと改善した。また言語面での改善を受けて，「ほとんどの子が怒らないところで，かんしゃくを起こす」が５から４へと改善した。さらに，「読み聞かせや紙芝居を見ていられない」が，５から４，「ゴールに向かって，ふらついたり，よろけたりせずに走ることができない」も５から４に改善した。

　また生活習慣チェックリストでは，食事，清潔，整理が向上した（図3-7）。例えば丸呑みが減り，「固い物を良く噛んで食べる」が５から４，「食事の前に手を洗う」が５から３，靴や帽子の着脱は，５から４へ改善した。上着は介助があれば着られるようになり，キャラクターシールを活用し，自分の棚に片付けることもある。排泄については今後の課題として残された。

８　終わりに

　その後，アイちゃんは病院で診断を受け，療育施設と園の両方に通うことになった。４月からは年中児クラスに進級し，個別対応が必要なものの，集団の中で活動する姿が見られるようになった。チェックリストの活用によって，保育者と巡回相談員の見立てと支援の視点が共有され，支援がスムーズに進んだ事例といえる。

　なお，以上の事例は，筆者のこれまでの発達支援における諸活動をふまえ，人名や園名等の各種設定，及び登場人物の言動に加工を施した構成事例として掲載したものである。

3 | ＡＤＨＤ事例

１）幼児期の ADHD の子どもについての基礎理解

１　ADHD について

ADHD（注意欠如／多動性障害，Attention-Deficit/Hyperactivity Disorder）とは，多動性・

衝動性・不注意を主症状とした中枢神経系の発達障害である。原因はまだ特定されていないが，「神経伝達物質の異常」，情報処理に重要な働きをする「実行機能の障害」と考えられている（田中，2012）。実行機能とは状況に応じて意識的に行動を切り替える能力（森口，2014）であり，行動を制御することでさまざまな問題解決を可能にし，社会性の発達にも重要な役割を果たしているとされている。

　ADHD の早期発見が可能な年齢の下限は学齢期とされているが，2〜5歳の就学前期にも有症しているという報告は多い（市川，2012）。実際に巡回相談に出向くと，まだ医療機関等に繋がってはいないが ADHD の症状・行動・症状を呈している子どもたちに多数出会う。

2　ADHD の診断基準

　ADHD の行動面に視点を当てた診断基準としてアメリカの精神医学会の精神疾患の診断・統計マニュアル第5版（DSM-5）が広く用いられている。ADHD は DSM-Ⅳ では行動障害に分類されていたが，DSM-5 では神経発達障害に分類された。ADHD の基本症状である不注意，多動の症状のいくつかが12歳未満に6カ月以上，2か所以上の生活場所で認められる場合に診断として疑われる。2013年の改訂により，17歳以上の場合は下位項目を5項目満たせばよいと診断基準が緩和されるとともに，重症度分類を導入し軽度（mild），中等度（moderate），重度（severe）に分けられた。わが国においては，ADHD および ADHD と関係性の高い問題や障害を評価できる質問紙検査の Conners 3 があり，極めて詳細な情報を網羅しており臨床的有用性が高い。

3　乳幼児期の ADHD の子どもたちの実態

　ADHD と診断された子どもたちは，診断される以前にどのような行動を示していたのだろうか？　ADHD と診断されたわが子の行動の特徴について，保護者に振り返り答えてもらったインタビュー調査（根岸，未発表）によると，1歳代には「歩きはじめたら，止まらなかった」，「目が離せなかった」，「いつもキョロキョロしていた」，幼稚園就園前には「よく，迷子になった」，「公園に行くと，衝動的に他の子どものおもちゃを取ってしまった」，「いきなり，他の子のことを噛んでしまう」，「座ってご飯が食べられない」，就園後には「着席が難しかった」，「友だちとトラブルを起こしやすい」，「何度注意されても同じことを繰り返す」といった回答が得られた。それらは，保護者が感じている ADHD 児の診断以前の予兆として捉えることができる。また，相談に繋がったかどうかの問いに対しては，「（医療機関等に）相談しなかった」と多くの保護者が回答しており，「個性」「性格（わがまま）」と捉えやすい傾向が示された。

　しかし，ADHD 児の特徴である落ちつきのなさや衝動性などは，社会の中では冷ややかに受け取られることが多く（「保護者のしつけが悪い」など），他者とのトラブルを避けて子育てサークルや公園から足が遠のくなど，保護者は子育てを通しての自己効力感を得にくい実態がある。また，コントロールの難しいわが子を「しっかりとしつけよう」と考えるあまり，虐待

に至るケースも多いことが指摘されている。

　いずれにしても ADHD の子どもたちは行動の抑制が困難であり，衝動的または「何度も同じことを繰り返してしまう」といった忘れっぽい特性があるため，乳幼児期から叱られる頻度が高く，その結果人への信頼感や愛着を得難く，自己肯定感が低いと報告されている。

4　巡回相談で出会う ADHD の子どもたち

　幼児期に集団場面で呈する ADHD の子どもの姿は実に多様である。常にじっとしていない，おしゃべりが止まらないなど多動性のあるタイプ，他児とのモノの取り合いやけんかなどでカッとなり，ことばで攻撃したり叩いたり噛みついたりする衝動性の高いタイプ，または 1 つの作業をしているときに目に入るさまざまなものに興味や関心が移ってしまい中断してしまうか，つぎの作業を忘れてしまいボーっとしてしまうなど注意の持続に困難のあるタイプなどが代表的である。いずれも，気持ちや体の動きのコントロールの難しさに課題があり，これらの特徴が単独で現れるケースもあるが，多くは重複して現れる。

　保育者はクラスに衝動性・多動性の高いタイプの子どもがいて，さらにその子どもに同調する子どもがいると，子どもを統制できなくなり，学級経営が難しくなるケースが多い。

表3-4　子どもの育ちシート（ケンタ君の事例）

巡回相談実施日　　20△△年○月○日　　　対象児（K君）　　　　記入者（担任）

		成長したところ	課題となるところ	保育者が工夫しているところ
	生活習慣	食事の準備，片づけが定着してきた。	お腹がいっぱいになると，集中力がきれてしまい，食事の途中で立ち歩いてしまう。	食事を食べ始めたときに（満腹になる前に），なるべく声をかけ，褒めて完食できるようにする。
	人とのかかわり	友だちに興味が持てるようになってきた。	使いたい遊具を先に友だちが使っていると，怒って叩いたり，無理やり取ろうとする。	なるべく保育者が仲立ちとなって，「貸して」など，一緒に言うようにした。
	運動・不器用さ	手遊び歌で，動きはぎこちないが，真似できるところが増えてきた。	できないと思うとやろうとしない。 自分もできていないのに，他児をからかったりバカにしたりする。	できているところを褒める。
	言葉	絵本は短くて，興味のある好きなものならみんなと一緒に楽しめるようになった。	長い年齢相応の絵本になると，立ち歩いたり，友だちにちょっかいを出す。	絵本はケンタ君が好きなものを 1 週間に 2 冊くらいは選ぶようにしている。
	行動	注意したことに対して簡単なことなら指示が聞けるようになった。	集まりのために教室に入ってきても，待つ時間が長いと教室から出ていってしまう。友だちとトラブルになる。	なるべく教室に入るのが最後になるようにする（待ち時間を少なくする）。

●協議してほしいこと
①友だちを叩いたり，噛んだりすることが多くて，一時も目が離せない。どのように対処したらいいのか？
②集まりなど参加が難しい。外に出ていってしまうため，いつも加配教諭と外にいるが，それでいいのか？
③クラスで読む絵本がケンタ君に合わせると易しすぎるものになってしまう。どうしたらいいのか。

46

2）事例を通して ADHD の子どもの支援を考える

　以下に示す本事例は年2回巡回相談を行っているC幼稚園のものである。C幼稚園の規模は年少，年中，年長と各2クラス，全園児160人規模の園である。これは，幼稚園の園長からの直接の依頼で行われた巡回相談である。なお，本事例は筆者のこれまでの発達支援における諸活動をふまえ，人名や園名等の各種設定及び登場人物の言動に加工を施した構成事例として掲載したものである。

1　対象児とクラスの情報

　今回の巡回相談の対象児はパンダ組（年中児，4歳）のケンタ君（男児，仮名）である。3歳から入園し，在園年数は1年半になる。3歳6カ月児健診で「ことばの遅れと落ちつきのなさ」を指摘され，その後，保健センターから紹介された医療機関で検査を行い「ADHDの疑い」と診断されている。医療機関では「今のところ投薬の必要はないので，5歳になったら就学を見据えてもう一度発達検査を行う」と指導を受けているとのこと，現在は特に療育に通っているわけではないようだ。

　ケンタ君のクラスは担任教諭（A教諭）の他に1名の補助教諭（B教諭）が配置されていた。担任教諭らは，ケンタ君の以下のような行動に苦慮しているため，対処方法を一緒に考えてほしい，とのことだった。それは，①友だちを叩くなど危害を加えるため目が離せない，②集団行動が取れない，③クラスの活動（絵本読み）への参加が難しい，という主訴であった。

2　巡回相談における資料

　巡回相談に用いる資料の様式は主催者側に任せているが，今回の幼稚園のように特に使用している書式がない場合，筆者は「子どもの育ちシート」（表3-4）の記入を提案している。このシートは前回の巡回相談からの子どもの育ちの変化，保育者の関わりの工夫，今回の巡回相談の主訴などが記入できるようになっているため，継続的な支援を行っている園については有効ではないかと考えている。

3　タイムテーブル

　9時半に幼稚園を訪問し，園長から1日のタイムスケジュールを説明される。この日の集団遊びは「バナナ鬼」という鬼ごっこになっており，その後室内において運動会で使う動物のお面の作成し，お弁当を食べる予定になっていた。この園では昼食を含めた9時45分から14時までが巡回相談員の観察となっており，14時半から16時まで，カンファレンスが行われる。9時45分までの15分間に，「子どもの育ちシート」を読み，園長から近況を知らされる。実際は本児を含む3名（本児の他1名は同じクラス，もう1名は年長児）が対象児となっていた。

表3-5 行動観察表の一部

時間	取り組みの内容	保育者の働きかけ	ケンタ君の行動
9:30	朝の会	「朝の会をします」	集まりに参加，輪の中には入っている。 巡回相談員の存在に気づき，ちらっと見る。
	手遊び	「一本指出して」	歌に合わせ，指を動かす。 1つ1つの動作は間に合わない，おおざっぱにできている。 歌は覚えている。 一瞬保育者の方に目を向けるが，視線は歌の間だけでも，保育者→窓→隣の子（ふざける）→保育者→壁→おもちゃ→歌の途中だがおもちゃの方に身体が動いてしまう。
		手遊び終わる 「ケンタ君，お話始めるよ」	おもちゃの棚の前にいる
	今日の予定	「おはようございます」など今日の予定を話す。	ケンタ君席に戻る 巡回相談員が目に入り，チラッと振り返る。
9:35	名前呼び	「お名前よびします。今日は○○先生（巡回相談員）が来てますからね，元気にお返事しましょう」 「ケンタ君座っててね」	やや大きい声で返事するが問題なし（呼ばれたのは22人中4番目） 自分の番が来るまでは座っていたが，返事が終わると姿勢が崩れ，隣の子にぶつかったり，椅子に座っておれず，床に座ったり，寝転んでしまう姿も見られた。 座り直した。 しかし，また体は動き，今度は担任の前に出ていってしまう。
		担任はケンタ君を膝に乗せ，残りの3人の名前を呼ぶ。	ケンタ君は嬉しそう。
9:40	鬼ごっこ説明	「これからホールで鬼ごっこをします」	クラスの子どもたちは大喜び，「ヤッター」と嬉しそうに手をあげたりする。 最初は周囲の子の動作を真似るような感じだったが，次第にハイテンションになり，身体を他児にぶつけたり，右に左に激しく動く。 手は他児の目にぶつかり，相手の女の子は痛がっている。 子どもたちはもう席につき始めている。 ケンタ君はさらに「ウォー！！」と大声を出し，教室内を走り回っている。 ぶつかられた他児が「やめて」と言っても，やめようとしない。気づいていないようだ。
		担任鬼ごっこの説明をする。	
		「今日は『バナナ鬼』をします」と言い，ルールの説明をする。	隣の子と話をしている。隣の子のキャラクターの靴下が気になる様子。 見たり，話したり，椅子に座れていない。
		「ユウ君（隣の子），ケンタ君，お話聞いてなかったね。大丈夫？」	ユウ君「大丈夫！」。ケンタ君は聞いてない。2人でニヤニヤ笑っている。
		「さあ，ではホールに行きます」	ケンタ君，ユウ君とずっと話している。
		「椅子を片付けて，ゆり組さん（隣の部屋）が大事なお話しているから，静かに歩いてホールに行きますよ」	大多数の子どもは椅子をしまい，そのまま静かにホールに移動する。ケンタ君は椅子をしまわずにダッシュで行こうとする。
		「ケンタ君，椅子出しっぱなしよ」	ケンタ君，椅子をしまう。視線は保育者を見るでもなく，椅子を見るでもなく，視線が定まらない感じ。他児（3名）も慌てて椅子を片付ける。皆はもうホールに向かっている。ケンタ君たちは追うように走っていく。

4 行動観察

行動観察の際，筆者はメモを持参する。あまり大仰なものではなく，さりげなく記録のできるものがふさわしい。教室に行くとクラスの子どもたちはちょうど椅子を丸くしてお集まりをしていた。園長に頭をそっとなでてもらい，どの子がケンタ君か教えてもらう。クラスの子どもたちが，「あの人誰のお母さん？」「あの先生，何しに来たの？」などと口々に話し始める。筆者は，「園長先生からね，パンダ組の皆さんが，いつもとても楽しい鬼ごっこをしていると聞いたので，今日は教えてもらいにきました」と自己紹介をした。なるべく保育の邪魔にならないように，自然な形で観察できるよう配慮をした方がよい。

ケンタ君ははじめ，記録に書かれているような落ち着かない様子はほとんど見られず，皆と一緒にサークルの中で着席していた。しかし，次第にキョロキョロしながら担任への注目が難しくなり，着席時間が長くなるにつれ姿勢は崩れ，隣の子どもに寄り掛かり，しまいには床に座り寝転んでしまった。「ケンタ君座ってね」とA教諭が声をかけることで座るときもあれば，サークルの中に一人出てきて，ふざけてしまう場面もあった。「今日はこれからホールで『バナナ鬼』をします」という保育者の声かけに，ケンタ君はクラスの子どもたちと同様に「ヤッター！」と歓声を上げる。ただしケンタ君の場合その興奮の度合いが高く，大きな声を出しながら教室を走り回り，その結果振り上げた手が女児の目にぶつかってしまった。女児から「やめて」と言われても気にかけず，その後も走ってはぶつかり，走ってはぶつかりを繰り返す。B教諭が見かねてケンタ君を抱きかかえて席に戻した。その後場所がホールに移動すると，さらにケンタ君のテンションは高まりホールをひとり走り回っていた。保育者は子どもたちを集め，『バナナ鬼』が始まる。ほとんどの子どもは楽しそうに参加するが，ケンタ君は鬼ごっこが開始したことに気づいていないか，気づいていたとしても説明を聞き逃しているため，逃げるでもなく追いかけるでもなく，いつまでも走っていた。そのとき「ケンタ君，タッチ」とタッチされる。ケンタ君の顔はピクッと歪んだが，振り切ってまた走り続ける。その後も何度かタッチされては「ケンタ君鬼だよ」と言われる。しかし何度タッチをされても鬼になれず，ついには「ずるい！」と他児や保育者に注意され，ケンタ君はカッとなりそばにあった椅子を投げてしまった。観察を始めて20分ほどの場面で生じた出来事である（表3-5）。

5 カンファレンスのための準備

本巡回相談の観察は14時までとなっているため，14時半のカンファレンスに備え，30分間準備を行う。保育者のメモを丁寧に読み返し，行動観察を補足し，必要に応じ行動チェックリストの記入を行う。観察で全てをチェックできるわけではないので，保育中に保育者に確認をしたり，カンファレンスの中で保育者に聞き取るものもある。保育者の主訴に沿って，カンファレンスの中での協議のポイントや，支援のゴールをイメージしておく。

6 カンファレンス

この幼稚園では園内研修のような形式で,園長,担任だけではなく,他学年の教諭も参加してカンファレンスを行っている。園長が司会を担い,担任は「子どもの育ちシート」に沿って日常の様子について話をする。一方,相談員は,保育者が記述した「子どもの育ちシート」と,観察時に記述した「行動観察メモ」,さらに行動チェックリストの記述をもとに保育を振り返る。

例えば,保育者は「子どもの育ちシート」の「運動・不器用さ」の「成長したところ」の部分で,「手遊び歌で,動きはぎこちないが,真似できるところが増えてきた」と記述している。そして「課題となるところ」においては,「できないと思うとやろうとしない。ふざけたり,友だちをバカにしたりする」と記してある。筆者は行動観察メモの「手遊び歌」の場面で,「1つ1つの動作が間に合わない,大雑把にできている」と記した。また,その際特に着目したのは視線の動きで,2,3分の活動の中で数秒おきに視線は動き,注視が難しい様子が見られたことである。保育者はケンタ君の手遊び歌を「できないと思うとやろうとしない。ふざけたり,友だちをバカにしたりする」と評価をしているが,「やる気」だけの問題ではなく,そこには素早く展開していく手遊び歌をしっかり「見ることができないために」一部の理解しかできず,大雑把にしか実行できないのではないかと推察した。さらに動作のコントロールが難しいために,隣の席の子どもと体を動かすたびにぶつかり,隣の席の子どもが同調する子であれば,そのままふざけたり,からかいが生じたりするのではないか,と提起した。

カンファレンスでは,このように子どもの行動観察に基づき,保育者とともに子どもの行動の「なぞ解き」をしていく。そのうえで,保育の中で改善できるところがあるか,どのような工夫ができるかを一緒に考える。

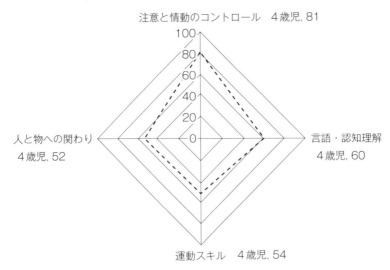

図3-8 ケンタ君の特性傾向グラフ

第3章　行動チェックリストと行動観察表を活用した支援例

この日保育者からあげられた提案は，「新しい手遊び歌を行うときは，ゆっくり動作を確認しながら行う」，「しっかりと注目ができるようたびたび声をかけ，注意を向けやすいような工夫をする」，「完全でなくても楽しいと思ってやっているのであれば，それも認めてあげる」，「隣に一緒にふざけてしまう子どもを座らせない」などである。どれもすぐにでも実行できそうである。ヒントをもとに保育者自身が導き出したアイディアは活用価値が高く，応用が利く。さらに，自分たちが「考案した」支援は，今後の保育者たちの自信に繋がる。巡回相談は一方的に答えを出すのではなく，保育場面を共有しながらともに考え出すその過程が，重要ではないかと考える。

7　行動チェックリストの活用

　巡回相談の場における子どもの評価は，発達検査などを行うわけではないため，巡回相談員の力量，つまり感覚や経験によるものが大きいのも事実である。今回筆者らが作成した行動チェックリストは，巡回相談員個人の感覚や経験を補完する（見落としや見逃しの軽減）役割もあると考えている。支援を要する子どもたちのどこに注目すると，困難とされているところを見つけ出すことができるのか，客観的な根拠をもってその示唆が得られるものと考えている。
　ケンタ君に関してつけた行動チェックリストをもとに作成した特性傾向グラフを図3-8 に示した。このグラフは，評定平均値が高いものほど困難の高さを示しているので，ケンタ君は「注意と情動のコントロール」が最も苦手であるとわかる。ケンタ君のチェックリストの下位項目で高得点を示しているのは「周囲の刺激に気が散りやすく落ち着きがない（落ち着きのなさ）」，「自分の興味のあるもの以外に集中する時間が短い（集中の短さ）」，「場面の切り替えができない（シフティング）」，「同じ失敗をよく繰り返す（ワーキングメモリ）」，「すぐにかっとなりやすく，きれやすい（衝動性・抑制の問題）」などであり，実行機能に関連する項目に多くの困難を示していることがわかる。また，「注意と情動のコントロール」に次いで「言語・認知理解」に困難さの目立つ項目が多かった。下位項目を見ると，助詞の使い方や，構音，ことばそのものに問題があるというよりも，全体の中で他者のことばに注意を向けるなど「注意と情動のコントロール」に関連した項目（「クラス全体への指示だけではよく理解できない」，「指さしなしで「あれ」「それ」などの指示代名詞の理解が苦手である」），ワーキングメモリが関連する項目（「先生や友だちの名前をなかなか覚えられない」，「過去の出来事を話すことができない」）に困難さがみられた。これらのことより，ことばそのものの遅れがあるというよりも，話し手に注目しその注目を維持していくこと，あるいは一度記憶したことを，適切な場面で思い出しその知識を活用することが難しいようである。ことばに注意を向けられるよう環境調整を行い配慮していく必要がある。
　注目すべきは，「全く当てはまらない（1）」ものが4項目あったことである。保育者の主訴の中には，他児との関わり（危害を与える，集団生活の困難）があげられていたが，実は行動チェックリストの項目「特定の人としか遊べない」，「集団での遊びをしたがらない（どちらか

といえば一人でいる方が好き）」は「全く当てはまらない（1）」とされており，人やモノに対する固執性は少なく，むしろ遊びたい思いはあってもうまく調整のできない本児のつらさが見えてくる。「関わりたい思い」を強みとし，「関わり方」を具体的に支援していくことが今後の目標として見えてくる。

行動チェックリストを用い，子どもを客観的に観察することで，クラスの多くの子どもと比較し，どこが得意でどこが苦手なのか見落としなく捉えることができる。さらに，難しさの中で埋もれ見え難くなっている子どもの良さ，強みを確認できるのではないかと考えている。

2）ADHD と類似する行動パターンを持つ愛着障害と診断された子どもの支援例

保育・教育現場では，ADHD のような行動特性をもった愛着障害児，あるいは被虐待児に出会うことが少なからずある。ここでは ADHD 様の行動パターンをとる脱抑制型の愛着障害と診断されている子どもの事例を通じて，その支援について検討していきたい。

1 反応性愛着障害とは

従来の DSM-Ⅳ-TR では反応性愛着障害（Reactive Attachment Disorder of infancy of Early Childhood）のカテゴリーの中に抑制型と脱抑制型に分類されていた。しかし，DSM-5 においては抑制型が反応性アタッチメント障害／反応性愛着障害（Reactive Attachment Disorder of infancy of Early Childhood：RAD），脱抑制型が脱抑制型対人交流障害（Disinhibited Social Engagement Disorder：DSED）と 各々カテゴリーが分割された。ADHD との鑑別が難しいのは後者の DSED であり，実際に DSM-5 においては ADHD様の行動の併存について完全な否定はしないようなニュアンスで示されている。

DSED は拡散した愛着で，適切な選択的愛着を示す能力の著しい欠如を伴う無分別な社交性という形で現れる。行動特性として，多動性，衝動性，不注意，対人関係の困難，身体接触への過度な反応など，一見して発達障害と類似した行動特性が認められ，しばしば誤認される。特に ADHD との鑑別は，専門医においても難しいとされている（杉山・高貝・湧澤，2014）。

2 発達障害と子ども虐待

発達障害と子ども虐待の関連は 1990年代から注目されるようになった。そもそも発達障害は脳の器質的な障害（先天的な障害）として理解されているが，子ども虐待は環境的な問題であり，そのために生じる症状は後天的な障害として考えられていた。しかし，2000年に入ると，「発達障害は虐待のハイリスク」として捉え，中でも ADHD は「養育者の虐待行為を誘発しやすいリスクファクター」と指摘されるようになった。

一方，杉山（2007）は虐待を「第四の発達障害」とし，被虐待児が虐待体験によって ADHD の多動・衝動性という行動を示すと指摘し，友田（2006）は「脳の傷」として子ども

第3章 行動チェックリストと行動観察表を活用した支援例

の脳が虐待という激しいストレス体験により脳に癒やされない傷を刻み付けられてしまうと示唆している。いずれも「虐待の結果としての発達障害」という捉え方である。つまり，①ADHDであるがゆえに虐待を誘発してしまった。または，②虐待の結果としてADHD様の行動パターンを起こす，という考えが現在は一般的である。

3　巡回相談における事例を通して検討する

(1)　プロフィール

保育園児の年中児（4歳）のリョウ君（仮名）は貧困をベースとしたさまざまな家庭的な問題（母親の精神的疾患，夫によるDV，家族の借金の問題など）を抱えた多問題家族（Multi-Problem Families）であり，公的なサービスを受けるにあたり，「脱抑制型の反応性愛着障害の可能性がある」とすでに医師の診断を受けている（この診断はDSM-IV-TRに基づいている）。巡回相談における保育士の主訴は以下のとおりで，書面にて事前に知らされた。①着席ができず，クラスとしての集団行動がとれない。②衝動的で突然暴力的な行動を示す（噛みついたり，暴れたりする）。③不安定な対人関係（保育士にべったり甘えるときもあれば，激しく攻撃してくる場面もある）により対応に苦慮することがある。④登園が安定しない（急に連絡もなく何日も休んだかと思うと，熱があっても保護者がなかなか迎えに来ない，連絡が取れない）。①と②についてはADHDの症状と類似している。なお，本事例は筆者のこれまでの発達支援における諸活動をふまえ人名や園名等の各種設定及び登場人物の言動に加工を施した構成事例として掲載したものである。

(2)　行動観察から

リョウ君のいる年中児のクラスで，このクラスは保育士2名で20名の子どもたちを担任している。リョウ君が突然の暴力を繰り返し，他児に危害を加えてしまうことを防ぐ必要があるため，リョウ君に加配の保育士がついている。巡回相談に訪れたときはクラスで読み聞かせをしていたが，リョウ君はクラスの子どもたちとは離れ，加配の保育士の膝でエプロンにくるまりながら時々絵本を読む方向を見ていた。巡回相談員の存在に気がつくとちらちらと振り返り，意識しているようだった。

読み聞かせの後，クラスの子どもたちは散歩に出かけるようで，ひとりの園児がリョウ君を誘いに来る。「さんかく公園に行くよ」「リョウ君の大好きなブランコのある公園だよ」，リョウ君はにやにやしながらも「行～かない」と言い，一緒にいた保育士の背中に抱き付き，髪を引っ張りべたべたとしていた。保育士がすっと立ち，「リョウ君の大好きなブランコがあるよ。行こう」と声をかけると，リョウ君の目は突然鋭くキッと睨み，いきなり保育士の足に噛みついた。「痛っ……」，まだ経験の浅い保育士は，コロコロと変わるリョウ君の情動の激しさに振り回され，また痛みも伴ったこともあり，目には涙がにじんでいた。

結局，リョウ君は園に残り，クラスの子どもたちが散歩に行った後，保育士と2人教室に残り，リョウ君のルールで楽しく遊んで過ごしていた。電車のおもちゃを連結し長くつなげる。「ガ

53

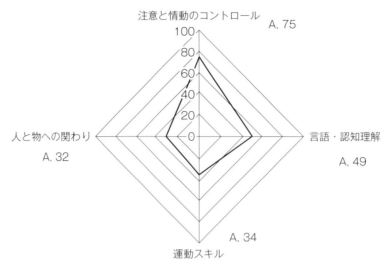

図3-9 リョウ君の特性傾向グラフ

ガタンガタン，ガタンガタン，特急列車とすれ違いまーす。ねえ，ねえ，先生，すれ違うんだよ。こっち，こっち」。保育士はいつの間にかリョウ君のペースに飲み込まれ，リョウ君の意のままに動いている。途中，園長が通りかかった。「リョウ君，お散歩行かなかったの？」と尋ねると「うん，ケイ君（仮名）がね，来ちゃダメ，っていうの」とリョウ君。園長と保育士と巡回相談員はパッと目が合い，保育士は静かに首を横に振ると，園長は「おかしいなあ，そうかなあ」と言うと，「ほんとだよ」と屈託のない笑顔でリョウ君は笑った。

(3) 行動チェックリストの記入

　観察中に担任の保育士から「リョウ君は脱抑制型の反応性愛着障害という診断名がついていますが，まるでADHDの子どものように衝動的で落ちつきがありません。いったいどのような障害なのでしょうか？　私にはADHDとどこが違うのかわかりません。ただ……リョウ君には人の心がないというか，子どもならこう思うだろうな，こうするだろうな，というような行動の予測が全くつかず，対応にとても苦慮しています。そして，リョウ君と関わっていると，とても苦しい，悲しい気持ちになるのです」と，保育者の訴えは切実である。

　被虐待児が「愛着障害」という診断を受けるために医療機関に出向くということは非常に稀であるため，根拠をもって説明できるケースは少ない。少々蛇足になるが，コンサルテーションの場でコンサルティから診断名を求められる場面があるが，診断ができるのは医師だけであることをふまえ，「診断はできない」という立場は明確にする必要がある。私たちにできることは，あくまでも臨床という立場で目の前にいる子どもの集団場面での姿を観察し，それぞれの子どもの特性をできるだけ根拠をもって保育者とともに考え，一見困ったように見える行動の解説（謎解き）をし，日々の保育の中でできる対応方法を見出すことである。

リョウ君の行動を行動チェックリストに記入し，求めた特性傾向グラフは図3-9のとおりである。先行研究と同様に注意と情動のコントロールに困難があり，ADHD様の行動パターンを取ることがわかる。

⑷ 反応性愛着障害の子どもへの対応，助言

愛着障害の子どもについては家庭との連携が難しく，かつ対応が難しいケースが多いため，保育者も困惑するケースが多い。すぐにでも実行できる手立てを求められるがそう簡単ではない。まずはじっくりと落ち着いた，長期的な支援を要することを伝える。

つぎに行動観察から見られるリョウ君の「よくわからない」と思われている行動のなぞ解きを一緒にする。

相談員「リョウ君は絵本を読むとき，いつもみんなと離れているのですか？」

保育者「はい，だいたい，一緒には見ません。必ず保育者を独占したくて離れたところでべたべたしています。」

相談員「もし，先生が離れてしまったらリョウ君はどうなりますか？」

保育者「パニックになって，大騒ぎになります。他の子が絵本を見ることができなくなります。」

相談員「なるほど。絵本の内容をリョウ君は理解できていますか？」

保育者「はい，あ……でもちょっとわかっていないのかもしれません。ことばに反応して大きな声で繰り返すことはありますが，意味はよくわかっていないのかもしれません。時々2，3歳児の絵本を読むときは，前に行ってみたりもします。」

相談員「そうですか。もちろん保育者と一緒にいたい，独占したい思いもあるけれど，みんなと同じ絵本を見て楽しいと思う気持ちには，まだなっていないのかもしれないですね。」

保育者「2冊本を読むときは，1冊は少し幼い本にしてみようかな。」

相談員「そうですね，その方がリョウ君は楽しめそうですね。」

保育者「あと……，あのとき，なぜリョウ君は私を噛んだのでしょう。ああいう暴力がよくあり，理解ができません。」

相談員「あのときは，確かにびっくりしましたね。確か……クラスの子どもたちがお散歩に行こう，と誘いに来てくれたときでしたね。それに対してちょっとふざけて『行かない』とリョウ君は話していました。」

保育者「私は，『リョウ君も一緒に行こう』と話したのです，そしたら噛まれてしまった。」

相談員「そうでしたね。ただ……先生が『リョウ君も一緒に』といったのは，誰と一緒にと誘ったのでしょうか？」

保育者「……？　リョウ君も（誘いに来た）ケイ君と一緒に行こう，と」

相談員「このとき先生はリョウ君を誘ったのだから，きっとリョウ君にとっては今まで一緒にいて，自分と同一に思っていた先生が，突然ケイ君の仲間になって自分を誘いに来たように感じたのではないでしょうか？　例えば〈はないちもんめ〉ってわらべ歌遊びがあ

るでしょう？」

保育者「♪勝って嬉しいはないちもんめ，負けてくやしいはないちもんめ♪っていう，わらべ歌遊びですか？」

相談員「そうです。それまでリョウ君と先生が一緒に手をつないでいるところに，ケイ君がむこうから『こっちにおいで』って言っていたのに，突然先生がケイ君の側に立って『リョウ君も一緒に行こう』と言ったので，ケイ君と先生が手をつないで2人で，リョウ君を迎えに来たように感じたのではないでしょうか？」

保育者「だから，行かないで，って噛んだ？」

相談員「……そうかもしれないですね。リョウ君は愛着の形成が不十分なお子さんなので，不安がとても高く，人との距離の取り方が苦手です。また，お母さんを安心基地とした『ダイジョウブ感』が十分ではないため，誰かが離れていくことで強いストレスが生じてしまうのかもしれません。一人の人間の中に2つの側面がある，好きなところと嫌いなところ，いいところと悪いところ，好意的なところと拒否的なところがあることを，感覚として理解することが難しい可能性が高いと思います。」

保育者「どのように対応すればよかったのでしょうか？」

相談員「私もその場にいたら，先生と同じように接していたと思います。でもそういう困難がある子なのだと気づいたら，そうですね……ケイ君が誘いに来たとき，リョウ君の側に立って，リョウ君の気持ちを言語化する，例えば『ケイ君何しに来たのかな。あっ，さんかく公園一緒に行こう，だって。どうしようかな。僕の好きなブランコがある。行ってみようかな。先生と手をつないだら行けそうだな』など実況中継のようにリョウ君の気持ちを言語化する。そしてちょっと身体が動いたら『行こうかな，遊びたいな』などプラスのことばを共感的にことばにし，自分の気持ちに気づかせ認めていく作業を繰り返すこともよいかもしれません。」（玉井（2001）は被虐待児への対処の1つとして「ことば・気持ち・からだ」のバランスを支えることの重要さを指摘している。また，米澤（2014）は「愛情の器」モデルによる支援の1つに内なる思いをことばにし，確認していく作業をあげている。愛着障害の子どもへの働きかけの手法として，自分の気持ちを表現することを手助けしていくことは，1つの段階として有効であると考える。）

保育者「なぜ，リョウ君はあのような嘘を平気でつくのでしょう。保護者も家で嘘つくと言っているし，友だちからも嫌われる原因にもなります。」

相談員「嘘といえば嘘ですが，衝動性の高いお子さんは，衝動的に思いついたことをことばにし，そのことを忘れ，話しているうちに『それは本当のことだ』と思いこんでしまうことがよくあります。また，衝動性の高さから（結果としての）嘘をつく必要性が，リョウ君には（経験の中で）あるのかもしれません。場面に応じ，例えば友だちと関わっているときには，保育者が仲立ちとなって説明する必要があるでしょう。もし『それは違うよ』と伝えるときには，明るく，短く，わかりやすく，きっぱりと伝え，くどくどと

叱ったり，謝るまで思い出させたりすることは絶対にやめましょう。」

4）おわりに

愛着障害と診断を受けていない子どもの中にも，愛着形成に困難をきたしている子どもたちがたくさんいると推定される。そして，ADHDと非常に行動が似ているため誤って認識されていることも多く，厳密な鑑別は難しいとの指摘がある。保育コンサルテーションで巡回相談員はそれらを診断する立場にないが，愛着障害も視野に入れつつ，保育現場において適切な対応ができるよう助言をしていく必要がある。

また何より重要なのは，対応の難しい子どもへの対応で疲弊してしまっている保育者の話を聞き，受け止め，支えることではないかと考える。さらに，幼稚園・保育園という1つの機関だけで支えるのではなく，さまざまな社会資源と連携しながら重層的な支援を行えるよう，地域の資源の情報やアイディアを提供していくソーシャルワーク的な役割も巡回相談員には望まれると考えている。

4｜ギフテッド事例

1）幼児期のギフテッドの子どもについての基礎理解

1　ギフテッドについて

ギフテッド（Gifted）は贈り物を意味する英語の「ギフト（gift）」が語源であり，神から与えられた「資質」，または生まれつきの「特質」と考えられ，先天的に優れた能力を持つ者のことを指す。ギフテッドの子どもたちは学術的な才能のみならず，芸術，スポーツ面に優れた能力を持つ者（タレンテッド：Talented）もおり，その高い潜在能力が十分に活かされたとき，大輪の花を咲かせることができる。その一方で，秀でた部分（凸）と苦手とする部分（凹）のギャップは，集団生活の場においてはさまざまな生きにくさや不適応を生じさせていることも多く，ギフテッドに対する正しい理解と対応が課題とされている。

ギフテッド教育の先進国とも言われているアメリカでは，才能に恵まれた子どもを早期に発見し，その素質を望ましい方向に発達させることを目的とした「ギフテッド教育プログラム」の研究・開発が行われている。しかし，わが国においては，公教育において支援の対象となるギフテッドの定義そのものがなく，十分な理解および対応がなされていないのが現状である。2016年より始まったインクルーシブ教育システムを進めていく中で，知的に低い子どもに対しての合理的配慮はすでに実行されているが，例えば授業を退屈に感じてしまうような知的に高い子どもに対しても，本来であれば配慮がなされる必要があると考える。そのためには，ギフテッドの子どもたちへの正しい知識と理解が広まり，ギフテッドの子どもたちの強みを活かせ

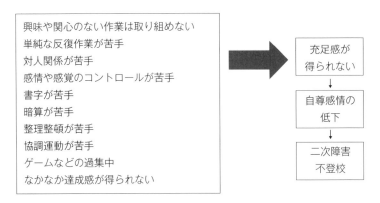

図3-10　知的ギフテッドが抱える困難（小泉，2016，P.148．より作成）

るような教育方法を検討していく必要がある。

2　ギフテッドの定義と特徴

　ギフテッドの定義について，多くの研究者たちはIQ（知能指数）が130以上を示すものとしているが，知能テストの限界性と妥当性の問題より，選別の方法を1つの検査で見極めることは難しいと考えられており，現在のところ共有する定義，あるいは評価する尺度が存在していない。ギフテッドの子どもの特性による特別な教育的ニーズは高いとされ，近年改めて注目されつつある。小泉（2016）は，知的ギフテッドが抱える困難について保護者に行った聞き取り調査を図3-10のようにまとめている。突出した能力はあるが，認知がアンバランスであるがゆえに教育環境にうまく馴染めず，本人の達成感が低くなり，自己肯定感が低下してしまうことが理解できる。

　以下にギフテッドの事例を記すが，本章におけるすべての事例は筆者のこれまでの発達支援における諸活動をふまえ，人名や園等の各種設定及び登場人物の言動に加工を施した構成事例として掲載したものである。

　ある事例では授業の内容はすぐに頭で理解できてしまうために，板書をすることに強いストレスを感じ（書字の苦手さも相まって），ノートに書き写すことを頑なにしなかった子どもがいる。そして，教師から「何度言っても板書をしない」という事実から「さぼっている」と判断され，注意（叱咤）され続けることによって不登校になってしまったケースである。また，学級で行う音読のスピードが遅すぎて退屈だという子どももいる。その子どもは誰が教えたわけでもないのに，教科書を斜めに読むと一瞬で内容が理解できるのだという。既に理解している内容をただ聞いているのは「体がむずむずする」ので，授業と関係ない本を読んでいる。すると教師に注意される。その子どもは「みんなに合わせることが疲れる」と話していた。

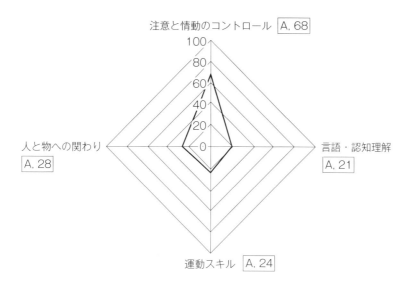

図3-11　ダイスケ君の特性傾向グラフ

2）事例を通してギフテッドの子どもの支援を考える

1　のちにギフテッドを疑われた子どもたちの幼児期の姿

　巡回相談時に，ギフテッドと診断されている子どもに出会うことはまずない。先述のとおり，ギフテッドの共通する定義，診断基準が確立されていないため，幼児期に診断されることはほとんどない。また，遊び中心の幼児期には問題となりうる可能性が少なく，ちょっと変わったおもしろい子どもとして個性の範囲で捉えられていることが多い。あるいは，幼児期には発達障害様の姿を呈するため，ASDやADHDと診断されているケースが多い。今回紹介するのは長期的に経過を見ていくことができ，のちにギフテッドと診断された事例である。幼児期を捉えた一例になればと考え，以下に取り上げる。

　ダイスケ君（当時5歳，仮名）は，好奇心旺盛で「どうして〜なの？」と周囲に尋ねることの多い子どもである。通常ではあまり気にならないような，例えばマヨネーズの絞り口の違いからその食品メーカーを言い当てたり，道路の縁石の形が非常に気になってしまったりするのである。

　ダイスケ君は，恐竜や国旗，昆虫など，興味のあるものについて徹底して図鑑や絵本で調べていた。あるときは人体図鑑に興味を持ち，臓器の名前を覚えたり，いろいろな角度から絵に描いたりしていた。ある日，その図鑑を見ながら「人の体を切ってみたいなあ。臓器を自分の目で見てみたい」と話し，そばにいた大人を仰天させていたという。

　ダイスケ君は集団で行動することが苦手であり，幼稚園の教諭は，①わざと大きな声を出

して注目を浴びるような行動をとる，②一番にこだわりがあり，負けると相手に暴力を振るう，あるいは，一番になれそうもないときは，活動に参加する前から「やらなくていい」と参加に拒否をする，③クラスでドッジボールや鬼ごっこ（集団遊び）をしていても参加ができない場面が多いことを保護者に伝えていた。また，保護者も，①わが子が指示に従わない（買い物に行くと迷子になる，など），②店や友だちの家にあるものを勝手に持ってきてしまう，③「そんな悪い子はうちの子ではない」と叱ると（離れた祖父母の家に行き），一晩中帰ってこないことがあった，など子育てに苦慮しており，医療機関に相談していた。医療機関では発達検査を行い，IQ は 136，ADHD を疑われたそうである。その後，小学校では不登校を繰り返し，フリースクールに通うために，県外に引っ越しをした。フリースクールの先生の勧めで通い始めた別の医療機関で「ギフテッド」と診断されたそうである。

　巡回相談当時，ダイスケ君への対応方法を検討するために，行動チェックリストの記入を行っていた。以下は，ダイスケ君の 5 歳児のときの行動チェックリストを特性傾向グラフにしたものである（図3-11）。

　「注意と情動のコントロール」が極めて苦手であることがわかる。行動チェックリストの出来た項目を見て，保育者は「得意と不得意の偏りがある」ことを「なるほど」と納得する一方で，もっと，「言語・認知理解」は高い印象があるし，運動スキルについてはもっと苦手な印象がある，と話していた。本チェックリストは幼児までを対象としているため，ある程度の偏りについては把握できるが，ギフテッドの子どもの得意とする能力を十分拾い上げることは難しいのが現状である。

2　幼児期のギフテッドの子どもの姿から考えられる支援について

　カンファレンスから，保育者はダイスケ君の行動が理解できず，明らかに対応に困っている様子が伝わってきた。保護者も同じである。このように，日々接している保護者のみならず保育者までも，育児や保育への意欲が消えそうになっているときは危険信号である。カンファレンスでは，まず保育者にダイスケ君の担任としてのモチベーションを上げてもらうことが優先される。そのためには，仮説ではあるがダイスケ君の（不思議と思える）行動を説明し，保育者の不安を軽減することが重要と考える。

　ダイスケ君は，集団参加ができず保育を中断させてしまうことが多い。行動チェックリストで概観したように，「注意と情動のコントロール」のみが極めて苦手な場合，頭でわかっていても衝動的に体が動いてしまうのはやむをえないことを理解する必要がある。あるいは，そもそも興味の偏りが強いため，設定された集団活動に全く興味がもてず参加ができなかった可能性もある。また，活動に参加する前から「やらなくていい」と参加を拒否するのは，実は自分の理想とする姿（一番になる，上手にできる，など）に対し，実際には自分はできないというイメージが頭で予測できてしまい，挑戦すらしない可能性もある。そんな話をしていると，ダイスケ君の行動の意味を理解できるようになり保育者の表情は和らいでくる。

つぎに，対応方法を共に検討する。保育者が一般的な注意をしてもダイスケ君には届かないので，ダイスケ君の心の琴線に触れるような伝え方によって（例えば，興味のある昆虫や恐竜をトピックに入れながら），具体的に理論立てて説明する方が効果的かもしれない。また，体を切って内臓を見てみたいと言われれば保育者は確かにゾッとする。しかし，本人にとっては強い興味，好奇心の現れに他ならないのである。頭ごなしに否定しないで，「なるほどね」と受け入れたうえで，「切ったら痛いから，切らない方法があると思うよ。どんな方法だと思う？」など問い直すことで，違う案が出てくるかもしれないし，こだわっていた気持ちが他の興味にシフトされる可能性がある。

また，知的に高い子どもにとって，同年齢の子ども集団の遊びは，知的好奇心を満たし難く，退屈であることが多い。活動の中にそうした子どもの欲求を満たすような会話・取り組みを検討し，その子どもの知っている知識を皆に伝えるなど，活躍の場を設定することも配慮の1つではないかと考える。

3）まとめ

先に述べたように，巡回相談でギフテッドと診断されている子どもに出会うことはおそらくない。しかし，巡回相談員は，知的にゆっくりな子どもたちが，集団活動においてなかなか「わかった！　できた！」という達成感や自己有能感を持ちづらいのと同様に，知的に高いが偏り（凸凹）のある子どもたちにとって，同年齢の子ども集団のカリキュラムやスピードの中で満足感や充実感が得難い現状にあることを覚えておく必要があると思う。保育現場で，ギフテッドか否かということを判断することはできないし，そもそもその必要はないだろう。しかし，その子どもの持つ強みと弱みを理解したうえで，弱みにばかり注目することなく，強みを遊びの中で広げ，活躍の場へと変えていく工夫を提案することは可能ではないかと考える。今後，インクルーシブ教育システムの拡大に向けさまざまなニーズへの対応が検討される中で，ギフテッドの子どもたちに対する早期からの理解と対応方法の研究が求められると考える。

5 | 発達性協調運動障害（DCD）事例

1）幼児期のDCDの子どもについての基礎理解

1　DCDについて

発達性協調運動障害（Developmental Coordination Disorder：以下DCD）は，簡単に言うと，身体の動きに「不器用さ」が日常的に現れる障害である。すなわち，うまくモノを運べない，モノを落としやすい，折り紙が下手，はしがうまく使えない，あやとりではすぐにくずれてしまう，バランスが悪く，姿勢が不安定で，ボールを使った遊びや運動が苦手など，いわゆる協

表3-6　発達性協調運動症／発達性協調運動障害の診断基準（宮原・七木田・澤江，2014）

発達性協調運動症／ 　発達性協調運動障害運動症群	A．学習や練習の機会があるのにもかかわらず，スプーンや箸やはさみを使ったり，自転車に乗ったり，手で字を書いたり，物を捕らえたり，スポーツに参加することなどの協調運動の技能を獲得し，遂行することが，暦年齢から期待されるレベルよりも著しく劣る。協調運動の困難さは，物を落としたり，物にぶつかったりする不器用さとして，あるいは，遂行した運動技能の緩慢さや不正確さとして現れる。
	B．診断基準Aにおける運動技能の欠如のせいで，暦年齢に相応の日常生活活動，すなわち，日常的に自分の身の周りの世話をすることが深刻かつ持続的に妨げられており，学業または学校活動の成果，就労前後の労働活動，遊びや余暇活動にも深刻かつ持続的な悪影響を与えている。
	C．発症は，早期発達段階である。
	D．運動技能の欠如は，知的能力障害（知的発達症）や視力障害によってはうまく説明できず，脳性麻痺や，筋ジストロフィーや，変性疾患などの運動神経疾患に起因しない。

上記は『APA：DSM-5，2013』より宮原が訳したものである（日本語版は医学書院より（2014）発行）。

調運動スキルの獲得が，同じ年齢の子どもに比べると極端に遅れている（辻井・宮原，1999）。ここでいう協調運動とは，各身体部位の動作を，時間的・空間的状況に対して合目的にまとまりのあるものとして統合した運動のことをさす（澤江，2015）。しかしそれは，知的障害のように発達全体の遅れや，脳性麻痺や筋ジストロフィーなどの神経系障害では説明することができないのが特徴である（Missiuna, Rivard, & Pollock，2011）。

　DCDは運動の困難さだけでなく，二次的に自分の身体（からだ）への不全感が積み重なり，自尊心を低下させ，人との接触を避け，ひどい場合は精神疾患の発症誘因となることも指摘されている（カーツ，2012）。また運動の困難さは単に個人内の問題にとどまらず，いじめなどの社会的問題とも繋がり，実際，ある調査報告によれば，運動の苦手な男児のいじめられた経験は，そうでない子どもの2倍と言われている（深谷・及川・小川・猿田・吉野，2000）。

　映画「ハリーポッター」に出演した俳優ダニエル・ラドクリフが，自身がDyspraxia（イギリスでは，DCDを含めてDyspraxiaと表現することが多い）であることをカミングアウトし，インタビューで「学校では全部だめ。靴紐をむすぶこともももちろん，うまくできることが何もなくて，つらかった」と話していた。

　彼の発表で，DCDの存在がさらに世に知られることになったが，日本では必ずしも聞き慣れた障害名ではない。しかし世界に目を移すと，すでに四半世紀前に，国際的診断基準の1つであるDSM（精神障害の診断と統計の手引き）の中で命名されていた。2013年5月に公表されたDSMの第5版では，発達障害のサブカテゴリとして，知的障害と自閉症スペクトラム障

害と並んで運動障害がカテゴライズされ，その運動障害に DCD が位置付いている（宮原・七木田・澤江，2014）。それによって，DCD はその他の障害と併記することができるようになり，より注目されるようになってきている。

2　DCD の診断基準

　DCD には，表3-6 にあるように，A から D までの大きく４つの診断基準によって成り立っている。すなわち１つは，暦年齢相応に協調運動が発達した状態に至っていないことである（診断基準A）。そして診断基準A によって日常生活に何らかの支障がある状態である（診断基準B）。また，それらの状態が発達早期から現れ（診断基準C），知的障害や視覚障害ではうまく説明できず，脳性まひや運動神経疾患に起因しないことが条件となっている（診断基準D）。もちろん，これらの診断は医師に委ねられるが，支援者は，こうした情報を持つことで，医療機関につなぐことや，こうした可能性のある子どもに対して受容的態度で支援に臨むことができるのである。そのため，上記の診断基準を理解することが必要であるが，DCD だからこそ難しい側面がある。それは診断基準A である。我が国では，そもそも運動発達，とりわけ協調運動の発達についての十分な知見が蓄積されているとは言えない。そのため，目の前にいる子どもの運動の不器用さに遭遇したとしても，それが単なる典型的な発達過程の一部なのか，危機的状態なのかを，発達の専門家であっても正しく鑑別できていないことを何度も見聞きしている。この解決のためには，例えば，今や協調運動発達アセスメントの世界基準となっているM-ABC（Movement Assessment Battery for Children，現在第２版，Henderson, Sugden, & Barnett, 2007）を参考に，協調運動の発達状態を把握する技術をもたなければならないだろう。

3　DCD への支援

　こうした流れから日本では最近になって，ようやく DCD を診断する医師が増えているようだが，その数はまだ限定的である。さらに DCD における身体的な「不器用さ」の持つ発達的問題は，医療や教育，はたまた福祉領域においてさえ，あまり認識されていない。そのために，DCD による身体的な「不器用さ」は，単なる経験不足で片付けられてしまい，理不尽な努力を子どもに強いていることを耳にする（増田，2008）。

　DCD は運動障害であることから，支援においては体育教師に加え PT（理学療法士）や OT（作業療法士）の対象となっている。とりわけ日本における OT は，発達障害の運動の困難さに処方される方法として知覚運動や感覚統合に関する方法を実施することが多い。しかし世界的には，DCD に対する方法として，それらの療法とは対照的な課題指向型アプローチが展開されている（村上，2013）。この手法は，環境との相互作用を前提に，子どもが動機付けられた課題を達成することで，子どもの個体内機能の変化を促していく方法である。定型化されたモデルプログラムはあるが，体育授業や療育においては，例えば，子どもが直接動作を意識せずに課題をクリアすることで結果的に動作を獲得していくような方法である。協調運動発達障害に

図3-12 小さな球を転がすおもちゃ

関する研究を先駆的に行ってきた弘前大学増田貴人氏のことばを借りれば、「考えるより感じる」ような指導方法である。

4 乳幼児期のDCDの子どもたち

そもそもDCDは、わが国では認知度が低く、乳幼児期に診断されている子どもは圧倒的に少ない。そのため、巡回相談でDCDと診断されている子どもに出会うことは極めて少ない。増田（2016）は、保育士を対象にした「気になる」子どもの保育についての認識調査（増田・石坂，2013）をもとに「保育者にとって、運動面の『気になる』ことが、本人が困ることであっても集団を乱すわけではなく、手がかかる問題になりにくいため（中略）第一義的な問題としては考えにくい」と指摘している。筆者も、巡回相談をする中で、DCDと診断された子どもへの保育者の困りが、必ずしも「運動発達上の困難」ではないと感じている。

DCDは他の発達障害との併存がしばしば認められるため、他の目立った行動（例えばADHDを併存している場合には衝動性や不注意など、ASDを併存している場合にはこだわりや感覚的な過敏など）に対し保育者の困りが存在し、主訴となっている場合が多い。巡回相談では、そうした保育者の主訴に基づいて子どもを観察していく過程で、結果として運動面の困難が潜んでいることに気づかされるというケースが多い。

筆者が後にDCDと診断された子どもの乳児期の様子を保護者や保育者にアンケートしたところ、「低緊張で首のすわりや寝返りが遅かった」、あるいは「緊張が高く手足を突っ張ってしまった」「歩き始めるとよく転んでいた」、という報告を受けることがある。また、幼児期前期には「スプーンやフォークをしっかりと握ることができず食べ物をポロポロとこぼしてしまった」「おもちゃをつまんだり握ったりする操作がうまくできなかった」「走る方向を見ずに動いてしまうため、やたらと他の子どもや遊具にぶつかってしまう姿が見られた」、という指摘がある。

5 巡回相談で出会うDCDの子どもたち

筆者が巡回相談で捉えた幼児期後期のDCDと診断された子どもの姿は以下のようである。例えば小さな玉を小さな穴に入れるおもちゃ（図3-12）で遊ぶ際に、玉はつまめるし穴に入れることも理解できているのだが、小さな穴を見続け穴の上でタイミングよく玉を放すことができないために、玉をポロポロと落としてしまう（3歳児）。色の塗りつぶしはできるが、ぬり

絵の枠の中を塗ることができない（4歳児），泥だんごを作ろうとするのだが力が強すぎたり弱すぎたりし，泥だんごを作れない（4歳児），ドッジボールでボールを目標物に向けて投げられない（5歳児），両足とびはできるが，縄を回すタイミングが合わず縄跳びができない（5歳児）などである。

　しかし，それらの行動を子ども本人が「困った」と認識し，保育者に訴えることはおそらくないだろう。さらに，DCDの子どもたちの運動上の困りは，保育者の立場として考えると（つまり保育を行ううえでは），ほとんどの場合はあまり困らないのである。DCDの子どものさまざまな困難を保育者は把握しづらい。その困難の結果としての行為（「イライラして暴れてしまう」「他のことを考えて忘れてしまう」「負けを悔しがって叩いてしまう」など）の方が問題視されやすく，叱責や負の注目に繋がりやすい。「子どもの行為には，必ず理由がある」と考え，表面化された事象に隠された真の困難を見出すために，DCDという障害を捉え，その理解と対応を吟味する必要があると考える。

2）事例を通してDCDの子どもの支援を考える

1　対象児とクラスの状況

　本事例で扱う対象児（ヒロ君，仮名）は，幼稚園3歳児（年少）のときに巡回相談の対象児としてではなく，「気になる子」として名前が挙がった子どもである。3歳児健診において「視線が合いづらい」「ことばが遅い」と指摘され療育センターに繋がり，5歳のときに「発達性協調運動障害」と診断がついた。

　巡回相談員はこの幼稚園には，依頼のあったときに不定期に巡回相談に出向いていた。ヒロ君のクラスにはダウン症の支援児がいるため，クラスに1名の加配教諭がついていた。年少時は，その子どもの支援をするために巡回相談が行われていた。なお，本事例は筆者のこれまでの発達支援における諸活動をふまえ，人名や園名等の各種設定及び登場人物の言動に加工を施した構成事例として掲載したものである。

2　ヒロ君に対する担任の主訴

　ヒロ君が3歳児クラスのときの担任保育者の主訴は，「視線が合わず，何を考えているのかわからない」「食事の準備などボーっとしていて時間がかかる」であった。行動観察場面では，確かに動きが緩慢で，朝の身支度をしているときはすぐに寝そべり，給食は好きなものを手づかみでゆっくり食べる様子が見られた。しかし，絵本の読み聞かせは，ダウン症児の加配教諭に寄りかかりながらも，やや難しい絵本を楽しそうに見ており，理解は悪くなさそうに見えた。年中の巡回相談のときは，ヒロ君は巡回相談の対象児となっており，ダウン症児とヒロ君の2名に対し1名の加配教諭が配置されていた。3歳児健診で発達の遅れの指摘を受け，これから医療機関に繋がるところであった。担任の主訴は「パニックになることが多い」，「衝動的に怒って他児を叩いてしまう」，「集団行動がとれない」の3点だった。

3　行動観察から

　巡回相談員は行動観察の際，2つの場面に注目した。1つはクラスでお絵かきを始める場面で，担任が「自分の棚にクレヨンを取りに行ってください」と指示を出している場面だった。ヒロ君は指示を聞き急いでクレヨンを取りに行ったが，クレヨンの箱を手にした後，2，3歩走ったところでぽろぽろとクレヨンが落ちてしまった。どうやら蓋がしっかりと閉まっていなかったようである。ヒロ君は鷲掴みにクレヨンを拾い，そのままクレヨンの箱にガサッと入れた。しかし蓋は閉まらない。そんなことを繰り返しているときに，担任は「ヒロ君のこと，みんなが待っていますよ。早く座ってください。」と言った。周囲の子どもたちの視線が集まる。そのとき，ヒロ君はパニックになり大声で何かを叫びながら教室を飛び出していった。加配教諭が慌てて迎えに行ったが，気持ちが切り換えられずなかなか部屋には入れなかった。

　もう1つは，食後に園庭で「ヘビじゃんけん」（くねくねした線を地面に描き両端の陣地から1人ずつ出てきて，線上で出会ってじゃんけんをするゲーム）をクラスで楽しんでいた場面のことである。ヒロ君は最初一人で虫採りをしていたが，加配教諭に誘われてみんなに加わった。ヒロ君は他児の動きを見ながら「勝ったよ！」「（線から）出てるよ！」など状況に合った声を出している。ヒロ君の番になると，決して早いとはいえない，ぎこちない走り方で線の上を大きく逸脱しながら走っている。対戦する友だちと手を合わせぶつかる。「どーん！　じゃんけんポン！」。しかし，ヒロ君が出したのはチョキともグーともいえない手の形であった。相手の子どもに「わかんない！」と言われ，ヒロ君はグーにする。周囲の子から「あいこだ！」と言われるも，すかさず「後出し！　ずるい」と言われる。その瞬間ヒロ君は対戦した子どものことを突き飛ばした。

　この2つの場面に対し，担任はヒロ君を「衝動的に手を出してしまう」「話が通じない」「じゃんけんの理解ができない」問題のある子ども，という見方をしていた。しかし，筆者は3歳のときの読み聞かせの場面に見られたように，ヒロ君の理解は決して低くはないと感じていた。「じゃんけん」の実行は難しかったが，他児のじゃんけんを見て勝敗の理解はできていた。筆者はむしろ，クレヨンを1本ずつ拾い箱に収納することが難しいところ，ゲームやじゃんけんは理解できていても指でチョキをスムーズに示せないところ，走るときの全体的なぎこちなさやバランスの悪さにヒロ君の困難があるのではないかと考えた。

4　カンファレンス

　小さなクレヨンの箱に，床に散らばったクレヨンをしまえなかったヒロ君。もしヒロ君が理解の幼い子どもなら，それほど「皆に後れを取っていること」を自覚できずに焦らなかったのかもしれない。しかし，みんなと一緒に（できることなら1番に）行動したいヒロ君にとって，うまく拾えず，先生からも仲間からも「早く」と言われ，いったいどのような思いになったのだろうか。もしも，保育者がそのときそれに気づくことができたら，どのような声かけができるだろうか。配慮ができるだろうか。この日のカンファレンスは，それらの点についてじっく

りと話し合うことにした。この日は，たまたま巡回相談員がクレヨンを取りに行く場面を動画で撮影していたので，その画像をパソコンで保育者たちと観ることから始めた。

「今，見たシーンの中で先生が困った場面はどこでしたか」と保育者に尋ねると，「この時間はヒロ君のことを皆が待っていました。ダウン症の子どももいて，ここはあまり時間をかけずにつぎの作業に移りたかったので正直困りました」と心の内を聞き出す。まずは先生方の困り感をしっかり聞き取ること，この作業こそがここから先のカンファレンスが充実するかどうかの重要なエンジンになっていくと思っている。なぜなら，この相談は巡回相談であり，日々子どもと関わっている保育者もまたクライエントである以上，その作業なくしては最終的な子どもへの支援へは繋がらないと思っているからである。

つぎに「ヒロ君が困っていた場面はどこだと思いますか」と尋ねる。すると「うーん，本当は早く席に戻りたいし，私（担任）や友だちに（早くして，と）言われるのも嫌だったと思います」と保育者は話した。さらに筆者が「どうして席に早く戻れなかったのでしょう？」と尋ねると，「ヒロ君は早く席に戻りたくて，焦ってクレヨンを片付けているからだと思います」と答えた。そこで，筆者は担任らに「ヒロ君は気持ちが落ち着いていれば，クレヨンをスムーズにしまうことができるのでしょうか？　例えば，自分でイメージしたように，しなやかに身体が動かせないということはありませんか？」と尋ねた。保育者たちは不思議そうな顔をして，「元気に園の中を走り回っていますが……」と答えた。さらに筆者は「ヒロ君は今日じゃんけんが後出しになってしまい友だちに怒られていましたが，いつもならグー・チョキ・パーはできるのでしょうか？」と尋ねたところ，保育者は「うーん……」と考え込んでしまった。そこで，筆者は「では，ヒロ君が何に困っているのか，一緒に確認してみましょう」と行動チェックリストの記入を提案した。

5　行動チェックリストの記入と活用

保育者たちは記入をしながら，「そういえば，はさみを使うとき，いつも手元は見ずに他の方を見ている」とか，「走り回ってはいるけれど，動きはぎこちない」など，視点を変えることでヒロ君の困難に気づくことができた。作成した特性傾向グラフ（図3-13）を見せると，「人との関わりや理解に幼さや弱さがあると思っていたが，運動スキルにこんなに弱さがあったのか……」と保育者たちは驚いていた。

下位項目を見ると，「運動スキル」の下位項目の「からだの動かし方や手指の動かし方にぎこちなさがある」については「5（たいへん当てはまる）」に記入がされているが，「ルールのある遊び，鬼ごっこができない」については「2（少し当てはまる）」に記入がされている。この点からも，理解できていないために動けないのではなく，理解と身体の動きにギャップがあるのではないかと推察できる。また，「注意と情動のコントロール」の下位項目の「不注意による怪我が多い」「周囲の刺激に気が散りやすく落ち着きがない」「約束した内容をすぐに忘れてしまうことが多い」などに苦手さがあり，このことより理解はしていても忘れてしまい，

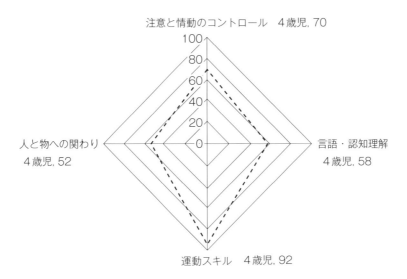

図3-13 ヒロ君の特性傾向グラフ

注意を持続させることの難しさがあるのではないかと考えられる。

6 カンファレンスの中で支援を考える

　カンファレンスの中で,「では,例えばクレヨンを箱にしまうことが難しい場面について,どのような支援が考えられるか」について話し合った。担任からは,「(クレヨン拾うの) 待っているよ」,「ヒロ君いま頑張って拾っているから,みんな応援してね」と声をかける,という配慮が提案された。加配教諭からは「手伝おうか?」と声をかける,さりげなく一緒に拾って早く席に戻れるように配慮する,などの意見が出た。

　また,保育者の方から「運動スキルを上げるにはどうしたらいいのか?」という質問が出たので,つぎのように伝えた。まずは粗大運動は重要なので,走ったり,ジャンプしたり,大きく力強く動く機会を十分に保障すること。さらにヒロ君はたくさん動いているようでも,案外自分の得意なパターンで動いていることが多いので,アスレチックなどで「よじ登る」「またぐ」「ぶら下がる」「くぐる」など多様な動きを促すことを提案した。また,園服のボタンなど苦手なことに挑戦しているときは,「そう,ボタンを横にしてごらん,そう,できた,できた」など,実況中継のように言語化しながら誉め,モチベーションにつなげる,など園の中でできそうなことを,話し合いの中から具体的に精選して伝えた。

7 終わりに

　ヒロ君はこの巡回相談の後,年長になってから医療機関でDCDと診断を受けた。教師には学級経営をしていく過程で,他児とのトラブルや,先生の指示どおりに動けない,など社会性

や行動面の弱さが目につきやすい傾向がある。しかし，その表面的な「困った行動」に潜む根本の困難さ（本事例では不器用さや抑制の難しさ）を理解しなければ，的確な支援には結びつき難い。DCD はまだ認知度も低く，学習的な活動の少ない幼児期には，非常に見えづらく，理解され難い障害といえるのかもしれない。しかし，診断の有無にかかわらず，バランスよく子どもの全体像を把握するためにチェックリストが活用されることを願う。

参考文献（3-1）

American Psychiatric Association (2013). *Diagnostic and Statistical Manual of Mental Disorders* American Psychiatric Publishing（アメリカ精神医学会（APA）髙橋三郎・大野　裕（訳）(2014). DSM−5精神疾患の診断・統計マニュアル　医学書院）

ロード，C.・ラター，M.・ディラボア，P.C.・リシ，S.・ゴダム，K.・ビショップ，S.L.　黒田美保・稲田尚子（監修・監訳）(2015). ADOS-2日本語マニュアル　金子書房

参考文献（3-2）

林恵津子（2007）. インクルージョン時代の障害理解と生涯発達支援　髙橋　智（編）　日本文化科学社 pp.60-62.

若井淳二・酒井幸子・水野　薫（2011）. 幼稚園・保育所の先生のための障害児保育テキスト改訂版　教育出版 pp.124-147.

金谷ら（2014）. 行動チェックリスト　未公刊

根岸由紀（2015）. 保護者の「気づき」を促しそれを支える取り組み　特別支援教育研究11　東洋館出版社　13-15.

奥住秀之（2011）. アセスメントによる子ども理解の意義と課題　障害者問題研究，**39**(2), 10-17.

白石京子・金谷京子（2015）. 現代の子どもの生活習慣を考える 第68回日本保育学会論文集，852.

髙橋三郎・大野　裕（2014）. American Psychiatric Association (2013). *Diagnostic and Statistical Manual of Mental Disorders* American Psychiatric Publishing（アメリカ精神医学会（APA）髙橋三郎・大野　裕（訳）(2014). DSM−5精神疾患の診断・統計マニュアル　医学書院）pp.38-48.

上岡一世（1992）. 精神遅滞児の基本的生活習慣の指導――発達過程からの一考察――　特殊教育学研究，**29**(4), 15-20.

参考文献（3-3）

市川宏伸（2012）. 早期スクリーニングの重要性について　市川宏伸・内山登紀夫（編）　発達障害早めの気づきとその対応　中外医学社　pp.1-6.

コナーズ，C.K.　田中康雄（訳）(2011). Conners3　日本語版マニュアル　金子書房

森口佑介（2014）. おさなごころを科学する――進化する乳幼児観――　新曜社

杉山登志郎・髙貝　就・涌澤圭介（2014）. 臨床家のための DSM-5 虎の巻　森　則夫・杉山登志郎・岩田泰秀（編著）　日本評論社

杉山登志郎（2007）．子ども虐待という第四の発達障害　学研

玉井邦夫（2001）．＜子どもの虐待＞を考える　講談社

田中康雄（2012）．発達障害の早期発見・早期療育　そだちの科学，**14**(3)，9-14.

友田智美　Teicher,M.H（監修）（2006）．いやされない傷——児童虐待と傷ついていく脳——　診断と治療社

米澤好史（2014）．愛着障害・社交障害・発達障害への「愛情の器」モデルによる支援の展開と意義——愛情修復プログラムと感情コントロール支援プログラムの提案——　和歌山大学教育学部紀要，**64**，9-30.

参考文献（3-4）

小泉雅彦（2016）．認知機能にアンバランスを抱えるこどもの「生きづらさ」と教育——WISC-Ⅳで高い一般知的能力指標を示す知的ギフテッド群——　北海道大学大学院教育学研究院紀要　**124**，145-151.

松本茉莉衣・是永かな子（2015）．ギフテッドの情緒社会面・行動面・感覚面における特別なニーズと対応　高知大学教育学部研究報告 **75**，169-178.

関内偉一郎（2016）．ギフテッド教育における RTI モデル活用に関する一考察——アメリカ合衆国の教育システム統合の動きに着目して——　筑波大学教育学系論集　**40**(2)，31-44.

杉山登志郎・岡南・小倉正義（2009）．ギフテッド天才の育て方　学研教育出版

参考文献（3-5）

深谷和子・及川研・小川正代・猿田恵一・吉野真弓（2000）．運動の苦手な子　モノグラフ・小学生ナウ20(1)5-86　ベネッセコーポレーションBenesse教育研究開発センター

Henderson, S. E., Sugden, D. A., & Barnett, A. (2007). *Movement Assessment Battery for Children 2nd Edition*. London: Pearson Assessment.

増田貴人（2008）．幼児期における発達性協調運動障害に関する質的評価の試行的検討　弘前大学教育学部紀要，**100**，49-56.

増田貴人（2016）．保育場面における「気になる」子どもの運動発達上の困難さとその支援　臨床発達心理実践研究，**11**，15-20.

増田貴人・石坂千雪（2013）．「気になる子」への保育援助をめぐる保育者の認識や戸惑い　弘前大学教育学部紀要，110，117-122.

Missiuna, C., Rivard, L., & Pollock, N.(2011). *Children with Developmental Coordination Disorder: At home, at school, and in the community*. CanChild Centre for Childhood Disability Research, McMaster University.

宮原資英・七木田敦・澤江幸則（2014）．発達性協調運動障害（DSM-5対応神経発達障害のすべて）日本評論社，90-94.

村上祐介（2013）．自閉症スペクトラム障害児の運動特性と指導法に関する研究動向　筑波大学体育学紀要，36，5-14.

リサ・カーツ　七木田敦・増田貴人・澤江幸則（監訳）泉　流星（訳）（2012）．不器用さのある発達障害の子どもたち 運動スキルの支援のためのガイドブック——自閉症スペクトラム障害・注意欠陥

多動性障害・発達性協調障害を中心に──　東京書籍

澤江幸則 (2014).〈身体〉に対する臨床発達心理学的接近という試み（澤江幸則・川田学・鈴木智子編：〈身体〉に関する発達支援のユニバーサルデザイン pp.1-12）金子書房

辻井正次・宮原資英（編著）(1999).　子どもの不器用さ──その影響と発達的援助──　ブレーン出版

「ことばの発達に遅れのある子どもへの支援のポイントは？」

柄田 毅

1. 事例：4歳のA君は同じクラスの子どもたちについて行動はするが，保育者の一斉指示に応じることができないことがある。また，おしゃべりが少なく，「あっち」「これ」や「うん」「やだ」程度しか応えず，話しことばの発音も相手に通じにくいことがある。

2. 問題の背景：子どもに現れることばの発達の遅れには，①聞こえにくさによるもの，②発音の誤りや流暢さの低さなどの発話に関するもの，③ことばの理解の不十分さやおしゃべりの未熟さなどの言語の能力に関するもの，④相手に応じた会話の苦手さや独特の言い方などがある。特に，知的発達に目立った遅れはなく，ことばの発達に影響するような原因もないが，生活年齢の程度に比べてことばの遅れを示す子どもに関する相談は多くあると考えられる。上記のような事例では，ことばによる指示を理解して行動することやおしゃべりが未熟なことから，問題の背景は主に言語の能力に関することと考える。このような場合，他の子どもたちとの交流が少なくなることも想定できるため，支援が必要である。

3. コンサルテーション：ことばの発達において，あることばの意味とその言葉の使い方を知るためには，ことばを用いた状況や場面の流れなどの文脈情報を利用するように，子どもに関わる大人が促すことが大切である。そのため，ことばの発音の正しさやことばの数を増すだけではなく，子ども自身が何を言おうか考え，相手に伝わったことを実感することが重要である。つまり，ことばの発達に遅れのある子どもの支援では，子どもとのコミュニケーションに注目し，保育者もその相手として関わり方などを工夫することが基本である。

人間のコミュニケーションは，ことば（発話）の他にも，声のイントネーション，表情や身振りなどを総合した活動である。そのため，保育者は子どもとのやりとりにおいて，なにを言おうかだけを考えるのではなく，さまざまな伝え方を実践するように心掛けたい。そして，ことばや表情，動作などを多彩に用意することが必要である。例えば，朝のあいさつだけでも，一人ひとりと交わすことばには「おはようございます」，「おはよー」，「オハヨッ！」など多様な言い方があり，実際に子どもに応じて使い分けているであろう。

つぎに，子どもが言いたいこと（意図）はどのようなもので，どんな手段を用いるか確認することが必要である。コミュニケーションの意図には，要求（例：「〜をちょうだい」「〜をやろうよ」），注意喚起（例：「こっち！」「ねぇねぇ」），叙述（例：「あれ，しろくてまるいね！」「これ，たまごみたい」）などがある。子どもはどのような意図を，どういう場面で，どのような文脈で伝えているか確認していく。そして，わかった子どもの意図や手段が十分こちらに伝わるときは，明瞭に発話していなくても応じてみることも必要である。こうした取り組みを通じて，ことばの遅れのある子どもに対して，他者との伝え合いを促進することを通じて，ことばの発達に関わるさまざまな力を習得する機会に繋げていく。

まとめると，ことばの発達に遅れのある子どもの支援では，支援を要する子ども一人ひとりのことばの現有能力を把握し，理解することが重要だ。それとともに，関わる側である保育者のコミュニケーション力を向上するように自ら取り組むことも大切なポイントである。

相談②

「音に過敏に反応する子どもの
支援のポイントは？」

———————————————————————— 柄田　毅

1. 事例：3歳のB君は，ガヤガヤした場所は嫌いなようである。また，突然に大きな音が鳴ると走り出そうとしてしまい，それを制止するとさらに動き回ってしまう。

2. 問題の背景：保育現場などの子どもの周囲には，多彩な音があり，その音量は刻々と変化している。例えば，保育者や友だちの声，歩くときや食事などの活動による音，楽器音や遊具からの音，そして鳥の声や自動車の走行音などである。こうした環境で，特定の音には関心を向けず，聞きたい音だけに注目し，聞き続けることは多くの人にとっては可能である。しかし一方で，音に過敏に反応する子どもでは，こうした能力を同年齢の他児に比べて何らかの理由で発揮しにくいために，音に関連する行動が過度になっていると考えることができる。

3. コンサルテーション：こうした音に過敏に反応する子どもの支援では，まず，本人の特徴を理解することが大切なポイントになる。どのような音に対して過度な反応となり，どのように行動するかを知るためには，保育現場での様子を把握するとともに，保護者から家庭の様子も聞き，子どもの全般的な姿を把握することが重要である。

　つぎに，特定の音に対して反応する子どもは，その音への強い興味や関心の偏りを示し，または，その音に対する強い不安感を抱くことがある。例えば，電車が特に好きな子どもであれば，走行音を聞いたら即時に行動するであろうし，別の例として，ザァザァと雨が降る中で大きな雷が鳴ると，かなり驚いて落ち着かない子どももいるであろう。このとき，音の発生が予測できない場合や制限できないときは，本人が落ち着くことを優先して対応してみる。一方，反応のもとになる音の発生が予測できるときは，その音の発生をできるかぎり減らすことや，音量を小さくするように試みる。そのうえで，落ち着くように個別に対応することや，落ち着いたように見えなくても子ども本人が耐えているように見えるときにはその行動を認めて，本人が安定した様子となるように対応してみる。また，こちらが騒がしいと思わないときでも落ち着かないときは，本人が落ち着くことのできる別の場所に行くことや，一対一の対応をすることは有効である。

　音への過敏な反応のうち，発生した音につぎつぎと反応してしまうことや，音の発生により過剰に行動してしまう子どももいる。このような子どもに対して，「じっとして」「しずかにして」などと，過敏な反応自体を抑制するような指示や対応だけを行うと，別の二次的な行動を示し，一層落ち着きにくくなることがある。そのため，子どもの行動が一定程度落ち着くまで本人の様子を見守ることや，音が止むころを予測して落ち着く目標時間を設けることで，本人が見通しを持つように対応することも有効な場合がある。また，先に述べたように，本人が落ち着くことのできる別の場所に行くことも検討してみる。

　このように，音に過敏に反応する子どもへの支援では，そうした子どもの現在の能力や発達の特性を理解し，音の種類やその状況などを調べて環境調整を行うこととともに，子どもが落ち着いた状態を持続できるような対応や環境を用意することがポイントとなる。

相談③

「友だちを叩く子どもに
どう対応すればいいのか？」

小野里　美帆

1．事例：年中クラスにいるC児（男児）は，自分の思いどおりにならないと，友だちを叩くことが頻繁にみられる。そのため，一部の子から怖がられてしまっている。保育者は，C児が叩いた後に叱責し，友だちに謝らせているが，なかなか行動が変わらず悩んでいた。

2．問題の背景：「友だちを叩く」という行動の背景として，少なくとも，下記の点について考慮する必要がある。①叩く行動の機能や頻発する状況の評価，②C児の発達状態や課題，③保育者の関わり，④クラス環境や他児との関係，⑤C児の平常時の様子や家庭環境。叩くという行為を表面的に捉えたり，C児自身の問題としてのみ解釈したりせず，他児，保育者等の関係や環境という視点から解釈し，対応を考えていく必要がある。C児の課題としては，衝動性やことばによる伝達の未熟さと認知能力や欲求と遂行能力のアンバランスさを背景として，叩くという行動を誤学習した可能性がある。日常的にトラブルが多い場合，他児や保育者からC児に対してネガティブな働きかけが多い可能性があり，それが慢性的なストレスとなったり，叩く行動を誘発したりする遠因になる場合もある。

3．コンサルテーション

1)「叩く」状況の評価：C児の行動を数日〜1週間程度観察し，叩く行動が見られる状況（活動，時間，場面，相手，起こした行動，理由，保育者の対処）を調べると，対応策を考えるヒントになるとともに，行動の予測が可能になる。

2) 叩いた直後の対応：C児の心情に共感するとともにそれを言語化し（「○○がしたかったんだよね」等），適切な手段（「やめて」等）を具体的に伝えていく。そのうえで，保育者とともに，他児への謝罪を示すとよい。他児については，安全と安心を確保し，心情の言語化（「びっくりしたね」等）とともに，C児の真の意図（「本当は遊びたかったんだよ」等）を伝えていく。理解力の高い子どもの場合は，トラブル後，落ち着いてから簡単に状況を共に振り返り，子どもの心情に共感しつつ，他児の心情や衝動性に対する対処行動を考えることも有効である（「いやなときは何て言ったらいいかな？」）。C児の真の意図を理解しない叱責や形ばかりの謝罪は，ネガティブな影響をもたらす。

3) 日常的な関わり：上記1) により，叩く行動が生起しやすい場面を予測し，予防的に関わることも重要である。また，情緒が安定している日常場面で，保育者や他児に対し，C児が心情をことばで伝えることを意図的に支援していくとよい。また，C児の得意とする遊びや興味のある遊びを核として，保育者や他児とポジティブな情動を共有する場面を設定し，社会スキルを学ぶとともに，他児との関係を改善していくことも重要である。

4) 保育者間の共通認識：トラブル場面の対応には一貫性が重要である。そのため保護者対応も含め，園全体で問題を共有していく必要がある。思いどおりにならないと叩くという行動は，「こうしたい」という欲求や目的的な行動への志向性が育っている表れである。保育者自身も，C児の成長やポジティブな側面にも目を向けていくことが重要である。

第II部

保育を大切にした
巡回相談

第4章 巡回相談の現状と課題
——保育現場の声

藤井和枝

> 第4章は，巡回相談の進め方について，現状と課題をあげ，巡回相談員が保育現場に身を置く際の配慮，子どもの観察の仕方，保育者との協議の仕方などについて触れている。実際の手順や心構えについても理解することにより，保育現場の実情に即した巡回相談に役立てたい。

1 │ 巡回相談の手順

　自治体の公的事業として行われる保育所や幼稚園の巡回相談の管轄部署や手順は，自治体によって異なっている。ここでは，いくつかの自治体の進め方をアレンジしたものを例としてあげる。Z市では，市役所の担当課が公私立保育所の巡回相談を管轄，コーディネートしており，1つの園は年に4回巡回相談を利用できる。対象となる子どもの保護者には，巡回相談の主旨と相談したいと考えている子どもの行動などを事前に伝え，保護者の承諾を得ることを前提としている。保護者の承諾が得られ次第，担当課に対象児とその年齢，希望日程などを文書にして提出する。担当課は管轄下の保育所の要望を集約整理し，保育所には巡回の日程と巡回相談員名を，巡回相談員には日程と園名を伝える。巡回相談日が近づくと，園長は，担当保育者が作成した対象児の現在の様子や相談内容などを記した文書を担当課に提出し，担当課は前もって文書を巡回相談員に送付する。
　公私立の保育所および幼稚園の巡回相談を1つの部署で管轄している自治体，保育所と幼稚園の巡回相談の管轄部署は異なるが連携している自治体，保育所は市役所の保育関係の課，幼稚園は教育委員会が管轄し，互いに連携していない自治体など一様ではない。
　また，私立の幼稚園や保育所の中には，私的契約により相談員を常勤あるいは非常勤で導入している園もある。

2│巡回相談の現状と課題

1）巡回頻度と対象児数

　歴史的経緯によれば巡回相談は障害児保育の充実のために行われてきた。しかし，昨今では，障害児として入園している子どもだけでなく，就園後に軽度の知的障害が発見される子ども，知的障害を伴わない発達障害のある子ども，家庭の養育環境の不適切さによりさまざまな課題を抱える子どもなど，気になる子どもが増加し，巡回相談に対する要望が強くなってきている。保育現場ではまず園内の事例検討会で対応を検討し，それでもうまくいかない場合に巡回相談にあげるようである。このように支援を必要とする子どもの増加により保育者は日々保育に苦慮しているため，相談できる対象児の人数や巡回回数の増加が望まれている（藤井，2015）。

　1回の巡回相談で対象とされる子どもの人数は1名，あるいは，3～4名，特に人数制限を設けないなど，自治体や園によって異なる。対象児の人数だけでなく，複数の対象児が同じクラスの場合と異なるクラスの場合とで，また対象児が前年から継続してあげられている子どもの場合と新たにあげられた場合とで，1名当たりに要する行動観察と協議の時間は異なってくる。対象児を1名に制限すると，該当児については丁寧な観察や協議ができるが，相談したい子どもが多数在籍している場合，保育者の要望に応じられず，保育者は実情に合わない巡回相談だと感じてしまうかもしれない。しかも，特に保育所では，午前中の約2時間を行動観察にあて，保育者と意見交換しながら対応を話し合えるのは主に子どもの午睡中だけであるため，1回の巡回相談の対象児数を1～2名とするのが妥当である。仮に対象児が3～4名で全員異なるクラス（年齢）であるとか，5名以上の場合，1人当たりの行動観察時間が短くなるだけでなく，それぞれの子どもについて十分な話し合いができなかったり，午睡時間後も継続して話し合うことになり，保育に支障をきたすなど不都合が生じてしまう。

　1年間に1つの園が要請できる巡回相談の頻度は自治体により異なり，例えば，年1回，2回（上下半期各1回），4回，毎月1回とか，1人の子どもについては年1回だが，園としては年3回まで可などである。巡回頻度が少ない場合，子どもの発達や変化に応じた助言ができない，当日子どもが欠席すると次年度まで機会がないなど，保育現場の必要性に十分に応えられない。

　そこで，巡回相談に当たる臨床心理士や臨床発達心理士を常勤雇用したり，非常勤でも週3～4日とする自治体では，相談員が巡回のコーディネートと巡回相談の両方を担当し，園や保育者のニーズに応じて臨機応変に支援をすることが可能となる。保育者は，日々の保育で対応に悩む子どもについて必要に応じて相談したり，巡回当日欠席した子どもを観察する機会を得やすくするため，巡回相談の回数を増やすことを望んでいる（藤井，2015）。巡回相談員も，助言が適切だったかどうかの判断や，可塑性の大きい時期の子どもに適切な助言をするために

は期間をあけ過ぎないことが望ましいため，年1～2回の巡回では足りないと考えている。1回の対象児を若干名とし，園から要望があれば巡回することが望ましい。あるいは，巡回相談員を常勤雇用（回数の多い非常勤）にするなどの対応があれば，多くの課題が解決する。

２）保育現場についての理解

吉田・下園・山下（2013）は，初めて巡回相談に従事した巡回相談員に，その日のエピソード，気づき，思いなどを1年間記録してもらい分析した結果，保育現場や保育職に関する諸事情等について知らなかったため巡回相談員が戸惑ったと記している。そのような巡回相談員を受け入れた保育現場でも，その巡回相談員に対して戸惑い，当てが外れたと感じたことだろう。巡回相談を行うに当たり，巡回相談員が知らないために戸惑った事柄の中から，保育現場に関する事項を拾い上げると，幼稚園・保育園のシステム（保育園の1日の生活の流れ，幼稚園の保育時間，園独特の文化など），保育職の職務（保育士資格取得のための学習内容，保育職の勤務体制，保育士の職務内容，保育者の倫理観など），保護者（現代の保護者の雰囲気や価値観，園による保護者の雰囲気の違いなど）等についてであった。保育現場について知らないまま巡回相談を行っても，保育者の期待に添う支援は難しい。

したがって，巡回相談を実施する前に保育所で1～2週間実習させてもらうとか，心理士などの資格取得の際に，上述したような事項を選択科目として学習内容に含めることも解決策の1つとして考えられよう。

３）保育現場に相応しい服装や振る舞い

保育の場は生活の場であるから，散歩に行ったり園庭で泥んこ遊びをしたり，床に転がって絵本を見ていたり，子どもたちは家庭にいるのと同じようにリラックスして生活している。入園式や卒園式でない限り，大抵の保育所や幼稚園では，子どもも保育者も普段着で過ごし，保育者は淡い色のエプロンをしていることもある。そこに，黒紺系色の背広やスーツを着た巡回相談員が入ってくると非常に目立ち，子どもと保育者のいる光景に溶けこめない。緊張した表情で，高飛車でいかにもここに居ますというような態度で行動観察すると，保育の場に異様な雰囲気を醸し出し保育の妨げともなる。したがって，できるだけ普段と変わらない子どもの姿と保育を観察するために，巡回相談員も同じような服装で園の雰囲気に馴染むよう心がけることが望ましい。子どもと同じ目の高さになり，子どもと保育者をできるだけ緊張させないよう，笑顔でさりげない態度で行動観察することが求められる。

４）巡回相談員の専門性と保育現場に相応しい助言

自治体の担当課職員，大学教員，療育機関職員，特別支援学校教員などが巡回相談に当たることが多く，その資格は，臨床発達心理士，臨床心理士，言語聴覚士，作業療法士，保健師，保育士などさまざまである。資格の種類や所属にかかわらず，以下にあげる基本的な視点や知

識・理解を備えていることが求められる。保育現場の実情にそぐわない対応を求める巡回相談員は、保育現場に混乱をもたらすだけである。

　例えば、ASD のある子どもについて、刺激を少なくし集中して課題に取り組めるよう保育室内に個別のブースを設けることを提案したり、保育者が一対一で子どもに取り組む個別指導課題を主にして毎日長時間それを行うように勧めるとか、対象児をクラスから取り出して長時間特別な対応をすることを勧めるなど、クラス集団から対象児が分離されてしまうような関わりを求めるのは保育現場の実情にそぐわない。

　保育の場は、基本的には子ども集団の生活の場である。子どもが共に生活し、子ども同士の相互作用があるために、個別指導では期待できないような子どもの発達と変容が生じるのである。時には大人が予測していなかったようなプラスの展開が生まれることがある。集団生活の良さを十分に生かせるよう、保育者は、子ども同士の関係性を考えながら日々保育をしている。したがって、集団の中での存在を視野に入れず、個別対応に終始するような助言は保育現場には相応しくない。

　障害児専門機関での療育のように、個々の子どもの障害のニーズに応じた個別指導やグループ指導を実施する機関と保育所とは指導形態が大きく異なっている。集団生活の長所、子ども同士の関わり合いがもたらす効果を対象児への関わりに最大限生かすことができるような助言が重要である。そのため、巡回相談員には、障害や障害特性とその対応についてだけでなく、保育についての知識・理解が欠かせない。

　逆に、すべての活動をクラスの子どもたちと一緒に行うことを求めるのも発達という視点が不足している。子どもの発達段階より高い内容の課題を行うことを強いれば、子どもは失敗体験を重ね、達成感や満足感を得られず意欲が低下する。他児と同じことができるよう常に保育者が一対一で援助し寄り添っていると、子どもに依存や甘えを生じさせ、自主性やその子どもなりに努力する気持ちを損なわせるだけでなく、本当の意味での学びや発達支援にならない。

　子どもの苦手な面ばかりを取り出して伸ばすことに目標を置くことも、子どもの意欲を低下させ、自信を喪失させ、保育者との信頼関係を損なうことになり不適切である。子どもの好きなこと、得意なこと、長所を見つけ出し、苦手なことと関係づけて行うことが望ましい。

　また、保育所・幼稚園・認定こども園は、「保育所保育指針」、「幼稚園教育要領」、「幼保連携型認定こども園教育・保育要領」にのっとって、その園独自の保育課程や教育課程を編成し保育を展開している。それぞれの園にはその園が大切にしている保育方針や保育の特色がある。巡回相談員が保育環境や保育者と対象児との関わりに関して提案や助言をする場合、その園の保育方針や特色を踏まえたうえで、その園でできそうな工夫や改善点、子どもを観る視点などを提案し、どういうことなら取り入れられるかを保育者と率直に話し合う必要がある。

　さらに、保育所、幼稚園、認定こども園には成長・発達が著しい時期の乳幼児が生活しているため、発達にさまざまな課題を持つ子どもを理解し対応するにあたり、言語や運動だけでなく、認知、情緒・社会性、生活習慣など全般的な発達についての視点を有していることが大切

である（金谷・藤井・根岸・古屋，2014）。発達的視点をもって行動観察し，保育者から提供される普段の子どもの情報，行動チェックリスト（第2章　p.26参照）とレーダーチャート等を活用してアセスメントし，コンサルテーションに活かすことが求められよう。

　巡回相談の際，以前来所したという相談員の助言を保育者から聞かされ，その助言内容に疑問を抱くこともある。子どもの障害の種類や特性に応じて，その専門性を持つ相談員が巡回することも必要である。巡回相談員はオールマイティではないため，巡回相談員自身がわからないことについては，わからないと言えることが相談員としての基本的マナーである。

5）専門用語を振りかざさない

　巡回相談の対象としてあげられる子どもにはASD，ADHDの診断を受けた子どもやその疑いのある子どもが少なくない。発達障害の子どもの特性として，短期記憶やワーキングメモリーに弱さがあったり，注意の転導性が大きかったりすることがある。短期記憶，ワーキングメモリー，注意の転導性などの専門用語だけを使って，子どもの特性について話をすると，保育者が聞きなれないことばにひっかかってそれ以降の話が入りにくくなり，理解を妨げたり，巡回相談員と保育者との話し合いがうまく進まなくなったりする。

　また，テキストに記載されているような理論の受け売り的な内容に話が終始すると抽象的で理解し難い。その領域ではある程度認められている理論に基づく内容であっても，知識をひけらかし相手を見下しているように受け取られるかもしれない。巡回相談員が理論をよくよく消化し，目の前にいる子どもの具体的な行動に当てはめて説明することができて初めて，保育者が納得し応用してみようと思えるのである。例えば，「A君の短期記憶が弱いため，一度に複数の指示は不適切です」と伝えるよりも，「A君は複数のことを言われると短い時間でも記憶していることが苦手なお子さんですね。ですから，A君にやってもらいたいことが2つある場合，一度に2つ言わないで，1つずつ伝えるときちんとできますよ。『トイレに行っておしっこしてきてね』と言い，それができたら『できたね』と誉めます。つぎに『着替えようね』と言うとそれもできますね。今は，先生がやってほしいことを1つずつ言い，それができたら誉めて，つぎの指示を出すようにされるといいですよ。誉めることが増えてA君も自信がもてるので，生き生きして前向きになると思いますよ。2つのことを同時に指示しても行えるようになっていくと思いますが，今はまだ難しいですね」と説明するほうが保育者に理解されやすい。

6）保育者との協議（コンサルテーション）の進め方

　保育場面の行動観察の後，対象児への関わりや保護者対応について，保育者と巡回相談員が話し合いながら対応について考える。巡回相談におけるコンサルテーションの進め方には，①園長や主任同席のもと対象児のクラス担任や加配の保育者など一部の保育者だけで巡回相談員と話し合う個別相談方式，②午睡時間にできるだけ多くの保育者が参加して行う事例検討会，保育カンファレンス方式，の2つの進め方があり，それぞれにメリットとデメリットがある（藤

井, 2015)。①の場合は，対象児の行動観察が終わると，フリーの保育者などが対象児の在籍するクラスの保育を代行し，担任等の保育者は保育から抜けて園長や主任同席のもと巡回相談員と話し合いの時間を持つ。対象児が複数おり，異なるクラスの場合，同様な進め方で，対象児のクラス担任等と順番に話をする。

　個別相談方式では，職員会議でコンサルテーションの内容の概要が報告されるが，具体的で詳細な内容を園の保育者全体で共有することは難しい。この進め方を常時行う園では，保育者間の連携やチームワークが不足することが少なくない。したがって，クラス担任は，対応に苦慮する子どもを自分一人でみていかなければならないという責任感や孤立感からストレスを抱えやすく，心身に余裕がなくなり，子どもや保護者に対する対応に支障をきたす可能性が高くなる。一部の保育者と巡回相談員だけでの話し合いでは，担任等が質問して巡回相談員がそれに答え助言するという一方的な進め方になりやすく，それぞれの専門性を活かした対等な立場での意見交換が難しくなりがちである。

　しかし，個別相談方式で行うメリットもあり，保育者は，「詳しく話し合える」「話の内容を深められる」「話しやすく担任としての個人的な悩みも話せる」「話す時間を多く取れる」など，少人数で話す良さもある。

　つぎに，②の場合を考えてみよう。保育カンファレンス方式では，担任保育者だけでなく他の多くの保育者からも対象児についての情報を得ることができる。子どもが示す姿は固定的ではなく，子どもは他者との関係性の中で行動し自分自身を表現する。大きな集団，クラス，グループ，少人数の場合など，人数や場面によって子どもの姿が異なることが多々ある。関わる人，人数，場面によって行動が異なるとすれば，それも対象児の特性であり，知るべき重要な情報である。幼稚園では園庭での自由遊びや行事などで，保育所では時間外保育や土曜保育などで，他クラスの保育者も対象児と直接関わりをもっている。多くの保育者からの情報を基に対象児をトータルに理解することができる。

　さらに，対象児への対応についても偏った視点からではなく，広い視野で考え，話し合うことができる。保育者間でよく話し合うことで共通理解がもて，園全体で対象児をみていこうという姿勢や体制が生まれ，担当者は孤立することなく，他の保育者に相談したり協力を要請したりできるという安心感をもてる。保育者間に良好なチームワークがあれば，担任の気持ちに余裕が生まれ，子どもや保護者にも適切な対応が可能となりやすい。そして，それぞれの保育者は，個性や持ち味を発揮しながら，園として一貫性のある対応ができる。

　また，保育カンファレンス方式では，対象児としてあげられた子どもについての話し合いを通じて，それぞれの保育者が自分の保育を振り返るきっかけになり，他の保育者の保育観や子ども観を相互に知り合うことができる。経験年数の短い保育者が先輩の発言から学ぶ機会となり，経験年数の長い保育者も他の保育者の子ども観や関わりから学ぶことができ，全ての保育者にとって学びの機会となり，園全体のチームワークを良好にし連携を深める機会ともなる。

　しかし，保育所は早朝から夕方までと保育時間が長く，保育時間中に保育カンファレンスの

時間を確保し，多くの保育者が参加することは容易ではない。午睡時間にカンファレンスを持つためには，普段よりも少し早めに子どもたちを寝かしつけたり，複数のクラスで一緒に午睡したり，保育者が休憩時間を返上したり，連絡帳を書く時間を短くしたり，保育の流れや保育体制，勤務体制にも変更が必要となる。

午睡場所，午睡時の子どものメンバーや保育者の変化により，寝付けない子どもや早く目覚める子どもが出るなど，普段と異なる状況が起きることがあり，保育カンファレンスのための約2時間の時間確保は，保育所では並大抵のことではない。

幼稚園では，預かり保育や園バスを待つ子ども以外は，概ね14時を過ぎると降園するため，全保育者が保育カンファレンスに参加することや十分な話し合いの時間を持つことが，保育所と比較すると容易である。

藤井（2015）の保育所での調査では，17時以降に保育カンファレンスを行えばよいという意見が複数の保育者から出された。17時以降の時間帯に保育カンファレンスをもてば，保育に支障をきたすことなく，ほとんど全ての保育者が参加できるという利点がある。自治体が巡回相談のために常勤雇用かそれに近い形で巡回相談員を雇用すれば対応できる。午前中に保育観察した後，一旦役所などの勤務先に戻り他の業務をした後，夕方保育カンファレンスのために再度園に出向くことができる。しかし，大部分の保育者が残業を余儀なくされるなど，保育所で保育カンファレンスを持つためには，保育所特有の課題がある。

7）保育者と対等の立場での協議

保育者は保育の専門家であり，保育職以外の職種の巡回相談員は，保育の近接領域ではあるが他領域の専門家であるため，保育者と巡回相談員は，それぞれの専門性を活かし対等な立場で話し合うことが望ましい。しかし，保育者の中には巡回相談員からハウツー的な助言を期待する人がおり，困っているクラス担任だけが巡回相談員から対応を教えてもらえばよいと思っている園長もいる。そして，巡回相談員の中にも保育者を自身に依存させ，子どもの行動一つひとつに具体的で詳細な対応を答えることが職務だと思っている人もいる。しかし，それでは，保育者自らが考え解決していく力を育むことにはならない。

先述したように，保育所で保育カンファレンスの時間を確保するのは容易ではないが，より質の高い保育を目指す保育者は，保育者と巡回相談員が対等な立場で話し合いながら，解決を探っていく進め方を望ましいと考えている。巡回相談員もハウツー的な助言ではなく，保育者とは異なる視点から，子どもの特性，その特性に合った関係のもち方など，対応の方向性をわかりやすく説明し，具体的な対応や工夫については，できるだけ保育者が豊かなアイデアを出してくれることが望ましいと考えている。異なる課題に直面した場合でも，巡回相談員に1つずつ質問して答えが与えられなければ対応できないというのではなく，保育者自身が子どもとの関わり方を工夫したり試したりしながら，解決を図る力を培うためである。

保育者は，自身の関わりが適切であっても，本当にこれで良いのかと自信をもてない人もい

るため，保育者の工夫や適切な関わりについてその根拠を示しながら評価し，保育者をエンパワーすることが望ましい。

8）巡回相談員間の連携

　複数の巡回相談員を導入している自治体では，同じ園に異なる相談員が巡回し，相談員により子どもの捉え方や関わりの視点が異なる場合，保育現場が混乱してしまったり，相談員自身が困ってしまうことがある。そこで，巡回相談員を複数導入している自治体では，自治体主催で年に１～２度巡回相談員同士の定期的な顔合わせや情報交換を行い，巡回相談がスムーズに行われるよう配慮している。さらに，巡回相談員たちが自主的に事例検討会を定期的にもち，巡回相談員としての専門性を磨く努力や同じ自治体内で大きな違いが生まれないよう子どもの観方などについて情報交換している場合もある。自治体が巡回相談員を常勤雇用あるいは常勤に近い形で非常勤雇用している場合，当然，情報交換や事例検討会などを行い，相談業務をスムーズに実施できるよう工夫していると考えられる。異なる相談員が巡回しても，同じ園，同じ対象児に対して，矛盾のない助言をするためである。細かいニュアンスの違いやそれぞれの巡回相談員の持ち味の違いはあって当然だが，巡回相談員によって子どもの観方や助言の方向が異なってしまうと，保育者を混乱させてしまい支援にはならないからである。

　また，多数の巡回相談員が所属する日本臨床発達心理士会や日本臨床心理士会では，巡回相談に関する研修の機会を設けて，専門性を高めることに努めている。

文献

藤井和枝（2015）．保育巡回相談におけるコンサルテーションの進め方　浦和大学・浦和大学短期大学部「浦和論叢」，第53号，49-68.

金谷京子・藤井和枝・根岸由紀・古屋昌美（2014）．（自主シンポジウム）保育に生かす巡回相談Ⅱ――保育者との協働による発達支援――　日本発達心理学会第25回大会発表論文集，10-11.

吉田ゆり・下園彩華・山下桂子（2013）．保育現場における巡回相談員の専門性――はじめて事業に従事する相談員への心理教育――　日本発達心理学会第24回大会発表論文集，127.

第5章

求められる巡回相談とは？

根岸由紀

本章では，「巡回相談」を利用する園や保育者を主体として考えたとき，どのような役割を担っていくことが望ましいのか事例をあげながら検討した。さらに，さまざまな時代背景の中で「巡回相談」へのニーズも変遷してきたと考えられるが，インクルーシブ教育の構築とともに，「巡回相談」のあり方がどのように変化しうるのか考察した。

1 | はじめに

　筆者が「巡回相談」という仕事に携わって20年近くの時が経つ。この間，多くの園を訪れ保育者と語り合い，その思いに触れる機会に恵まれた。これは，臨床家としてかけがえのない学びの機会であった。そこで本章ではこうした経験を踏まえ，専門家に求められる巡回相談の在り様を考えてみたい。ここでは，保育現場の日常をより具体的にイメージして頂けるように，随所にエピソードやストーリーを盛り込んだ。ただし，これは特定の園や人物のエピソードをそのまま記載したものではない。大幅な脚色や加工を施し再構成された仮想事例である。

　巡回相談員は，園長から「今日の巡回相談の対象児は年長（5歳）のヤスオ君（仮名）という自閉症の男の子です。自閉症とはどのような障害か，保育者がどのように接したらよいのか全くわかりません。私たちは日々その子どもの対応に困っているのです」と言われ，ヤスオ君のいる園庭に案内された。園庭の隅にはひたすら小枝を口に入れ，口腔内に多数の傷ができているヤスオ君がいた。ヤスオ君からその小枝を取り上げるとパニックになり，奇声と噛みつきが始まるため，保育者はヤスオ君の口が血だらけになりながらも遠くで見守るしかなかった。ヤスオ君は自閉症の中でも知的障害が比較的重い子どもであった。

　今日，支援を必要とするさまざまな子どもに対する実践や研究が進歩し，法の整備，活用できる資源（サービス）が増えている。乳幼児健診における知的障害や運動障害のある子どもた

ちの発見率は高まり，ヤスオ君のような明らかに知的障害のある子どもたちの多くは，早期から支援されるようになった。かつて巡回相談に出向くと，家庭でも園でも適切な対処がなされないために重症化している子どもたちを多く見かけたが，近年は特性に応じた支援が早期から行われ，比較的状態のよい子どもたちが増えているように思う。しかし，早期発見が難しい子どもについては，園でもどのように対応したらいいのかわからず，支援が十分に届いているとは言いがたい。

「障害者の権利に関する条約」の国連における採択を受け，現在幼児期の教育・保育の現場でも，インクルーシブ教育システムの構築を理念とし，さまざまな子どもたちが「同じ場で学ぶ」ことを保障しつつも，「個に応じた配慮」を実践することが求められている。本章ではそのような保育をめぐる情勢を視野に入れながら，今後どのような巡回相談が求められるかを論じていきたい。

2 | 求められる巡回相談の役割

1）保育者を支える巡回相談

そもそも巡回相談のクライエントは子どもであり，支援を要する子どもが，保育園・幼稚園において個に応じた必要十分な保育が受けられるよう，側面的な支援をすることが大きな目的である。しかし見方を変えるとコンサルティ（保育者）も巡回相談においてはクライエントであり，実は園そのものがクライエントとも考えられる。子どもたちと日々関わる保育者たち，あるいは広義に捉えると子どもを取り巻く環境としての園そのものを支えていくことが巡回相談の大きな役割ともいえる。

「巡回相談」とは，多くは「支援を要する子どもへの対応方法についての相談」ではあるが，「相談」と名がつく限り，まずは保育者の話，訴えを丁寧に聴く（傾聴する）ことが大切である。どのように関わったらいいのかわからず，保育者は日々悩んでいるのである。まずはどこに困り，何がわからないために不安なのか，じっくりと話を聴くことが必要である。十分に話をしたら，スッキリとして元気を取り戻す保育者も多い。

また，保育を観察する中で気づいた保育者のよい関わりを言語化し評価することで，「いつも無意識に行っている関わり」の中に「有効な支援」を発見することができる。保育者が感覚的に行っている「適切な関わり」に注目することで，「有効な支援」が意識化され増加するのである。また，何気なく行っている保育を「意味づけ・理論化」することによって，その関わりが般化・応用しやすくなる。

実は子どもにとっての実現可能で効果的な支援のヒントは日々の保育の中にある。「灯台下暗し」，灯台の下にある日々の有効で素敵な実践を見出し，その関わりの意味を伝えることが，

巡回相談員の第1の役割ではないかと考えている。

2）保育者とともに考える巡回相談

　巡回相談の第2の役割は，子どもが日々過ごしている園の中で可能な援助を，保育者と共に考えることではないかと考える。日々過ごしている保育室，保育者，クラスの子どもたち，園によって異なる保育方針，それら子どもを取り巻く園での環境を最大限活用して，実現可能な支援方法を考えるのである。

　以前，保育園の交流研修会でこのような話を聞いたことがある。（なお，本章の事例はすべて筆者のこれまでの発達支援における諸活動をふまえ人名や園等が特定されないように場面や状況・登場人物の言動の記載に加工を施し再構成している）ある私立の保育園に対処の難しい子どもがおり，担任保育者が困り果てていた。園長は市の巡回相談のサービス（この市町村では私立保育所は申請に応じて随時行うシステムらしい）を利用しようと申請したところ，「実施は3カ月先になる」という返事が来たそうである。保育者は「今，ここで」の対処を聞きたいのに，そんな先に今と同じ状況が続いているかどうかはわからない，と腹立たしく思いながらも，仕方がないのでその3カ月先の予約をなんとか入れたのだという。そして，やっと巡回相談員が来てくれたので，感覚過敏の強いASDの子ども（A君）についての相談をした。A君は昼寝の時間になると泣き叫び，周囲の子どもが寝付けないほどのようで，その様子を観察し，つぎのような助言をもらったそうである。「A君は，クラスの子どもたちのさまざまな布団カバーの柄を見たときにパニックになっていました。A君は視覚的な刺激を受け止めやすいので，あの賑やかな柄は相当の負担になるはずです。A君をどうしても皆と同じ部屋で寝かせたいのなら，クラスの子どもの布団カバーを無地のものにするなどして刺激を減らす工夫をしてください。あるいは，つい立てを置くとか，A君だけ別の部屋で寝させるか検討すべきだと思います」。

　巡回相談員のアドバイスを受け，保育士たちは「自分たちの保育園にはとっても大変な特別な子どもがいるんだな」という無力感を抱いたという。また，巡回相談員の助言内容から日々の保育に実現できるものが見当たらず，途方にくれたというのである（家庭でそれぞれに準備をした布団カバーを作り直してもらうことなどできないし，別の部屋で寝かせることは，保育園の部屋数の都合上，現実的に不可能であったらしい）。

　巡回相談員の指摘どおり，その園児は布団カバーの柄に対して何か刺激となる要素，そのことによる苦しみがあったのかもしれない。それを理解することには大きな意味がある。しかし，療育室で行われるような個別的な（理想的な）配慮が，そのまま集団の場で馴染むとは限らないのである。そして，それがゆえに保育者は悩むのである。

　また，筆者は以前，幼稚園・保育園に対し，巡回相談を受ける立場としてどのような支援が有効であり，どのような支援は役に立たなかったのか，アンケート調査を行ったことがある。その際，ある経験年数の少ない保育者からつぎのような回答があった。その園では園の特色として日本舞踊をとり入れているのだが，対象児は参加が難しく，ホールから1人出ていき別の

部屋で過ごしていたようである。その場面を捉え、巡回相談員から「なぜ、日本舞踊を幼稚園でやる必要があるのか？　他児にとってもどういう意味があるのかわからない、このような取り組みは早急にやめた方がいい」と言われ非常に困った、というものである。私立の幼稚園・保育所は、保育内容が園によって異なり、それを特色とし運営し、園児や保護者はそれを選択して入園している。どろんこ保育を特色としている園もあれば、英語教育に熱心な園もあり、鼓笛や一斉活動に力を入れている園もあれば、縦割り保育、自由保育を大切にしている園もある。それぞれに優劣があるのではなく、それぞれの法人による文化の違いがあると捉えるべきであろう。もし、その文化や特色についての提案、あるいは問題提起をするならば、園長など管理職の同席が必須である。しかし、そもそも園の保育方針に踏み込むことまで、巡回相談員に求められてはいない。巡回相談とは、そうした子どもを取り巻く園の保育方針、文化を包括的に受け止めたうえで、その環境の中で何ができるのか、どのような活動がとり入れられるのかを、保育者とともに考えていくことではないだろうか。

　それぞれの園で実現できる支援とは、保育者との協議なくしては見出せない。そして、それぞれの子どもにあったオーダーメードの支援は、日々子どもの傍らにいる保育者の発想が重要なヒントになる。なぜなら、その子どもは何が好きで、何が得意で、どの友だちの声かけなら反応しやすいか、逆にどの活動が苦手で、どの先生が好きではない、など対象児の情報を把握しているのは保育者であるからである。また、その子どもを取り巻く環境、つまり、いつどのような行事が予定されているか、あるいは、その子どもと日々過ごすクラスの子どもたちの性質、保護者の状況などを把握しているのは保育者だからである。対象となる子どもの強みや弱みをとり入れながら、日々の保育の中でできることをともに考えていくことが重要ではないかと考える。

　巡回相談員が一方的に指摘（指示）をする、保育者たちが一方的にハウツーを求める、という形式ではなく、ともに子どもを中心に互いの経験と専門性（知識）を出しあって、よい支援を模索していくカンファレンスこそが巡回相談の醍醐味ではないだろうか。

3）保育者の力を引き出す巡回相談

　3つ目の役割は、保育者の本来もっている力をエンパワメントしていくことである。支援を実行するのは日々関わる保育者たちであり、保育は巡回相談員が来ない日々もずっと途切れなく続いているのである。どんなによい提案、解決方法であったとしても、それがすべての場面に対応することはあり得ないのである。また、子どもは日々変化し、園での生活はバリエーションが多いため、助言はすぐにフィットしなくなる。

　巡回相談で、保育者たちは「どう関わればよいのか」というハウツーを求めてくる。ハウツーはヒントにはなるかもしれないが、ヒントをもとに保育者たちが「つぎはこんな方法でやってみよう」「この場面ではこんなふうに応用してみよう」と自発的にアイディアを出し実践できるような助言でなければ、年に数回の巡回相談が十分な意味を成すとは言いがたい。

冒頭で取り上げたヤスオ君は，保育者が対応に苦慮する事例である。同時に園外の専門家が巡回相談を行ううえで，さまざまなことを考えさせてくれる事例でもある。この事例を通して，保育者をエンパワメントすることについて検討したい。

　1　発達・特性を理解し，支援につなげていく

　巡回相談員は，保育者とのカンファレンスでつぎのような会話を交わした。「ヤスオ君は小枝を取り上げるとパニックになる」という訴えがあったので，「それでは，ヤスオ君は小枝で遊ぶ以外にどのような遊びが好きですか？」と尋ねたところ，保育者は考え込んでしまった。困っているところや大変なところはたくさんあるのだが，逆によいところや好きな遊びは，簡単には思いつかなかったようであった。巡回相談員はその日，「小枝で口が血だらけのヤスオ君」が〈どのような遊びなら一緒に遊んでくれるのか〉を知りたくて直接関わってみた。

　ヤスオ君は，初めは近づくだけで小枝を取られてしまうと思い，「バイバイ，バイバイ」と寄せ付けない。そこで「小枝を口に入れてしまうヤスオ君」を丸ごと受け止めることにし，そっと横に座り，巡回相談員も小枝を手で折ってみた。ポキッ，ポキッといい音がする。「いい音だねえ」と話しかける。驚くことに木の種類，木の長さ，乾き具合によって音が異なる。そんな時間を過ごしてゆく中で，ヤスオ君の方から私の膝に手をのせ，体を委ねてきた。巡回相談員は静かに揺さぶり歌を口ずさみながら，巡回相談員がヤスオ君に委ねた膝を，そーっと揺らし始めた。ヤスオ君はさらに巡回相談員の膝に体重を乗せてくる。内心「よしよし」と思い，今度はもっと体を強く揺らしたり，歌詞に合わせてくすぐったりした。ヤスオ君は時折小枝を触るのをやめ，「もっとやって」と言わんばかりに，背中に乗ったり，膝に座ったりしてきた。この日はヤスオ君の口の中の小枝がなくなることはなかったが，小枝を口に含みながらも他の遊びに気が向く時間が僅かにあったことが収穫であった。

　その日の保育者との話し合いの中で巡回相談員は，ヤスオ君が楽しいと思う遊びと同年齢の子どもの楽しいと思う遊びには，大きなギャップがあることを伝えた。ヤスオ君は何をして遊んでいいのかわからず，自己刺激的な（口に小枝を入れてその痛みの刺激や音の刺激を楽しむ）遊びに終始しているのではないか，と伝えた。途中，巡回相談員がヤスオ君と木を折っている場面を怪訝そうに見ていた園長が，「先生はヤスオ君と一緒になって木を折って，あれはどんな意味があるのですか？」と尋ねたので，つぎのように巡回相談員は答えた。「ヤスオ君が何を楽しんでいるのか知りたくて，私も同じことをしてみました。木を折る遊びはなかなか楽しかったです。

しかし大人の手でも痛くなってしまいます。ヤスオ君の口はとても痛いでしょうし，口腔内の衛生と外傷を考えると，これは何としてもやめさせないといけないと思いました。そのためには，小枝と向き合っているヤスオ君と心から向き合わなくてはいけません。小枝の遊びを単純に『やめてほしい遊び』と決めつけてしまう前に，ヤスオ君の遊びの意味を十分に理解する必要があるのです。私は短い時間でしたが，ヤスオ君と一緒に小枝を手で折って遊び，それはなかなか奥深い遊びだと思いました。そのときヤスオ君は少し私に近づいてくれたような気がしました」。保育者は途中頷いたり，一緒に笑ったりしながら話を聞き，和やかな空気が流れていた。そして，「ヤスオ君の遊びは，まだ揺さぶりくすぐり遊びやイナイイナイバーを楽しむくらいの段階だが，そうした楽しい遊びを保育者とともに繰り返す中で，保育者のことが好きだな，もっと遊んでほしいな，という気持ちを引き出し，結果として自己刺激的な遊びが軽減できればよいのではないか」ということを伝えた。「保育園では，どんな揺さぶり遊びができそうですか？」と尋ねたところ，0歳児の担任からさまざまなわらべ歌遊びが紹介された。その後の話し合いのほとんどは，わらべ歌遊びの講習会のようになり，巡回相談員も一緒に楽しく学んだのだった。

　保育者たちの遊びに対する知識は豊かであり，経験の中から子どもを惹きつける高い技術をもっている。そうした保育者のもっている専門性を支援に統合し，意味づけすることで，より日々の保育に溶け込んだ自然な援助ができるのではないかと考える。

2　「子ども集団の中で育つ力」を生かす

　この園には年に3回訪れる契約になっていた。4カ月後に再度この保育園に出向くと，前回は傷だらけだったヤスオ君の顔がすっかりきれいになり，保育者とブランコに乗って楽しそうな声を上げていた。「先生が言ったように，ブランコや滑り台も大好きで，機嫌よく遊べる時間が増えました」と加配の保育者（以下，A子先生）が報告してくださり，ホッとした。そこに2人の子どもが来て，「A子先生，ブランコ代わって！」と声をかけてきた。「ごめんね。いまヤスオ君がブランコ乗っているから，終わったら代わるね」とA子先生。子どもたちは「ヤスオ君ばっかりずるい」と不満そうな表情をしていた。そこで筆者は，「ヤスオ君はブランコを交代できないですか？」と尋ねたところ，「そうなのです。やりたいことを途中でやめさせると，パニックになって暴れて大変なのです。自分の頭を，床や壁に打ち付けることもあります」と答える。どうやら遊びのバリエーションは増えたが，ヤスオ君の自分ルールの強さは変わらず，保育者は彼の機嫌を損ねぬよう言いなりになってしまっているようである。

　この日のカンファレンスで巡回相談員は，ヤスオ君の成長や保育者の関わりを高く評価したうえで，ヤスオ君の特性（こだわりがとても強く，気持ちの切り替えが苦手なところ）を確認し，今のままでは，ヤスオ君がパニックを起こせば保育者が言うことを聞いてくれる，と誤って学習してしまう危惧があることを伝えた。また，保育者がヤスオ君との信頼関係を作ろうとするあまり2人が常に一緒にいて，クラスの子どもたちとヤスオ君の接点がほとんどなくなっている点を指摘した。クラスの子どもたちは，A子先生のことを「ヤスオ君の先生」と呼び，「A

子先生はいつもヤスオ君とばかりいる」とネガティブな思いを抱いているようだった。A子先生には，ヤスオ君がもう少し仲間として受け入れられるよう，ヤスオ君とクラスの子どもたちを「つなぐ」役割を担ってほしい，と伝えた。また，見通しがつき難いために切り換えができないことを伝え，ヤスオ君がわかりやすいように，あらかじめ「あと1回で終わりね」「10回数えたらおしまいね」などの予告をし，実行できたらたくさん誉めることを繰り返してほしいと伝えた。そして，「ブランコ代わって」など他の子が言いに来てくれたときは，ヤスオ君を仲間としてみてくれる絶好のチャンスなので，初めから断らず，「ヤスオ君，ユウ君がブランコに乗りたいみたいよ」「ユウ君，ヤスオ君に『ブランコ貸して』ってお願いしてみたら？」など，保育者は子どものやりとりの仲立ちになってほしい，とお願いした。

　保育園という集団だからこそ，状況に合わせたやりとりのスキルを学ぶチャンスがそこここにあることが，インクルーシブ保育の利点の1つといえる。そして巡回相談は保育の場面に赴き，その時間を共有することが特徴である。場面を捉え，その関わりどころを具体的に保育者に伝えることができる点が，巡回相談の有効かつおもしろいところではないだろうか。

3　ヤスオ君の事例を通して見つかった巡回相談の課題──保育者の力を引き出すために

　つぎの巡回相談はまた4カ月後になるのだが，その日を待たずして，ある日園長から電話がかかって来た。「先生からアドバイスをもらって，以前よりも切り替えができるようになりました。そして，ブランコを譲れる場面も見られるようになりました。しかし最近また困ったことが起きました。次回までアドバイスを待つよりも，どうしたらいいか聞くほうが『間違いない』と先生たちと話し合い，今日は電話をしました」。

　巡回相談員はこの電話を受けたとき，自分の巡回相談について，果たしてこれでよかったのだろうか，と疑念を抱くのであった。確かにこの支援児に対する働きかけは変化し，園での状態はよくなった。しかし，本来は保育者が少々遠回りや失敗をしながらも，自ら考え答えを見出していくはずなのだが，そうした作業を省かせているのではないだろうか。「間違いない」ことは本当に園の財産になっているのだろうか。保育者自身が苦労して見出した方法が成功したときの喜びは大きく，自信に繋がる。巡回相談員が答えを簡単に出してしまうことは，「やはり障害のある子どもの支援は，専門家に意見を聞くべきだ」と思わせてしまう可能性がある。

　筆者は，巡回相談員に求められるのは，「正しい対応方法（というものがもしあるのだとすれば）」をただただ打ち出の小槌のように伝えることではない，と考えている。もちろん，もしもその子どもへの対応が難しく「保育が大変」とモチベーションを下げてしまっている保育者がいたとしたら，大変とされる子どもの行動の意味や捉え方を伝えていく必要がある。そして，その子どもの素敵なところや，保育者として関わることの楽しさ，あるいはその子どもを含めた学級経営にやりがいがもてるよう，エンパワメントしていくことが求められる。しかしその先は，すぐに方向性を指し示すのではなく，カンファレンスの中でともに解決方法を模索することが重要と考えている。最終的には，保育者自身が試行錯誤しながら，自ら解決方法を見出してい

くスキルとモチベーションを獲得していくことではないだろうか。笑ったり泣いたり，うまくいったりいかなかったり，そんな保育者の「揺らぎ」にどっしりと付き合うこともまた，巡回相談員の大きな役割なのかもしれない。

3 | インクルーシブ保育と今後の巡回相談のあり方
──子ども理解と行動チェックリストの活用

1）インクルーシブ保育と巡回相談

　乳幼児期の障害のある子どもの受け入れは，1970年代から始まった。当時はそれを「障害児保育」と呼び，障害のある子どもの「通う場の保障」として始まり，障害のある子どもが「通常の保育」に「入れてもらう」という感覚が強かった。1980年代になると「統合保育」と呼び名を変えた。それは，障害のある子どもと定型発達の子どもがともに過ごす中で，障害のある子どもはそうでない子どもからさまざまな刺激を受け，健常の子どもは障害の子どもを通し，世界にはさまざまな人々がいることを知り，思いやりの心や障害理解を深めていくというものであり，「ともに育ちあう保育」とも謳われるようになった。しかし，それは障害のある子ども本人の「わかって楽しい」「できて嬉しい」という思いよりも，「同年齢の子どもたちと区別なく同じ経験をすること」が優先されてしまい，障害のある子どもの本来の教育の要求を満たしたものであるのか議論が交わされ，それが課題とされていた。2007年に学校教育法で位置付けられた「特別支援教育」では，配慮を要する子どもたちの困りを理解し，その困りに応じた支援を行うことが示された。幼稚園でも特別支援教育コーディネーターが置かれ，個別の支援計画が作成されるようになった。さらに，2006年に国連で障害者の権利に関する条約が採択され，2014年に日本も批准し，インクルーシブ教育システムの構築に向けて取り組みが進んでいる。これまで，統合保育も特別支援教育も，「通常の保育」の中で「配慮を要する子どもたちが過ごす」ためのさまざまな支援が検討されてきた。インクルーシブ教育では，①定型発達の子どもも支援を要する子どもも，「どの子にとってもわかりやすく・たのしい保育」を構成すること，②そのために必要な合理的配慮を検討することが求められている。インクルーシブ保育への転換によって，巡回相談の役割はどのように変化をするだろうか。下記の巡回相談の事例を通して検討を試みたい。なお本事例も，本章の他事例同様，筆者の実践経験を踏まえつつも，種々の設定や人物の発言に加工を施し，再構成した上で掲載した。

　A保育園の年長組は18名の園児と2名の保育者で構成されている。近くに工業団地があり，この園には日本語指導が必要な幼児（海外から帰国した幼児や生活に必要な日本語の習得に困難のある幼児：以下外国人の子ども）の子どもたちが4名おり，このクラスの外国人の子ども

たちは皆どの子どもも元気がいい。このクラスには，他に知的障害のない発達障害の子どもが
2名，ダウン症の子どもが1名いる。

　A保育園では年長になると学習活動や制作活動など座って取り組む時間が増えるのだが，こ
のクラスは半分くらいの子どもたちに個別対応が必要な状況になるという。巡回相談の主訴は，
そうした実態を踏まえ今後どのように保育をすすめたらいいのか，というものであった。

　その日は，はさみを使った制作の時間を観察した。クラスにはじっとしていられない子ども
が多く，全体の中で行う保育者の説明に注目できていない子どもは複数いた。制作活動はさほ
ど難しい作業ではなかったが，2名の保育者がつきっきりでつぎからつぎへとさまざまな子ど
もたちに作り方を教えているような状況だった。何をしていいのかわからずに遊び始める子ど
も，手持ち無沙汰になり喧嘩を始める子ども，さらにはとっくに出来上がって「つぎ何すれば
いいの？」と尋ねる子ども，そうした子どもたちへの対応に2名の保育者は右往左往していた。

　制作の後，クラス皆で外に出て大きな砂山を作り始めた。ダウン症児のショウ君（仮名）が
偶然2つの山の間に落ちていた長く薄い板の上に乗ってジャンプした。板の下には水を流し
川ができていたため，パシャッと水がはね周囲の子どもたちにかかり，キャーッと大騒ぎにな
る。ショウ君はその反応が楽しくて，ニヤッと笑い，また繰り返す。クラスの子どもたちは歓
声を上げながら，靴を脱いだり，ズボンを脱いだりし，遊びに加わる。ひとりの外国人の子ど
もがホースで水をさらに流し込み，他の子どもがもっと長い板を持ってきてその上を飛び跳ね
る。ショウ君は順番構わずジャンプをしようとするが，他児に促され仕方なく順番を待つ。そ
れでも割り込んで前に行こうとするので，ショウ君は子どもたちから注意され，その反撃で怒
って他児を叩こうとした。そのとき，女の子が「ショウ君がこのジャンプ台の遊びを考えたか
ら，ショウ君はこのアトラクションのお兄さんじゃない？　だから，ショウ君は好きなときに
やってもいいよ」とこの女の子は声をかけていた。順番を待てないショウ君を受け入れ譲歩し
ていたのである。このことに担任はすぐに気づき「あら，素敵なことを言うお客さんがいたわ
ね」と明るく言い，その後は穏やかに楽しい遊びが続いていった。

　この日の制作の時間と砂遊びという2つの活動を考えたとき，砂遊びは「クラスのどの子ど
もにとっても楽しめるインクルーシブな活動」といえるだろう。この遊びを通し，子どもたち
はそれぞれに頭と心を働かせ，満足感をもって楽しんでいた。一方，制作の時間は，このクラ
スの子どもたちにとって，理解力，作業能力，集中力など，個人差が大きく，一律に行うこと
は容易ではなかった。この制作活動をインクルーシブなものとするためには，どのような配慮
ができるのだろうか。

　この日のカンファレンスでは，やや自信と意欲を失いかけていた保育者とともに，「作戦会議」
と称していくつかのアイディアを考えた。そのアイディアとは①最初に何を作るのか完成品を
見せ，目標をわかりやすく伝える，②制作は事前に作業工程を絵や写真にして前に貼り，何度
でも見に行けるようにする（クラスには外国人の子どもを含む言語理解が難しい子どもが多い
ため，視覚的にわかるようにする），③グループごとの活動にして，できた子どもはできない

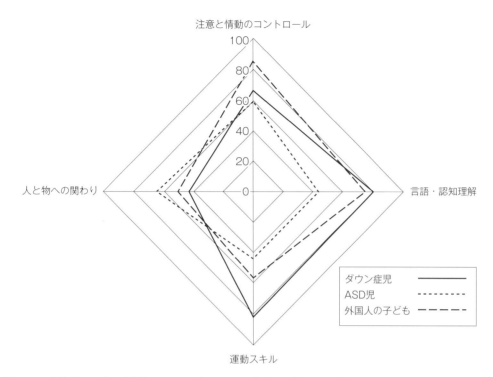

図5-1　A保育園の3名の支援を要する子どもについて作成した特性傾向グラフ

子どもに教える，④それでも難しい子どもは，昼寝の後にゆっくり保育者と個別にやる，であった。この制作活動への援助は成功し，その後暫くさまざまな保育場面でこの方法が活用された。

　浜谷（2014）はインクルーシブ保育における巡回相談の専門性として「参加を実現すること」を示唆している。この「作戦会議」で検討された支援方法は，参加を実現するための「合理的配慮」でありながら，実は保育の「ユニバーサルデザイン」を模索している。この配慮は制作活動の中で参加の難しかった外国人の子どもをイメージして考え出されたものではあるが，例えば，「③グループごとの活動にして，できた子どもはできない子どもに教える」は，既に理解している子どもにとっても，活躍の場が保障でき，さらに課題とすべきことが見出せる活動だっただろう。つまり，「ユニバーサルデザイン」であればあるほど，合理的配慮は少なくて済むのである。

　これまでの巡回相談における助言内容は，支援を要する子どもへの合理的配慮を考えることが大きな役割であった。しかし，インクルーシブ教育への転換を考えたとき，クラスにたった一人でも何らかの配慮を必要とする子どもがいた際には，その子どもを含む保育そのものが，より「ユニバーサルデザイン」になるよう，保育者とともに考えていくことが求められていくのではないかと考える。

2）子ども理解の重要性とチェックリストの活用

　保育園でのカンファレンスの中で，保育者とはつぎのような会話がなされた。

相談員「支援を必要としているのはどのお子さんですか？」

保育者「ダウン症のショウ君です。」

相談員「では，他に先生方が制作の時間関わっていたたくさんの子どもたちは，支援は必要な
　　　　い子どもたちですか？」

保育者「一緒になってふざける子どもが多くて，とても困っています。」

相談員「どうしてふざけてしまうのでしょう？」

保育者「外国人なのでことばが通じないからです。」

相談員「そうだとしたら，通訳の人がいたら，みんな落ち着いて作業ができるのでしょうか？」

　この後，保育者たちが対応方法を教えてほしいと訴える３名（ダウン症児，知的障害のない
ASD児，外国人の子ども）のチェックリストを保育者とともに作成した。それをもとに作成
したグラフが図5-1である。

　保育者が「ことばが理解できないために参加が難しい」と考えていた外国人の子どもは確か
に「言語・認知理解」の困難が強かったが，実は最も困難が高いとされたのは「注意と情動の
コントロール」についてであった。ことばの理解の問題はあるが，注目の難しさ，身体が常に
動いてしまう落ち着きのなさ，忘れっぽさなど多面的に支援を必要としている実態が明らかと
なる。また，「人と物への関わり」に示されるように，人への興味や関わりたい気持ちの高さ
がうかがえる。その思いは保育の中で強みとなり，集団生活の中で生かしていきたいところで
ある。

　今回作成された行動チェックリストは，障害のある子どもにのみ活用されるものではないと
考えている。幼稚園や保育園で対応が難しいとされる子どもたちの本来の困りを理解し，適切
な支援につなげていくために生かせると考える。本行動チェックリストは年齢ごとに保育場
面に固有の状況をイメージし作成しているため，巡回相談員は行動チェックリストを使い保育
を観察し保育者に聞き取りを行うことで，子どもの特性を短時間で客観的に把握できる。また，
保育者自身が行動チェックリストに照らして子どもを見る中で，気になる行動で見えなくなっ
ていた子どもの姿（強みや弱み）を確認し，子ども理解をより深めることができるという利点
がある。保育者にとって不思議に思える行動の謎解きをし，理解者を増やしていくための一助
に，この行動チェックリストが活用されることを願っている。

3）まとめ

　筆者が巡回相談に携わるようになった1990年代後半，巡回相談の対象は知的障害や自閉症
など，すでに診断名のついている子どもについての相談がほとんどであった。2000年になる
と，知的障害を伴わない広汎性発達障害，ADHDやLDなどいわゆる発達障害の子どもの相

談が急増した。発達障害の子どもたちは，必ずしも入園前に診断を受けているわけではないため，保育者たちは障害なのか個性なのか，特性なのか，育ち（環境）なのか，どのように子どもの行動を理解し，対応したら良いのか悩みながら保育をしているケースが多い（根岸・葉石・細渕，2014）。また，近年の複雑化された社会状況も相まって，愛着の問題を抱えた子どもも増加している。さらに本章でも述べたが，外国人の子どもたちへの支援も必要である。つまり，巡回相談の対象となる子どもを保育者のニーズから検討した場合，必ずしも「診断された障害児」だけではないのである。医者でない限り，巡回相談員が診断にかかるような発言をすることは許されない。診断名に基づいて（根拠付けて）子どもの行動を説明するという手法は，「ちょっと気になる，どこか違うな」と保育者が苦慮している子どもについては，当てはまらないのである。

　ゆえに，巡回相談における子ども理解は，「子どもの行動を観察すること」が重要になる。その際の巡回相談員の思い込みや見逃しを防ぐために，行動チェックリストは意味がある。さらに，巡回相談において最も重要なのはカンファレンス（話し合い）であり，カンファレンスの中心は子どもと保育者である。障害のある子どもについてピンポイントに支援方法を考えるのではなく，配慮を要する子どもたちを包括したクラス運営が，よりユニバーサルデザインとなるためのヒントを保育者とともに考えていくことが求められていくと考えている。そのためには，巡回相談員が「保育」を知ることもまた重要な課題である。

文献

浜谷直人（2014）．インクルーシブ保育と子どもの参加を支援する巡回相談　障害者問題研究，42(3).

林　隆（2011）．乳幼児健診における発達障害への気づきと連携　母子保健情報，日本子ども家庭総合研究所，63，24-28.

東谷敏子・林　隆・木戸久美子（2009）．発達障害児を持つ保護者のわが子の発達に対する認識についての検討　小児保健研究，日本小児保険協会，69(1)，38-46.

市川宏伸（2012）．早期スクリーニングの実際　市川宏伸・内山登紀夫（編）発達障害──早めの気づきとその対応──　中外医学社　pp.7-23.

根岸由紀（2015）．幼稚園の実践（保護者支援）──気づきを促しそして支える実践──　特別支援教育研究，699，13－15.

根岸由紀・葉石光一・細渕富夫（2014）．特別な支援を要する子どもを持つ保護者の気づきに関する研究　埼玉大学紀要，教育学部，63(2)，49-59.

田中康雄（2012）．発達障害の早期発見・早期療育──過疎型あるいは小さな地域での経験から──　そだちの科学，日本評論社，18，9-14.

第6章 保育者をエンパワメントする巡回相談員の心構え

森　正樹

現今の保育現場や教育現場で，発達障害などの障害や，発達の遅れやアンバランスを示す子どもは珍しくない。さらには，貧困等の種々の事情のある家庭環境，多様な文化的環境や母国語を異にする言語環境で育つ子どももいる。保育者が向かい合う諸課題は実に多様で多岐にわたる。ここでは園や保育者のみの尽力に頼るのではなく，多職種間の連携が求められる。

そこで本章では，保育者が日々対峙するこれらの課題について，主体的実践を進めることができるように外部専門家のなしうる支援，特に巡回相談を通じたコンサルテーションについて述べる。ここでは，①専門家が保育者と向かいあう時の基本的心構え，つまり相手の主体性と専門性を尊重し，対等な関係を志向する態度とその示し方，②保育者との対話を通じて，子どもの発達的ニーズと支援方法を明らかにする相談技法，③協働関係と支援体制を構築するために，カンファレンスを効果的・建設的に進めるポイントについて解説する。

1 | 保育者の主体性・専門性を大切にする

1）保育者を問題解決の主体者と位置付ける

巡回相談員の中には，「ちょっとこの子を観て」と事前の情報提供のないまま，教育現場や保育現場（以下，保育現場）から助言を求められた経験のある方もいるであろう。確かに，気軽に相談にのってくれる専門家は現場から重宝される。しかし，保育者との十分な話合いを経ずに，一方的に専門家が"模範解答"を与えるような関与に問題はないのだろうか。また巡回相談では，「○○していいのか，悪いのか教えてください」と，判断を求められることもある。ここでは，あたかも保育者からの"お伺い"に，巡回相談員が"お墨付き"を与えるような関係に陥ってしまうことも危惧される。

このように巡回相談には「落とし穴」もある。つまり，保育者の「専門家に対する受動的傾向」（浜谷，2006）を強め，保育者の「主体性が発揮されない実態」（森，2010）に結びついてしまうこともあるのだ。こうなると，両者の関係は対等性や協働性を欠いた相互依存的なものになってしまう。これでは，保育者のエンパワメントという，本来の巡回相談の目的に逆行していると言わざるを得ない。

コンサルテーションで重要なのは，コンサルティ側，つまり保育者の「意思決定と問題解決を促進」（大石，2000）することだ。決して，外部専門家の理論や技法を保育現場に植え付けることではない。ここで専門家に求められるのは，保育者の強みと持ち味を活かした主体的かつ創造的な実践を支えることだ。それは，たとえるなら専門性の“輸出”ではなく，“現地産業の振興”である（森，2013a）。そこでは，訪問先の保育者を，「実践と支援の主体者」として尊重する態度と観点が必要とされる（森・根岸・細渕，2013）。以下，保育や教育現場に関与する専門家が持つべき心構えについて述べたい。なお，本章では保育者の発言が度々登場するが，これは実在する特定の園や保育者のそれをそのまま記載したものではない。

2）保育者の課題意識をコンサルテーションの起点にする

「ちょっと観ただけで，よくおわかりですね！」。巡回相談に従事する専門家が子どもに関するアドバイスを行った際に，よく保育者からこう言われるとしたら，十分に気を付けたい。このことばを，自身の専門性への“賛辞”として無批判に喜んではいけない。なぜなら，こうした保育者のことばの背景には，巡回相談員と保育者間の“対話不足”という問題が潜んでいる可能性があるからだ。こうした状況下では，巡回相談員は保育現場の実践や子どもに関する情報を十分に得ていないばかりか，保育者の課題意識にも目を向けていないことが多い。

そこで必ず，保育者が自ら「語り」「書く」プロセスを大切にしたい。例えば，巡回相談員の訪問に先立ち，保育者が子どもの実態や課題意識を記入する相談票が必要となるであろう。そして，巡回相談当日のカンファレンスでも，必ず保育者側の課題意識を問いかけ，確認することを忘れてはならない（例「A君にどんな支援をしたいですか？」）。このように巡回相談では，保育現場の「課題意識を起点にコンサルテーションを始動」（森ら，2013）させたい。それは，保育者の主体性や主導性を尊重することでもある。

3）保育者が「自分の仕事」を「自分のことばで」語る

巡回相談では，保育者が巡回相談員に依存的・受動的になることなく，日々の保育実践を主体的に構成し展開する姿を期待したい。そこで専門家は，保育者が直面する種々の問題を解決する“魔法の杖”を自分だけが持つかのような幻想を保育者に抱かせてはならない。その代わりに，保育者の目を“日常の取り組み”に向けるように促したい。なぜなら，保育の“日常”にこそ問題解決の大切なヒントが潜んでいるからだ。そこで何より必要とされるのは，保育者が「自分の仕事を自分の言葉で語る」（森，2010）機会である。以下，巡回相談員が保育者から，

こうした"語り"を引き出し，広げるためのポイントを幾つか紹介したい（なお，保育者側の保育観の言語化・明確化及びアイデンティティ形成における"語り"の重要性については，本書の相談⑤を参照されたい）。

1　専門用語を使いすぎない

専門用語の濫用は避けたい。専門用語を使いすぎると保育者が萎縮し，自由な発想での発言を躊躇してしまう恐れがある。また，専門家が自らの理論や技法に執着するあまり，保育者の経験知や保育観を見過ごしてしまうこともある。ただし，常に専門用語が御法度というわけではない。保育者が対象児への理解を深め実践を整理するキーワード（例「自己肯定感」など）として，むしろ専門用語を積極的に紹介することもあるだろう。ただしこの場合も，対象児や保育現場の実態に即した丁寧な説明を心がけたい。

2　保育者による再言語化を促す

保育者に対して，巡回相談員からのアドバイスの再言語化を促してみよう。つまり，保育現場に即したことばでの「言い換え」である。例えば ADHD の子どもについて，巡回相談員が「ことばかけの情報量」の工夫を提案したとする。続けて「それでは，保育中にどんな工夫ができますか？」と問いかける。これには，「一度に幾つも指示を出さない」とか「簡単なストーリーの絵本を用意して読んでみます」などと，保育者からさまざまな答えが返ってくるだろう。こうした技法は，園外の専門家が提供する情報を，保育者が自分の仕事と関連づけてより深く理解する機会を供する。さらには以降の保育実践で，保育者がさまざまな発達支援の具体的方法を演繹的に導き出すことも期待される。

3　保育者が自分たちの仕事を語るための素材を提供する

保育者に自らの「本業」を活き活きと語る姿を期待したい。そこで，保育者が日々の実践に根ざして語るための「素材」を用意したい。例えば，巡回相談当日の行動観察で収集した対象児のエピソードを，カンファレンスで積極的に紹介しよう（森，2010）。また，保育者側の協力を得て，対象児の作品や成果物，映像記録など，可視的かつ具体的な情報源を活用したい。カンファレンスでは，理論と方法論ありきではなく，生身の子どもの姿を出発点とするとき，実践者たる保育者は活き活きと実践を語ってくれる。

4　巡回相談員からも問いかける

質問するのは保育者だけではない。是非，巡回相談員からも保育者に問いかけてみよう。対象児に関することはもちろん，保育現場の日常の保育について興味と関心をもちたい。こうした振る舞いを通して巡回相談員は，保育現場と保育者への積極的関心や肯定的態度を示すことができる。そして，保育現場に真摯に向き合おうとする専門家に，保育者は心を開き本音を語

ってくれるのものだ。

4）権威者ではなくパートナーとなろう

「私たちは素人ですから」。巡回相談をしていると，時折，保育者のそんなことばを耳にする。しかし，本当にそうであろうか？　コンサルテーションとしての巡回相談は，巡回相談員と保育者間の「対等性」と，お互いの「専門性の尊重」を前提とする。つまり，巡回相談員が発達支援の専門家であるのと同じように，保育者もまた保育の専門家なのである。もしも巡回相談員（コンサルタント）の長期的・継続的関与にもかかわらず，保育者（コンサルティ）が，自らを「素人」と捉え続けるならば，そのコンサルテーションは，決して成功裡には進んでいないと考えたほうがよいだろう。

しかし実際は，対等性の確保はたやすくはない。「ご指導ください」と請われて専門家が一方的に指導し，保育者が"拝聴"する。こんな関係の固定化が危惧される。また，先述の「〜していいか？　悪いのか？」といった「お伺い」に無自覚に応じることは，判断や思考の"安易な代行業"になりかねない。ここでは，保育者の目に巡回相談員は「権威者」と映ってしまい，保育現場からの積極的で創造的な提案の余地はなくなってしまう。これは非常に残念だ。そこで，保育者のエンパワメントを目指す専門家は，権威者ではなくいかにパートナーたりえるかを真摯に考えたい。以下，そのための心構えと手立てを幾つか紹介したい。

1　保育現場に学ぶ姿勢を持つ

まず，忘れてならないのが，「保育現場の実践に学ぶ」（森・林，2012）姿勢を持つことだ。こうした態度を持つ専門家の視点を借りて，保育者は自身の実践を見つめ直す視点と機会を得る。さらにこの体験を通じて，保育者が日々の自分たちの保育の意義を再発見し，価値的感情を高めることが期待される。もちろん，保育現場に学ぶ姿勢を持つことで，専門家も大きく成長することであろう。その意味で，巡回相談におけるコンサルテーションは，保育者側のみならず巡回相談員も含め，両者の専門性が相互に発揮・開発されるプロセスなのである。

2　自己完結せず相手の力を借りる

専門家は万能ではない。そして，万能感を抱く専門家は危うい。そこで，巡回相談員は保育者に「上手に頼る」ようにしたい。情報提供や事前準備など，必要な協力は積極的に求めていこう。そして何よりも，保育者が持つ子どもや実践に関する豊富な知識を語ってもらい，それをヒントにしたい。また，保育者からの種々の相談や質問を前にして，「わからない」と言うことを恥とはしないことだ。自身の専門性の範囲と限界を認識し，それを率直に表明し，相手の理解と協力を求める姿勢が不可欠である。なぜなら専門家が自己完結せずに，相手との相互補完的な関係をもとうとすることで，かえって保育者の主体的な言動を促し，潜在的な力を引き出すことになるからである。巡回相談員はスーパーマンにならなくてもいいのだ。

3　保育者の職業的自己実現の欲求を大切にする

「全て，先生のおかげです」。保育者からそう言われて喜んでいるうちは，巡回相談員としてはまだまだである。筆者自身，そう自分を戒めている。保育現場から真の信頼を得るのは，「困ったときに助けてくれる」だけではなく，「自分たちもやれるんだ！」と，保育者が実感できる関与ができる専門家なのである。

そこで巡回相談員は，保育者が自らの成長を望む気持ちに着目し，そうした職業的な自己実現をも視野に入れたコンサルテーションも目指したい。そのためには，a．一方的指導を避け，保育者が日常の仕事の中に，発達支援の意義と方法を発見できるようにすること，b．保育現場の日常の取り組みや働きかけの「意味づけ」を丁寧に行うこと，c．子どもの成長だけでなく，保育者自身や保育者集団の成長も振り返る機会を持つこと，d．「保育者でもできる」ではなく，「保育者だからこそできる」という発想での，発達支援の方法を検討することなどが考えられる。さらにこれらの専門家の関与は，保育者自身が自身の職業的なアイデンティティを確かなものにするうえでも一助となることが期待される。

2 | 実践に根ざした課題解決のプロセスを共有する

1）プロセスのないハウツーだけの巡回相談は危険！

往々にして，保育現場からは「すぐに役立つ」アドバイスが求められる。しかし，ハウツーの伝達に偏った巡回相談には，さまざまな危険が伴う。例えば，ASD の子どもが通うある園で，巡回相談員が「写真を使ってコミュニケーションを」と助言したとしよう。するとその園では，その後，教室の壁面が膨大な数の写真で埋めつくされてしまった。またその子が，おやつの時間に「おちゃ」とことばで保育者に自発的要求を伝えたところ，「写真を使いなさい」と注意される。こんなことも起こり得るかもしれないのだ。このように，一見，"ためになりそう"なアドバイスも，それを受け取る側（ときには伝える側）の理解が表層に留まると，以降の保育実践の発展性や応用性に結びつかない（森，2010）。そればかりか上記の失敗例のように，保育現場や子どもに混乱をきたす恐れすらある。

では何が問題なのか？　森(2010)は巡回相談の失敗事例の収集と検証を行っている。ここで，専門家からの教育・保育現場への支援が必ずしも期待される成果を生まない実態の背景のひとつとして，「プロセスの乏しさ」を指摘している。巡回相談では，発達支援の具体的方法を考え導き，さらに実行する一連のプロセスが大切である。さらに保育者と巡回相談員が，このプロセスを共有して課題解決を進めることで，両者の協働関係が形づくられると言ってもよい。以下，巡回相談を行う専門家がこうしたプロセスに促進的にかつ効果的に関与するための，基本的心構えについて整理してみたい。

2）「伝える内容」だけでなく「伝え方」も工夫する

　上記のように巡回相談員の専門的な助言やアドバイスは，保育現場で必ずしも有効活用されるとは限らない。そこで，巡回相談員は自身のアドバイスが，保育現場にどう受け入れられ，咀嚼され，活用されるかにも目を向けたい。そして，自身の言動を捉え直す機会をもちたい。つまり，「何を伝えるか？」と同じくらい「どう伝えるか？」と「どう伝わるか？」が重要なのである。つぎに，その点に関する具体的な留意点を整理する。

1　一方的・断片的な伝達のリスクを知る

　日々，試行錯誤をしている保育者が，目前の問題を「白黒はっきりさせたい」と願うのはごく自然なことである。たとえば，訪問先の園で，発達障害のある子どもに対して，「叱っていいですか？　いけないですか？」と保育者から質問されたとする。あなたなら，どんな答えを返すだろうか。ここで，間違っても，「叱らないでください」と安易に答えないことだ。なぜなら，その一言が“独り歩き”をして，思わぬトラブルや混乱を招きかねないからだ。もしかして，ある保育者は「叱るな」という一言を額面どおりに受けとり，子どもの逸脱行動に手をこまねいて傍観することになる。また，そんな専門家の一言を家庭に伝えた結果，保護者がより強い葛藤やストレスを抱えることになりかねない。このように，一方的で断片的な伝達には大きな落とし穴があるのだ。

2　すぐに答えを出さず対話の中で考える

　それでは，こんな失敗を避けるためにどうすべきか？　まずは，「すぐ質問に答えなければ」といった固定観念にとらわれないことだ。その代わりに，巡回相談員からも保育者に問いかけてみよう。例えば，先ほどの質問「叱っていいか，いけないか？」には，「そうお感じになるのは，どんな場面ですか？」と返してみよう。子どもの行動や日々の実践について，保育者の“語り”を引き出すことができるだろう。その“語り”の中に，専門家が保育現場に意義ある提言をなすための貴重な情報が含まれている。また，「そのとき，先生はどんな思いでしたか？」と尋ねてもよい。ここでは保育者の理想や願い，葛藤が吐露されるかもしれない。こうした心情への共感的姿勢は，両者間の信頼関係の構築に不可欠なものだ。

　このようにコンサルテーションとしての巡回相談では，保育者から投げかけられる「質問に答える」だけでなく，「質問を活かす」発想と技術をもちたい。つまり，保育者からの問いかけを好機と捉え，以降の両者間の対話を展開し拡充させ，この相互作用を通じて，発達支援の検討プロセスを進めていくのである。

3　伝えっぱなしにせず，その後を知る

　そして，先述の「アドバイスの独り歩き」を防止するためにも，「伝えっぱなし」は避けた

い。そこで，1回限りではなく再訪問を行い，自分の関与した保育現場の"その後"を知る機会をもとう。ここで必要ならば，自身のアドバイスに関する保育者の理解に関して，補足や修正を行うこともできる。また，保育者側に巡回相談の"その後"の保育実践の成果や，新たな疑問や課題の報告を求めてもよい。こうした，相互作用を経て，次第に，その子に合った発達支援の在り方が明らかになってくる。このように巡回相談とは，仮説検証的な実践のプロセスを，保育者と専門家がともに進める営みでもあるのだ。

4 「背景や根拠」も併せて説明する

具体的な発達支援の方法のアドバイスや紹介の際には，「なぜそれが必要なのか？」「どのような効果が期待できるか」といった，「背景や根拠」も併せて説明したい（森，2013b）。こうした配慮には，先に述べたアドバイスの曲解や"独り歩き"の防止はもちろん，保育者の主体的な課題解決を支援するうえでも重要な意味がある。なぜならそれが，日常の取り組みや働きかけの根拠を保育者に問い，自覚を促すことに繋がるからだ。つまり，「専門家の先生が教えてくれたから」といった発想ではなく，「この取り組みには，～の意味があるから続けてみよう！」と，目的的かつ仮説的発想に立脚した実践の可能性を開くことが期待される。さらには，こうした発想を持つ実践者の地道な働きが，インクルーシブ教育の理念を現実へと近づけてゆくのであろう。

5 キーワードやキャッチフレーズを考える

本書の第4章に述べられているように，各自治体の巡回相談では，その回数や時間に制約があるのが実情である。だからこそ，巡回相談員は，園を訪問する"当日"だけではなく，自身が直接見ることのない多くの日々を意識していなければならない。それでは，巡回相談がその後の保育実践に有効活用されるためには，どんな伝え方をすればよいのだろうか？　1つの考え方は，保育者と専門家で，対象児への発達支援の内容と計画を詳細に記述することかもしれない。つまり「いつ・どこで・何をするのか」を極力明確にすることだ。ただし，この方法には限界がある。というのも，保育という営みは，子どもの生活全体を通じて行われるもので，当然，場面や状況は流動的かつ可塑的な部分が多い。また，保育者は対象児のみならず，周囲の子どもたちとの力動的な関係の中で支援を行っている。この状況で，ひとつひとつの具体的な支援の方法を，事前に詳細に確定しておくことは困難であり非現実的である。まさに，保育は生ものである。

そこで着目したいのが，日々の保育でごく自然に行われている保育者の臨機応変の対応である。巡回相談が促進的効果を持つためには，相談内容がいかにこの臨機応変の判断と行動に活かされるかが要件となるのだ。そのためにも，たとえ多忙な業務の中にあっても，巡回相談の内容を保育者に「思い出して」もらえるようにしていきたい。そこで，専門家は保育者にとって印象に残りやすい伝え方をいろいろと工夫してみたい。

その方途の１つとして，「キャッチフレーズの使用」（森，2013ｂ）を推奨したい。例えば，筆者は社会的認知に困難を抱える ASD の子どもに関して，話し手の気持ちを嚙み砕いて伝えるという意味で，「先生が気持ちの通訳」というキャッチフレーズを用いる。また，当番が大好きで，生活文脈に即したルーティン活動や役割の取得が集団参加の手がかりとなっている子どもに関しては，「先生がハローワーク役」というキャッチフレーズを使ってみることもある。こうした表現形式は印象に残りやすく，多忙な保育中でも保育者が想起しやすく，思考にのぼりやすいものと期待される。

6　判断・選択・試行の余地をもたせる

巡回相談員は，発達支援の方法を提案し紹介するだろう。もちろんそれは，「必ず実行して下さい」と保育現場に要求するものではない。しかし，保育者側は「専門家が言うのだから」と，目に見えぬ圧力を感じてしまうこともある。また，専門家が色々とアドバイスを行ったものの，これを多くは実行できず，保育者が不全感を感じ，かえって自己評価を低下させてしまう恐れもある。専門家の熱意が裏目に出ることもある。巡回相談にはそうした危うさもあるのだ。巡回相談員は，間違っても，このように保育者を追い込んではいけないのだ。

そこで巡回相談員は，コンサルティ側つまり保育者に判断と選択の余地があることを必ず明言したい。巡回相談員のアドバイスは，園や保育者の保育観，保育の目的や理念そして実情に即して取捨選択されて然るべきである。カンファレンスでは，そのことを前もって伝えよう。また，保育現場の物的・人的環境や体制を鑑み，“無理なく続けられる”方法を吟味してもらおう。というのも，たとえ理論的に正しくとも，実行と継続可能性の低い方法は，結局は効果を期待できないからだ。

さらに，複数の選択肢を紹介してもよい。例えば，巡回相談では，「どの席がいいか？」と対象児の座席配置の相談を受けることがよくある。そんなとき，「前列は先生の指示が通りやすいかもしれません。でも，お友だちの動きが本人の視界に入ることも大事ですね。刺激に注意が逸れるなら，窓側や出入口の近くは避けた方がよいかもしれません。明日から試してみてください」などど，勧めてもよい。こうした伝え方は，保育者の判断や選択を尊重するだけでなく，日々の保育実践に，試行的かつ探索的な取り組みを促すものである。

３）実践の言語化を促し，経験知を支援仮説に高める

巡回相談を待つまでもなく，既に保育現場では，さまざまな実践上の工夫や配慮が行われている。時には，「名人技」とも言うべき素晴らしい働きかけに目を見張ることもある。しかし，この「名人」に，その働きかけの意図や目的を尋ねてみると，「特に意識してやっている訳ではないんです」と，返ってくる答えが実にあっけないことがある。もちろん，長年の経験で培われた技術には敬意を払いたい。しかしここには，優れた技術を体得した保育者でも，その根拠や意義が必ずしも十分に自覚されていない実態も見えてくる。これは非常に残念だ。なぜな

ら，優れた技術が組織で継承されないまま，保育者個人の中で自己完結してしまうからだ。

そこで巡回相談では，保育者と巡回相談員との対話を通じて「実践の言語化」を積極的に進めていきたい。このプロセスで，保育者の思考や課題意識の中で，毎日の取り組みや働きかけの目的，意義や根拠がより明確に自覚される。そして，保育者が自身の仕事で得てきた「経験知が支援仮説として再構成」（森，2015）される。さらには，「秘伝の名人技」を，組織で「共有可能なスキル」に高めていくことも期待される（森，2008）。このようにコンサルテーションとしての巡回相談には保育者個人のみならず，保育者集団のエンパワメントにも繋がる可能性が開けているのだ。

4）「答える」専門性だけなく「問いかける」専門性を持つ

このように巡回相談では，訪問先の現場の保育者が「実効性ある支援仮説」を明らかにできるように，「実践の言語化」を促進する関与が必要とされる（森・藤野・大伴，2012）。そこで注目されるのが，巡回相談当日のカンファレンスで巡回相談員が行う発問の技術である。もちろんこれは，子どもや周囲の環境のアセスメントに必要とされる情報を保育者から得る手段でもある。同時に，保育者からさまざまな“語り”を引き出し，保育現場の実態に即して検討をともに進めるうえで大切な意味がある。このように巡回相談員には，「答える専門性」だけでなく「問いかける専門性」が要求されるのだ（森・林，2012）。

ただし，執拗に発問を繰り返すと，“取り調べ”のようになってしまい保育者を心理的に緊張させることになりかねない。また，この場の会話を盛り上げるだけでは，検討の焦点がぼやけてしまう。そこで，ここでは当然のことながら，発問する側の意図や目的が明確でなければならない。そして，この発問を通じ，保育者側にどんな「観点」や「思考の枠組み」を提案し共有するかが重要なのである。以下，そうした発問のいくつかを紹介したい。

1 日々の実践を意味づける発問

その1つは，日常の保育実践を「意味づける発問」である。まず，保育者が日々行っている関わりに着目し，これを話題にしてみよう。そして，これらが対象児の発達支援に持つ意味を，保育者と巡回相談員がともに考えていくのだ。例えばカンファレンスで，こんな発問をしてみよう。「朝の会で，B君に椅子を見せて着席を促していましたね。この場での先生のねらいは？」と。ある保育者は，「この方法が一番いいです」と言うかもしれない。またある保育者は，「この子がことばの理解が苦手なので，見せて誘っています」と答えてくれるかもしれない。そして，「意味づける発問」は，後者のように，実践における自覚的で目的的な発想を促すものである。さらに，こうした発想と姿勢をもった保育者は，今後，より主体的かつ自立的に，発達支援の取り組みを進めていくことが期待される。

また「意味づける発問」は，保育現場で行われている「いつもの」「当たり前の」取り組みの大切さを“再発見”することにも繋がる。例えば，保育や教育の現場で広く行われている「当

番活動」にスポットライトを当ててみよう。そして巡回相談員から保育者に，「C君はどうして当番を喜んでやるのでしょう？」と問いかけてみよう。保育者からは「毎日繰り返しやっているので」とか，「誉められるのが嬉しいんです」など，さまざまな答えが返ってくるだろう。こうして保育者の"語り"を引き出し意味づけながら整理していくと，対象児の社会的行動や適応的行動を支援するためのキーワードが浮かび上がってくる（繰り返し・見通し形成・役割取得・成功体験・注目と承認欲求・自己効力感など）。さらには，これらのキーワードを対象児の他の活動場面や諸課題でいかに実現させるかを考えることで，より具体的な発達支援の輪郭が見えてくるのである。

　このように巡回相談員の発問は，時に，「私たちの仕事は大切なんだ」という保育者の実感に繋がる。日々さまざまな葛藤や試行錯誤を続ける保育者にとって，この実感は大切だ。なぜならこうした実感は，保育者の自らの仕事に対する肯定的感情や価値的感情を維持・回復し，モティベイションを高めていく。さらには，職業的なアイデンティティをも支えることになる。「明日から頑張れそうです！」「自分の仕事に誇りがもてました！」など，保育現場からこんなことばを聞くことができたなら，巡回相談員も大いに鼓舞される。

２　環境との相互作用を把握するための発問

　「D君が教室から脱走します。どうしたら止められますか？」。巡回相談では，こんな相談が寄せられることもある。しかし，保育者の課題意識が対象児の"気になる行動"とその除去のみに焦点化されていると，有効な対応策は見つけづらいものだ。なぜなら，子どもの行動は周囲との関わりあいで生起しているからだ。そこでカンファレンスでは巡回相談員から，子どもの行動を人的・物的環境との相互作用で理解する観点も提供したい。例えば，先ほどの相談には，こんな発問をしてみるとよいだろう。「D君が出て行ったとき，先生方はどうしていましたか？」と。すると，子どもに過度に注目し深追いする保育者の反応が，かえって逸脱行動を助長する悪循環が見えてくるかもしれない。また，「そのとき，教室はどんな状況でした？」と尋ねてもよい。もしかして，聴覚過敏のある子どもが，ざわざわとした音の多い教室から静かな場所へ逃れたのかもしれない。

　そして，こうした発問には他にも有難いメリットがある。それは，巡回相談員からのアドバイスが保育者への「ダメ出し」にならなくて済むことだ。たとえ園外の専門家の眼で見て，保育者の子どもへの関わりに改善や再考の余地を認めたとしても，批評家の如くあげつらうのは得策ではない。そうした尊大な態度が，保育者を萎縮させ抵抗感を抱かせかねないからだ。一方，発問を通じて保育者に「気づき」を促す方法は，保育者側に受け容れられやすいものだ（後述「４リフレーミングを促す発問」を参照）。さらに，保育者はこうした巡回相談員との対話の中で，自分自身を対象化あるいは相対化して捉える視点を得られるようになる。その意味で巡回相談員は，保育者が自身の姿を映しこむ「鏡」のような存在でもある。もちろんそれはお互い様であり，巡回相談員にとっても，保育者との対話は自身の専門性を省察する貴重な視点を提

供してくれる。巡回相談は異なる立場の専門家が，お互いを高めあうチャンスでもある。そのことを忘れてはならない。

3　場面間や課題間の比較を促す発問

こんなことがよくある。事前の相談票に「落ち着きがない」と書かれたE君が，巡回相談員が園を訪問した当日は，なぜかとても落ち着いている。保育者も「何で今日に限って！」と驚く。だが，「今日に限って」とか「たまたま」と安易に決めつけるのは，実にもったいない話だ。というのも，子どもが異なる場面や状況で，どんな振る舞いの違いを見せるのか？　その比較検討を丁寧に行うことで，発達支援のヒントが見つかることがよくあるからだ。

そこで，上記のようなことがあったらカンファレンスで，「E君にとって，いつもと今日では，場面や状況がどう違ったのでしょう？」などと保育者に問いかけてみたい。すると，「E君は（巡回相談員の）先生のことをチラリと見てましたよ。だいぶ意識してるみたいでした」などと答えが返ってくるかもしれない。子どもが他者の視線をより意識する場面では，そうでない場面に比べ，適応的行動や動機づけが高まることが知られている（社会的促進）。そこで，以降の保育実践でも，子どもが他者の視線を意識し内面化できるような支援方法が見えてくる（例「先生，見ているよ」「あとで園長先生に誉めてもらおうね」）。

また，別のエピソードとしては，対人関係や社会性の発達につまずきのある子どもでは，「設定場面」以上に「自由時間」でトラブルや孤立が目立つ場合がある。そこで，「設定場面より自由場面で難しいことは何でしょう？」と問いかけてみよう。すると後者の場面がより複雑で流動的であり，本人が予測し把握しきれない変化を多分に含んでいる実態が見えてくる。さらに，こうした観点での検討を進める中で，日常の保育における，活動のわかりやすい見通しや枠組みの大切を再確認できるだろう。

このように，日常の保育の異なる場面や活動間で，子どもの行動を比較検討する作業を保育者と巡回相談員がともに進めること，それは，子どもの「立体像」を描き出すことでもある。だからこそ巡回相談では，平素の子どもの姿についてより多くの保育者の語りを引き出し，多角的観点から情報を得たい。さらには，巡回相談当日の観察もたった1つの場面ではなく，可能な限り複数の活動や場面を観る必要があるのだ。

4　リフレーミングを促す発問

巡回相談員は批評家ではない。保育現場の実践を尊重し，保育者への共感的で肯定的な姿勢を持ち続けたい。しかし実際は，保育者が行う支援が障害のある子どもにとって，「それは難しいと思いますよ」と言いたくなる状況に遭遇することもあるかもしれない。

その1つは，「非現実的な目標設定」である。例えばASDの子どもの「こだわりを無くしたい！」と，保育者が障害特性そのものを過剰に問題視することがある。また，「就学までに○○ができなきゃ！」と，年長に進級した子どもが，急により高度な身辺自立を期待されてしまうこと

もある。もう1つは，「原因の帰属様式」の問題である。支援がうまくいかない理由を，短絡的に「誰か」に求めてしまうことだ。例えば，「親が変わらなければ，この子も伸びない」と，原因を保護者の養育態度のみに帰する思考や，「私が担当で本当にいいのか？」と保育者が自分自身を責めてしまう考え方である。

このように巡回相談では，保育者側の思考や判断の偏りや硬さが，実践上の問題解決の可能性を狭めている（と思われる）状況に出くわすこともある。しかし，これを無下に否定してはいけない。というのも，外部の専門家の目には一見非合理的に見えても，こうした言動の背景には「何とかしてあげたい！」という保育者の真摯な思いがあるからだ。

そこで注目される相談技法が，「リフレーミング」である。つまり，課題解決の可能性に開かれた，より柔軟で現実的なかつバランスの良い思考様式に「気づいてもらう」ために，問いを工夫し保育者に投げかけるのである。

その一例をあげよう。集中することが苦手で手先も不器用なADHDのF君は，粘土遊びは好きだが，折り紙は「デキナイ！」と泣き叫んでいた。新人の保育者は，「自分でできることは自分でさせなくては」と，心を鬼にして見守った。そこで，巡回相談員はカンファレンスで，「先生がF君の可能性を信じて，自立を願っていること，よくわかります」と前置きしたうえで，こう問いかけた。「今のF君にとって，誰の手も借りずに独力でできる姿を期待するのと，援助されてもやり遂げる達成感を得るのと，現実的な目標はどちらですか？」と。以降，新人の保育者は必要な援助は惜しまずに行い，F君も，保育者が部分的に援助すれば，諦めずに折り紙制作に取り組むようになった。ここでは，「人の力を借りるのは甘えだ」という自己完結的な自立観から，「上手に他者の力を借りるのも自立」という相互作用の中で自立を捉える考え方へ，保育者の発想の転換が促されている。つまり，そうしたリフレーミングが実践の新たな展開に結びついている。

このF君の事例で，巡回相談員は新人保育者を否定せず，その尽力と思いに肯定的かつ共感的態度を示すことを忘れていない。さらに，相手の認知と行動の関係に着目しその変容を促すことで，実践の可能性を拡げようとしている。このように巡回相談ではカウンセリングマインドが不可欠であり，認知行動カウンセリングの技法が役に立つことも多い。

5）アセスメントのプロセスを共有する

巡回相談を担う臨床発達支援の専門家は，自身の関与する保育現場や教育現場において，子どもの発達や学習の様相に目を向け，運動，言語，認知，社会性などの各種領域のアセスメントを行う専門性が求められる。そして，こうした助言やアドバイスが，保育現場や教育現場における，対象児の発達的ニーズを踏まえた学習の支援や，対人関係やコミュニケーションの支援の可能性を開くことが期待される。

しかしコンサルテーションとしての巡回相談において専門家に求められる役割とは，決して，自身の行ったアセスメント結果の一方的な伝達ではない。保育現場や教育現場の関係者とアセ

表6-1 発達理解の観点とカンファレンスでの問いかけの例
森・細渕（2012）をもとに加筆の上再構成

①	「この子の"今"にも，"これまで"にも目を向けてみましょう」	背景情報
②	「この子の生活の舞台，園や学校，家庭や地域にも目を向けましょう」	背景情報
③	「同年齢の標準的な子どもの姿と比べてみるとどうですか？」	個人間差
④	「この子が苦手なことだけではなく，得意なことにも目を向けましょう」	個人内差
⑤	「得意なことと，苦手なことの差は目立ちますか？」	個人内差
⑥	「建物のつくりや教室内外の設定等はこの子にどう影響していますか？」	物的環境
⑦	「この子と周囲の大人や子どもたちはどう関わっていますか？」	人的環境
⑧	「その行動は，この子にとってどんな意味があるのでしょうか？」	行動の意味
⑨	「別の見方や解釈をすることはできますか？」	多角的・多面的理解
⑩	「1つではなく，いろいろな場面でのこの子の姿を見てみましょう」	多角的・多面的理解
⑪	「先生のことばかけや働きかけを，この子はどう理解し受け止めているでしょう？」	子どもの視点
⑫	「この子の力に合わせた，適切な援助の内容・度合いを考えてみましょう？」	援助の質と量
⑬	「上手くやれているときとそうでないとき，場面や課題にどんな違いがありますか？」	対比的検討
⑭	「この子がこの活動や課題を喜んでやっているのはどうして？」	既存の実践の意味づけ
⑮	「既に行われている取り組みで，支援としての意味を持つものは？」	既存の実践の意味づけ
⑯	「今は先生が手伝っていても，もうじき自力でできそうなことは？」	最近接領域
⑰	「この子の苦手な面を補い，得意な面を活かすためには？」	強みと弱み
⑱	「短期的な目標で取り組むことは，長期的にじっくりやりたいことは？」	長期・短期目標
⑲	「その課題や活動，幾つかの段階に分けることができますか？」	スモールステップ
⑳	「もっと困難が大きくなったり，悪循環を生むリスクはありますか？」	予防的観点
㉑	「その支援の手立てを，誰が・いつ・どんな場面で行いますか？」	生活文脈
㉒	「その支援の手立ては，これから無理なく実行し続けられるものですか？」	実行・継続可能性
㉓	「暫く実践しながら，また，この子の姿を見つめ直してみましょう」	アクションリサーチ

スメントのプロセスを共有しながら，対象児とその支援への理解をともに深めるように関与することである。アセスメントは巡回相談員だけの十八番ではないのだ。

　そこで，欠くことができないのが保育者と巡回相談員の両者間の対話だ。カンファレンスでいかに保育者から有用な情報を引き出していくか，そこが巡回相談でのアセスメントを効果的に進める鍵となる。そして，巡回相談員は対象児の実態把握における自身の限界性，持ち得る情報の乏しさを十分に認識したいものだ。だからこそ積極的に保育者に協力を求め，より多くの保育者から多角的・多面的な情報を得たい。このようにして，専門家が「自己完結しない」（本章1｜4）2参照）姿勢を明示することで，結果として，保育者側の主体性と主導性を高め，アセスメントのプロセスへの積極的な参加の可能性を開くことになるのだ。

　しかし，もしここで対象児に関するさまざまな情報がたくさん集まったとしても，これらの情報を子どもの発達的理解に繋げる「観点」がなければ，カンファレンスでの対話の焦点がぼやけ，検討の方向性を見失うことが危惧される。そこで以下，筆者自身のコンサルテーションの実務経験を踏まえつつ，巡回相談を担う専門家が保育現場や教育現場の関係者と共有したい発達的理解の「観点」の幾つかを紹介したい（表6-1）。

　まず，対象児の生育歴や生活環境など，発達理解のための「背景情報」に着目する観点を忘れてはならない（表6-1①②）。換言すれば，子どもを時間的・空間的な繋がりや広がりにおい

第6章　保育者をエンパワメントする巡回相談員の心構え

て捉えるのだ。つぎに、「個人差」の観点があげられる。つまり、対象児の発達を定型的あるいは標準的な発達との対比（個人間差）において捉えるとともに（表6-1③）、個人内の諸能力の差やバランス（個人内差）に目を向けるのだ（表6-1④⑤）。さらに、発達を個人の特性や属性で捉えるだけでなく、「環境との相互作用」において理解する観点も不可欠である（本章２｜４）２参照）。これには、園・学校・教室といった物的環境（表6-1⑥）だけでなく、保育者や教師、家族、友人などの人的環境が含まれることは言うまでもない（表6-1⑦）。加えて、こうした環境との相互作用に関連付けて、対象児の「行動の意味」を捉えようとする観点も持ちたい（表6-1⑧）。ただしここでは、子どもの"気になる行動"への軽率で断定的な判断を慎みたい。「○○障害だから……」「この保護者だから……」「保育者が経験不足だから……」といった、短絡的で一面的な原因帰属は自戒すべきだ。その代わりに、行動や現象をさまざまな可能性から"多角的・多面的"に理解しようとする観点を常に持ち続けたい（表6-1⑨⑩）。

　つぎに、保育者や教師へのコンサルテーションにおいて、より重要性を持つのは「日常の実践に関連付けて」考える観点である。例えば、日ごろの保育者の働きかけやことばかけを、対象児がどう受けとめ理解しているかを推し量るとともに（表6-1⑪）、対象児の自立の水準を鑑み、援助の適切な質と量を考える観点も大切である（表6-1⑫）。さらに、園や学校の諸課題や諸活動について、対象児の理解、適応状態、遂行や達成の状況、興味や動機づけの様相を対比的に見る観点も重要である（表6-1⑬）（本章２｜４）３参照）。この中でも特に、対象児が強く動機づけられている課題・活動・場面に目を向けることが肝要である（表6-1⑭）（本章２｜４）１参照）。なぜなら往々にして、これらの課題・活動・場面は、既に対象児への支援としての意味や機能を果たしているからだ（表6-1⑮）。

　そして、上記の検討を活かしつつ、以降の発達支援の具体的な在り様を保育者とともに考えることになる。ここで必要とされるのは、まず、「発達の最近接領域」の観点である。現在、対象児が保育者や教師、保護者、年長者の援助を得て行っていることに着目し、この中に、今後、自力でできるようになる、あるいはより少ない援助でできるようになる活動や可能性を見出したい（表6-1⑯）。また、本人の"強みと弱み"の双方に着目し、"弱み"を補完しつつ"強み"を活かす方法も検討したい（表6-1⑰）。そして、目標設定に際しても、長期的な見通しで行うことと、短期的な目標で行うことを整理する観点も必要である（表6-1⑱）。併せて、対象児の能力や自立度に即して課題や活動のプロセスを分節化する手立て、つまりスモールステップの考え方も是非用いてみたい（表6-1⑲）。またこれらに加え、子どもの発達に促進的に関与する観点だけでなく「予防的な観点」ももちたい。つまり、現時点での困難やつまずきが、新たな負の循環や二次的問題を生じさせるリスクを防止しようとする観点と手立ても必要とされる（表6-1⑳）。ただし、「今○○しないと、後々、大変なことになりますよ！」などと、リスクのみを強調し、保育者の不安や焦燥感を徒に煽る言動は自制したい。

　さらに、発達支援の各種の手立てを"実行"する段階においても、つぎの諸点に留意したい。まず、日常の園や学校の生活との関連性と連続性を大切にし、極力、園や学校生活の状況や文

109

脈に即した取り組みを行いたい（表6-1㉑）。その際，園や学校の現状の人的・物的な体制や資源にも目を向け，支援の実行可能性・継続可能性を考慮する観点も忘れてはならない（表6-1㉒）。実際のところ，着実に成果をもたらすのは，斬新さの際立つものではなく，"無理なく""当たり前に"できる支援である。また，保育現場や教育現場での発達支援においては，"アセスメント"と支援の"実行"のプロセスを別物としない発想をもちたい。なぜなら，対象児への支援を実行・継続することで，新たな発見とより深い対象児理解がもたらされ，それがまた新たな支援の展開に繋がるからである。巡回相談を担う専門家は，発達支援をこうしたアクションリサーチの循環として位置づける観点を，是非保育者と共有していきたい（表6-1㉓）。

　なお表6-1 には，上記の各種の「観点」を反映させた具体的な問いかけのサンプルを掲載した。これらは，本章2｜4）「「答える」専門性だけなく「問いかける」専門性を持つ」で紹介した，保育者に向けての"発問"を工夫する際の一助ともなるであろう。こうした専門家の関与を通じて，保育者が日々の実践から得られた種々の情報を整理し，以降の具体的な支援を工夫し展開する姿を期待したい。

3｜保育者との協働関係を構築する

1）巡回相談員の役割と専門性が理解されるために

　「この子は自閉症ですか？」。巡回相談では，こんな質問が保育者から投げかけられることがある。気をつけよう。障害についての軽率な言及は，子どもや家族の不利益，保育現場の混乱を招きかねない。当然，障害を診断するのは巡回相談員の役割ではない。ここでは，「私はそれを判断する立場にはないのです」と伝えるのが無難である。このように巡回相談を担う専門家は，自らの専門性の範囲と限界性を自覚しなくてはならない。また，こんなこともあるかもしれない。巡回相談の当日に，「この子を見てください」と急に頼まれ，いざアドバイスをする段には「時間がないので立ち話で」と言われる。こんなやり方は避けたい。必要な準備と情報に基づかない"当て推量"は，専門家としての倫理に抵触する恐れがある。そこで，十分な観察や話合いができるように，巡回相談員から保育現場にお願いするとよいだろう。

　このように，専門家には自身の行う支援の質を維持し高めていく責任がある。そこで巡回相談員は，自らの役割が保育現場で正しく理解され，専門性が有効活用されるように努めたい。その方途の1つとして，適宜，巡回相談の「活用ガイダンス」（森，2013c）を行うことをお勧めしたい。つぎに，その主な内容を整理して紹介する。

　活用ガイダンスでは，巡回相談の目的や巡回相談員の役割をわかりやすく説明することはもちろん，以下のように，保育現場に協力を求めたい事項を確認したい。

a.「情報の整理と準備」：保育現場の主訴や課題意識を明確にして，検討の対象となる事例を

リストアップしてもらう。併せて検討の材料となる情報（相談票など）の記入を依頼する。また，巡回相談員が初めて訪問する園や自治体については，支援体制や関連する諸制度の概要が把握できるとよい。

b.「マネジメント」：巡回相談に関する種々の調整をお願いしたい。訪問日までの日程調整や，当日の巡回相談員の動きなどのタイムスケジュールの設定である。この際，園舎や校舎の見取り図を提供してもらうとよい。

c.対象児の「行動観察の事前準備」：事前に巡回相談当日の日程や取り組みを教えてもらおう。巡回相談員から観察を希望する活動や場面をリクエストすることもある。ただし，園の環境や日課に大幅な変更を要求するなど，保育者や園児に過剰は負担を強いてはいけない。

d.「話し合いの機会の確保」：先述のような“立ち話”ではなく，カンファレンスや事例検討会，園内研修などで十分な話合いの機会を確保したい。

e.「結果のフィードバック」：巡回相談の実施後の結果（対象児の変容・保育実践の展開など）が，保育現場から巡回相談員に伝わるようにしたい。同一の園に長期的・継続的な訪問が可能な場合，2回目以降に確認の機会を持つ。年間に1回しか実施できない場合でも，自治体の担当課を経由して，巡回相談実施後の結果や経過が把握できるようにしたい。

f.「窓口とパイプ役」：上記a～eを行うための連携のキーパーソンを確認しておこう（教育現場では，特別支援教育コーディネーターなど）。

　さらに忘れてはいけないことがある。それは，上記諸点を，決して巡回相談員からの一方的な要求としないことである。保育者や行政の担当者の声を聴きながら，巡回相談の具体的内容と進め方について共通理解を作っていこう。また，実際に巡回相談を進める経過で，適宜，実施方法やシステムそして制度の見直しや検証も行いたい。これは，地域や組織の実態に即した協働の在り方を，具体的な水準で考える貴重な機会となる。

2）カンファレンスを生産的・建設的に進める工夫

　繰り返し述べたように，コンサルテーションとしての巡回相談は，専門家の一方的な指導ではない。そこでは，園外の専門家（巡回相談員）と保育の専門家（保育者）が相互の専門性を尊重し，発揮しあう関係が望まれる。つまりこれは，IPW（Inter Professional Work：専門職間連携）の一形態である。こうして園内外の関係者が，チームとなって課題解決の実体験を共有・蓄積することで支援体制が構築され，組織自体の支援機能が開発される。

　ただし，単に関係者が同席するだけの形式的な連携は，特別なニーズのある子どもへの実効性ある支援に結びつかない。そこには既述のように，現場の関係者が「実践の言語化」を通じて支援仮説を形成するプロセスが不可欠である（森・藤野・大伴，2012）。そこで，必要とされるのが，生産的かつ建設的なカンファレンスである。そして，ここではカンファレンス参加者（以下，参加者）の積極的発言を引き出し，相互作用を活性化させるファシリテーションの技術が求められる。以下，先行する諸提言を踏まえ（森，2013ｄ），巡回相談でのカンファレ

ンスを効果的に進めるうえでの手立てを整理する。

①カンファレンスの冒頭で，話し合いの「目的」や「テーマ」を参加者同士で確認する。同時に，この場での検討の方法や進め方，タイムテーブルについても明らかにする。

②話し合いのための基礎的な「情報」を準備し，活用する（記録など）。さらに，エピソード，観察記録，成果物やノートや連絡帳など，保育者にとって身近な情報を採り上げる。

③講義形式ではなく，参加者がテーブルを囲みお互いの顔を見て対話できる座席配置にする。巡回相談員が参加者を名前で呼べるように，ネームプレートを用意してもよい。

④参加者がメモだけに専念し，傍観者とならないように，皆が「役割」を担えるようにする（課題提起・情報提供・司会進行・共感と支持・同僚への助言・記録など）。

⑤機会・時間を有効活用する手立てを工夫する（当日の司会とタイムキーパーの設定，検討事例とテーマの事前周知，資料の事前の通読，検討事例を多くしすぎず選定するなど）。

⑥話し合いの進行がモニタリングされ，適宜，確認や方向修正がなされる（例「今は，G君の理解力に合った指示を検討しています。保護者対応の検討はこの後にしましょう」）。

⑦カンファレンスの検討の到達点を言語化し確認する（概要を司会や記録者が読み上げ）。

⑧カンファレンスで巡回相談員が役割を抱え込まない。当初，巡回相談員が担う役割や機能についても，保育現場のキーパーソンへの段階的な移譲・移行の見通しを持つ（後述3）1）。

⑨参加者に求められる基本姿勢

　　ａ．全ての参加者の発言に傾聴と敬意を払い，しっかり反応する。

　　ｂ．指摘し合うことを当たり前と思える。

　　ｃ．「100％の正解」しか言えないと先入観を持たない。

　　ｄ．立場や経験の違いを，発言を躊躇する理由にしない。

　　ｅ．「悪者探し」「極端な悲観論」「議論のすり替え」に走らない。

⑩対話を促進する巡回相談員の振る舞い方

　　ａ．対話の自然な導入を工夫する（保育園の日常の風景など深刻ではない話題）。

　　ｂ．断定的・権威的ではなく，可能性に開かれた柔軟で仮説的な表現をする。

　　ｃ．参加者の日頃の努力に，一貫して肯定的・共感的，かつ支持的な態度を示す。

　　ｄ．保育現場の取り組みに着目し，必ず，効果的（と思われる）側面を指摘する。

　　ｅ．参加者と課題を共有する姿勢を言動に示す（"私たち""一緒に〜"）。

　　ｆ．適度な自己開示を行い，随時ユーモアも交え，和やかな雰囲気をつくる。

　　ｇ．質問に答えるだけでなく，自身も積極的に発問し，参加者の語りを引き出す。

　　ｈ．参加者の「語ったことば」を使って，自身の専門的助言や提案を行う。

　　ｉ．同僚同士で助言し合い（情報提供），ねぎらい励まし合い（支持的・共感的），認め合えるように（肯定・承認），適宜，対話の"橋渡し"（媒介）をする（例「園長先生，新任の先生の声掛けどうですか？」「ベテランから新人の方にアドバイスは？」）。

3）保育者のエンパワメントに合わせて巡回相談員も変わる

巡回相談などのコンサルテーションにおける，コンサルティの「意思決定と問題解決」（大石，2000）とは，具体的にどのようなことだろうか？　これに関連して，浜谷（2006）は実践方針の明確化をあげている。また，森（2007）は継続的な巡回相談で保育者の不安が軽減し，子どもの支援に関する具体的提案が増加することを報告している。さらに藤崎・木原・倉本・長田・今西（2000）は，長期的な専門家の関与が，園内外のサポートシステムの形成に関与しうることを示している。

これらの知見が示唆するように，コンサルテーションとしての巡回相談のプロセスで，コンサルティのニーズは決して一定ではなく，質的かつ量的に変容していく。また，巡回相談員と教育現場や保育現場との関係性，組織や地域との相対的な位置関係も変化する。ゆえに巡回相談員は，コンサルティの主体性や自立性の拡大および課題解決の進展をモニタリングし，これに合わせて自身の役割や立脚点を調整する必要がある（森，2014）。つまり，巡回相談の活用実績が殆ど無い園と，もう何年も行っている園では，当然コンサルテーションのあり方も変わってくるのだ。もし専門家が，こうした柔軟性や志向性を欠くと，相手の潜在的な可能性の芽を摘むことにもなりかねない。

1　巡回相談員の機能・役割の共有と移譲

例えば，初めて巡回相談を活用する，あるいは活用して日の浅い園や学校を訪問したとする。巡回相談当日，園から，対象児の支援方法についての助言だけでなく，園内研修の「司会進行も宜しく」とお願いされたら，巡回相談員はどうしたらよいか？　「できません」と無下に拒否すると，今後の園や学校との関係に支障をきたすのが心配だ。とはいえ，保育現場からの「丸投げ」も避けたい。また，安請け合いして「丸抱え」もしたくない。

そこでまず，司会進行などの調整的な役割を担う人材が，訪問先の園や学校では誰なのかを確認したい。もし，その日に限っては，巡回相談員が司会進行を兼ねたとしても，「これからは，園の先生にお願いします」と協力を求めていこう。巡回相談員は過剰に役割を抱え込み，機能を肥大化させてはいけないのだ。今，巡回相談員が暫定的に担っている役割や機能でも，それを訪問先のキーパーソンと共有し，段階的に移行・移譲していく見通しをもちたい。

2　発展的な協働関係のありかたを提案する

つぎに，巡回相談当日のカンファレンスの形態に着目してみよう。森（2014）は，教育現場への3か年にわたる継続的な巡回相談の実際を報告している。そして，ここでのカンファレンスが，初年度は巡回相談員からの助言や解説を中心に，次年度は対話を通じた事例検討会として，そして最終年度は現場からの実践の報告や提案を主軸に行われるようになったことを報告している。このようにコンサルティの主体性や問題解決の展開に応じて，コンサルテーション

の方法も変わってくる。ただしそれは，単なる支援の量的側面（支援回数や頻度）でのフェードアウトを意味するのではない。むしろ質的側面，つまり保育者と巡回相談員の協働関係のあり様について，新たな方法や展開を提案する技能も必要とされる。

3　専門家に求められる柔軟な職業的アイデンティティ

本章では先に，コンサルテーションにおける巡回相談員の「役割の明確化」の重要性を述べた（本章3｜1））。しかし，明確化と，限定化や固定化を混同してはいけない。もし専門家が，「本当は，私は○○法なのに」とか「○○学派なのに」と，自身の信奉する方法論や学問的背景に拘泥してしまうと，自身の手持ちのスキーマで容易に説明のつく事象にしか目を向けなくなってしまう。そうなると，訪問先の保育者とともに考える姿勢も希薄になり，両者間の協働関係の可能性や発展性を閉ざしてしまう。こうならないためにも，保育者のエンパワメントを支えることができるように，専門家には柔軟さが求められるのだ。

巡回相談員が，保育者の潜在的可能性の発揮と開化を願うのであれば，相手を「変わり得る存在」と捉える視点を一貫してもち続けたい。同時に，専門家自身も「変わり得る存在」でありたい。「今，自分はどうあるべきか？」と自らの役割を自他に問い続け，時には職業的なアイデンティティを再構成する勇気ももちたい。自身の関わる人と組織，そして地域との関わりの中で自己を見つめる体験を積むことは，専門家自身を大きく成長させてくれることだろう。

文献

藤崎春代・木原久美子・倉本かすみ・長田安司・今西いみ子（2000）．統合保育において子どもと保育者を支援するシステムの研究　発達障害研究，22（2），120-128.

浜谷直人（2006）．小学校通常学級における巡回相談による軽度発達障害児等の教育実践への支援モデル．教育心理学研究，54（3），395-407.

森　正樹（2007）．障害児保育実践へのコンサルテーションのニーズに関する研究——巡回相談のニーズ調査に基づく支援方法の検討——　宝仙学園短期大学紀要，32，53-59.

森　正樹（2008）．特別支援教育における教師の課題解決と協働を促進するコンサルテーション——巡回相談における生産的なカンファレンスの検討——　宝仙学園短期大学紀要，33，7-16.

森　正樹（2010）．保育・教育現場の主体的な課題解決を促進するコンサルテーションの研究——特別支援教育巡回相談の失敗事例の検討から——　宝仙学園短期大学紀要，35，39-49.

森　正樹.（2013a）．埼玉県特別支援教育体制整備事業における協働関係構築の視座と方略．平成24年度特別支援教育体制整備事業報告集　埼玉県教育委員会，179-189.

森　正樹.（2013b）．特別支援教育における学校コンサルテーション技法の考察——小学校での校内研修の効果的活用方法に着目して——　埼玉県立大学紀要，15，79-87.

森　正樹（2013c）．特別講座　巡回相談員が変わる!!　リフレーミングの視点　阿部利彦（編）見方を変えればうまくいく！　特別支援教育リフレーミング——支援のミスをチャンスに変える実践ケースファイル——　中央法規出版　pp.157-183.

森　正樹（2013d）．社会性を支える教師集団の社会化——学校コンサルテーションを通じた協働性の

開発―― 日本発達心理学会「発達障害」分科会（企画）長崎　勤・森　正樹・高橋千枝（編）社会性発達支援のユニバーサルデザイン　金子書房　pp169-182.

森　正樹（2014）．高等学校教職員による特別支援教育の主体的課題解決を促進する学校コンサルテーションの技法に関する実践的研究　臨床発達心理実践研究，9（2），126-134.

森　正樹（2015）．小中学校における特別な教育的ニーズを有する児童生徒への支援の実態と類型――特別支援教育巡回相談における授業観察記録に基づく検討―― 臨床発達心理実践研究，10（1），95-103.

森　正樹・林恵津子（2012）．障害児保育巡回相談におけるコンサルテーションの現状と課題――幼稚園・保育所における専門職の活動状況から―― 埼玉県立大学紀要，14，27-34.

森　正樹・藤野　博・大伴　潔（2012）．教育現場における特別支援教育巡回相談の効果的活用に関する検討――教師の意識と行動にかかわる質問紙を通じた調査―― 臨床発達心理実践研究，7，175-183.

森　正樹・細渕富夫（2012）．臨床発達心理学的観点に基づく個別の指導計画作成プロセスへの支援――中学校教育相談部への学校コンサルテーションの実際――埼玉大学教育学部教育実践総合センター紀要，第11号，117-125.

森　正樹・根岸由紀・細渕富夫（2013）．臨床発達心理学的観点に基づくコンサルテーション技法の考察――幼稚園・保育所における障害児保育巡回相談に着目して―― 埼玉大学教育学部教育実践総合センター紀要，第12号，59-66.

大石幸二（2000）．知的障害教育における「現場研修」への応用行動分析学のアプローチ　特殊教育学研究，38（1），53-63.

相談④

「障害のある子と加配保育士だけで
"小さな世界"になってしまいます」

小野里　美帆

1. 事例：D先生は，年少のE児を担当しているパート勤務の保育士。E児は発達の遅れがあり，他児に興味を示さず，一人遊びが目立つ男児である。6月ごろから，E児の興味のある遊びにD先生が参加すれば遊びを共有することが可能になった。しかし，2学期になっても，E児が関わろうとするのはD先生のみであり，どのように関係を広げていったらよいか悩んでいた。D先生は，担任と話し合いの時間はほとんど持てていない状態であった。

2. 問題の背景：問題としては，2点が考えられる。1点は，E児自身の持つ「他児と関わることが困難である」という特性である。信頼関係が構築されているD先生が相手であっても，D先生による足場作り（関わりの工夫）があれば遊べるという，かなり限定的な関わりであることから，自分から他児に関わり，世界を広げていくには時間がかかることが推測できる。もう1点は，D先生の悩みを担任と話す機会が持てていないという問題である。

3. コンサルテーション：1）D先生とE児の関わりについて：D先生が行った「E児の興味のある遊びに先生が参加する」という方法は，E児と関係を作るうえで非常に有効であったといえる。D先生との信頼関係は，E児の世界を広げる基盤となる。今後は，E児の遊びを少しずつ発展させていくことにより，E児の興味を広げていくとよいであろう（遊びの発展例：E児がミニカーをただ走らせている→先生は，車庫を用意する／斜面を作って車を落とす／道路を作る／カーキャリアに載せる／運転手や荷物を載せるなど）。E児の興味を広げることは，発達促進のみならず，他児と遊べる契機を増やすことにも繋がる。さらに，E児が他者と関われるようになるために，まずはD先生との間で，相手の働きかけに応じたり，自分から働きかけたりする機会を作ることも重要である。具体例として，以下のような例があげられる。①先生が，E児からの僅かなサインを受け止めてすぐに応答することにより，「働きかければ伝わる」ことをE児が理解できるようにする。②E児が伝えざるを得ない機会を意図的に作る。例えば，E児がお茶のおかわりが欲しそうな様子であっても，すぐにお茶を注がず，E児が何か伝えようとするか，見守る（待つ）。E児が先生を見たり，「お茶」と伝えたりしたら，お茶を注ぐといった具合である。

2）他児とE児との関わりについて：E児から他児に関わる機会を促すのではなく，E児とD先生との遊びに他児を誘い，空間や遊びを共有することを通して，他児と関わる機会を作ることが有効である。その際，E児の意図を先生が代弁することにより，大人を媒介として他児と遊びを共有していくとよいであろう。例えば，E児が砂場で遊んでいる際，砂遊びに興味のある子どもを砂場に誘い，それぞれ好きなように遊ぶ。E児と他児が直接的に関われなくても，「Eちゃん，穴を深く掘ってるよ」「Eちゃんが，スコップ貸してだって」などと，D先生がE児の様子や意図を言語化していくことにより，砂場遊びを皆で共有する契機になる。

相談⑤

「障害のある子の支援に
園内でなかなか共通理解が図れません」

大石　幸二

　園内で共通理解を図ることができれば，障害のある子の支援の手立てを一貫性のあるものにすることができる。担任や担当者任せにするのではなく，全園をあげて取り組む体制を園内に築くことができる。そうすることで，担任や担当者が交代した場合にも，引き継ぎがスムースになる。これは障害のある子とその保護者に利益をもたらすばかりでなく，担任や担当者を含む園の関係者にとっても利益があると思われる。このような場合に，巡回相談の効果はたいへん大きなものとなるであろう。したがって，「園内で共通理解を図るには」という問いを立てること自体に大きな意味がある。

　では，どんなときに共通理解が難しくなるのであろうか。チームや組織で支援を行う場合，共通理解は不可欠である。裏を返して言うと，共通理解が難しくなる状況というのは，チームや組織での支援が前提とならない場合である。むろん，合意形成のない上意下達の指示の下で，疑問や意見の表明が許されない場合も，共通理解以前の問題があると言わざるをえない。このような特殊なケースを除くと，①保育・教育観の違い，②見立ての違い，③不安や自信のなさ，④負担・疲労感の大きさなどが，共通理解に基づく行動を難しくしてしまう。だから，巡回相談ではこれら①〜④の事柄を十分に考慮しながら，相談と協議が進められる。個人の，あるいは園内の努力だけでは共通理解が難しい場合に，巡回相談は大きな助けとなることがあるのだ。

　十分な知識と技術，経験とネットワークを有する巡回相談員は，担任や担当者を含む園の関係者のこれまでの取り組みに対してねぎらいのことばをかける。③の「不安や自信のなさ」は，新たな取り組みに対する拒否の感情を引き起こしやすいからだ。ゆえに，一人ひとりの保育者の取り組みについて語りを紡ぎ出し，その意義を確認したい。そのような語りの中で，保育者の保育・教育観（上記の①）が思いがけず明らかになることがある。これは，保育者の実践の基盤となり，保育者のアイデンティティを支えるもので，きわめて重要である。浅学の巡回相談員や自らの理論に拘泥する研究者が巡回相談で失敗するのは，この保育者の保育・教育観を考慮しないことによる部分が大きいといえる。よって，保育者の語りに耳を傾ける態度が大切である。しかし，共通理解が難しい園では，この保育者が自らの実践を語ることに対する傾聴や意味づけが絶対的に不足している。日ごろから，このような隠れた価値ある実践を進めたいものである。すると，担任や担当者と他の園の関係者，あるいは担当者間でも，どうして見解が異なっていたのか，どのような観点や見立ての違いが存在していたのか（上記の②），が了解できる。観点や見立てが異なれば，支援の計画や手立てが異なることにも合点がいくであろう。そこで初めて，新たな視点や手法を選択肢に加えるための準備が整うのだ。巡回相談員の中には，いきなりこの新たな視点の導入や手法の提示を行う人がいるが，これは場合によると，共通理解を難しくしてしまうことがある。というのも，保育者がいま求めているものと，食い違ってしまう可能性があるからだ。当然，障害のある子の支援を充実させるための共通理解であるが，保育者自身が有能感を感じられないのでは，④の「負担・疲労感」ばかりが蓄積されてしまう。このように共通理解は段階的に進めるものなのである。

第III部

連携と協働を通じた支援

第**7**章	保護者支援で留意したいこと

金谷京子

> 今や保育の業務に保護者支援は欠かせない。巡回相談時にも保護者の問題に関する相談を保育者から寄せられることがよくある。保育者からよくある声は，保護者が子どもの障害に気づいていない，気づいていても問題に向き合っていない，保護者をどう励ましていいかわからないなどの声である。
> では，保育者は気になる子どもの保護者への対応をどのようにしたらよいのであろうか。まずは，保護者の子どもの問題への気づきと思いを把握することから始めるとよいであろう。

1 | 子どもの気になる行動の発現期と保護者の気づき

　保育者が子どもの障害には早く対応しなければならないと思うのは当然であろう。確かに障害の早期発見ができれば，早期支援につなげやすくなる。しかし，障害によって症状や行動の問題が発現する時期は異なり，乳幼児期には顕著なサインが出ないものもあり，障害の判別は専門家でも難しい。

　行動面からみた子どもの障害の判別が可能になり始める発達的時期は，表7-1（金谷，2015）に示したとおりである。染色体異常や代謝異常などは誕生直後のスクリーニング検査で判別でき，障害の発見は早い。脳性麻痺や重度の視覚障害や聴覚障害などの身体症状にサインが出る場合も比較的早く発見できる。発達障害の場合は，1歳6カ月を過ぎたころになっても三項関係が成立しないことや2歳を過ぎてもことばの発達が思わしくないこと，多動性が激しいことなどがサインとなって相談に持ち込まれるケースが多く，3歳児健診のころには診断が下る場合が多い。しかし，学習障害のような読み書きの力がサインになる障害は就学のころにならないと判別できない。

表7-1 障害の気づきのきっかけと時期（金谷，2015）

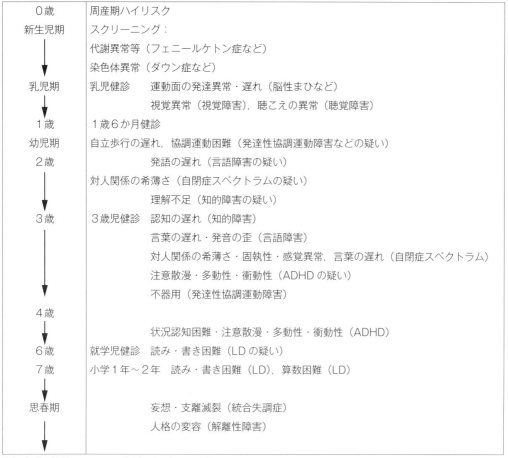

注）行動・状態チェックは複数の行動の発現をみて判断するが，本表では，主たる特異行動・状態をあげている。

　では，保護者はいつごろから自分の子どもの行動の問題に気づき始めるのであろうか。2002年の金谷の発達障害児の保護者を対象にした調査結果（金谷，2002）では，子どもの障害に気づいたとする時期は比較的早い幼児期からであり，他児との違いを早期に感じていることがうかがえた。保護者のこの気づきは，必ずしも医師への診察に繋がっているとは限らない。また，乳幼児健診の結果とも一致しているとも限らない。先述のように障害の種類によって発達の偏りが発現する時期が異なるので，なかなか気づけない障害もあるので留意したい。

2 | 乳幼児健診と保護者へのフォロー

　子どもの問題の早期発見の契機の1つとして，誰もが受ける乳幼児健康診査（乳幼児健診）がある。乳幼児健診は母子保健法のもとに，保健センター（保健所）や病院で実施される。健診の時期は，1歳6カ月（満1歳6カ月を超え，満2歳に満たない幼児を対象とする），3歳（満3歳を超え，満4歳に満たない幼児を対象とする）が母子保健法に基づくものであるが，自治体によって0歳，2歳，5歳児健診などを実施しているところがある。

　母子保健法に基づく乳幼児健診のチェック項目は以下のようである（表7-2）。

表7-2　乳幼児健診のチェック項目

〈1歳6カ月健診チェック項目内容〉
1　身体発育状況
2　栄養状態
3　脊柱及び胸郭の疾病及び異常の有無
4　皮膚の疾病の有無
5　歯及び口腔の疾病及び異常の有無
6　四肢運動障害の有無
7　精神発達の状況
8　言語障害の有無
9　予防接種の実施状況
10　育児上問題となる事項
11　その他の疾病及び異常の有無
〈3歳児健診チェック項目内容〉
1　身体発育状況
2　栄養状態
3　脊柱及び胸郭の疾病及び異常の有無
4　皮膚の疾病の有無
5　眼の疾病及び異常の有無
6　耳，鼻及び咽頭の疾病及び異常の有無
7　歯及び口腔の疾病及び異常の有無
8　四肢運動障害の有無
9　精神発達の状況
10　言語障害の有無
11　予防接種の実施状況
12　育児上問題となる事項
13　その他の疾病及び異常の有無

乳幼児健診の施行当初の目的は，疾病の早期発見であり，その後子育て支援の役割が入り，近年は虐待の予防，早期発見の役割が大きくなってきている（中村，2008）。2005年の発達障害者支援法の施行に伴い，発達障害の早期発見，早期支援についても留意するように厚生労働省では勧告している（厚生労働省雇用均等児童家庭局母子保健課，2009）。

乳幼児健診で障害が疑われた場合，保護者にどのように伝えているのであろうか。1歳6カ月健診では，発達障害は診断を可能にする顕著な行動が見えにくく，「様子を見ましょう」と言われるケースがほとんどと思われる。疑わしいケースの場合，通常は保健センターが主管する親子教室や心理外来相談でのフォローが実施される。しかし中には「自閉症スペクトラム障害」ですと宣告され，その後のフォローも十分されないままで，保護者が思い悩み続けるケースもある。

このように，健診による早期発見は子どもにとって早期対応に繋がるメリットがあるが，保護者にとっては発見された後のフォローがないと悩みの種となってしまう。保育者は，健診でどのような指摘があったか，またその後どのようなフォローがあったのかについて保護者から情報を得ておいてもらうことも巡回相談時に子どもの問題を見立てる際に役に立つ。

3 | 障害の認識と受容

保護者の障害の受け止め方については，中田が障害児の親を対象とした調査結果から以下のように述べている。

「病理群（ダウン症等）の親はわが子の異常に気づかないうちに医師等から子どもの異常を伝えられ，受診後ほぼ1ヵ月のうちに障害が明らかになる。この状況は，親にとっては突然にしかもいちどきに不安な出来事がおそってくる感じであろう。そのため，病理群のほとんどの親は障害を告知されたときに極度の精神的混乱を経験し，その後，段階説で述べられているような悲しみや否認や怒りなどの感情を報告している。このように，確定診断が早期に可能な疾患は障害告知の衝撃を強く受け，段階説に近い反応が生じるといえる。

確定診断が容易な疾患は検査結果が明瞭でまた外見に特徴がある場合が多く，そのため親は障害を認めやすい。ところが自閉症（現自閉症スペクトラム）や精神遅滞（現知的障害）の一部は外見には異常が認められず発達の経過から障害が理解される場合が多い。そのため障害を認識するためには子どもの発達に関する知識がある程度必要となる。一般的に親は発達に関する知識が少ないため，親にとって状態像を客観的に理解し障害を認めることは容易ではない。

また，病理群と異なり自閉群や精神遅滞群では障害の確定が困難で，多くの事例は医療・相談機関をめぐり歩いた末に診断されていた。診断を期待して医療・相談機関を訪れた親にとっては，この経過は「はっきり言ってくれず物足りない」「専門的な知識が乏しく親の疑問に答えられない」「通うだけの価値があるのか疑問だった」という印象を与えている。

自閉群・精神遅滞群の多くの事例にとって障害の告知は障害認識のきっかけとはならなかった。(中略) おそらくこのような群の親が障害を認めにくい要因に，前述のように親にとって障害の状態が理解しにくいこと，また確定診断が困難なために専門機関での状態や経過の説明が曖昧であったり不十分であったりすることが関連していると思える。」(中田，1995。カッコ内は筆者)。

　保護者が気づいて自ら医療機関やその他の専門相談に行っている場合は，障害の理解の説明も受け入れやすいと思われるが，乳幼児健診等で他者から異常があると子どもの障害を告げられたときの保護者の心境はただならぬものがあり，受け入れがたいことが多いと想像される。また，確定診断が年齢が高くなってからされる場合は，長い期間子どもの気になる行動の機序がわからず，保護者は悩み続けることになる。また，子どもの発達がいつか正常域に追いつくのではないかと期待をもち，否定と肯定との入り混じった感情を持ち続ける状態が続くことになる。

　中田 (1995) は，「親の内面には障害を肯定する気持ちと障害を否定する気持ちの両方の感情が常に存在する。それは (中略) 表と裏の関係にある。そのため，表面的にはふたつの感情が交互に現れ，いわば落胆と適応の時期を繰り返すように見える。また，その変化を一次元の平面で見れば否定から肯定への段階のごとくに見え，段階説的な理解が生じる。しかし，その過程は決して区切られた段階ではなく連続した過程である。」と述べている。すなわち，段階説が唱えるゴールとしての障害受容という最終段階があるのではなく，すべてが適応の過程と考えられるとし，障害受容の螺旋形モデルを提唱している。

　一般的に，障害受容はしにくいのが親心であろう。しかし，中には診断が下ったことで問題行動の理由がわかってすっきりしたと語る保護者もいることにも留意したい。例えば，幼稚園でいつまでも困った行動をするので，家庭でのしつけをしっかりしてほしいと保育者に注意され続けていた保護者が，就学期を迎えて医師に子どもを連れて相談に行ってみたところ，LDの疑いと診断されて問題の所在がわかってよかったという例などである。

4 | 保護者は子どもの何が気になるのか

　保護者が子どもの問題に気づくとき，または気づいた後の気になることとはどのようなことであろうか。

　子どもの気になる点としてあがるのは，①ことばでうまく言えず友だちとトラブルにならないか，②発達が遅れていて皆についていかれないのではないか，③先生の指示が理解できず，みんなと同じことができないのではないか，④小学校に入ってから勉強に苦労するのではないか，⑤他児にいじめられるのではないか，⑥将来就職できないのではないか，⑦親の亡き後も自立して生活できるのだろうかなど，である。子ども集団という空間的にも人数的にも大きな

第7章　保護者支援で留意したいこと

対象を相手にみている保育者とは異なり自分の子どもを中心とした心配をしている保護者が多い。また，子どもの能力に焦点を当てた見方や長期的な見通しの問題を心配していたり，母親，父親の幼少期の状況と比較して自分も同じようだったからと心配しないと，数少ない経験事例と比較して自分の子どもの発達を推理したりすることが多い。

5 | 保護者の情報源はなにか

　保護者が子どもの発達が「気になる」ようになるのは，どのような情報を得てなのであろうか。
　保護者の多くは，家庭という狭い環境での限られた人間関係における子どもの行為から，あるいは母親，父親の幼少期の行動の振り返りから子どもの発達を認識したり，今後の発達を推測したりしている。ことに近ごろは少子化の影響もあり，多くの子どもたちの実態を親自身が見る機会が少なくなっているため，他児と比較して考える機会も減っている。また核家族化の影響で年長者から子どもの長期的発達の諸相を聞く機会も減っている。
　では，子どもの発達について知る手立てをどこに求めているのか。近年では生身の子どもの姿を見て知るのではなく，インターネットで知ったという保護者が多い。筆者の経験では，こんな話がある。「インターネットで調べたらうちの子は発達障害と思われるので，将来いじめられるようになると困るから今からしておくべきことを教えてほしい」と2歳児の保護者からの相談を受けたことがあった。インターネットの情報をもとに自己流で診断をして相談機関を訪れるのである。
　前述したように核家族化によって年長者の経験を聞く機会がなかったり，少子化のあおりで，同年代の他児の保護者や年上の子育て経験者から話を聞いたり，相談したりする機会が少なくなっているため，インターネットに頼ることが多くなっていると思われる。インターネット情報は，行政などの公的機関が掲載しているもの以外はジャンク情報も多いという基本的知識をもっていないと誤情報に振り回されることになりかねない。保護者が日ごろ，何を情報源にして話をしているかを尋ねてから，正しい子ども理解ができるように話を進める必要がある。

6 | 保育者と保護者の見方

　巡回相談を実施するにあたり，保育者が保育をしていて子どものどのような点が気になるのか，巡回相談日以前に情報を収集しておくとよい。第1章で述べているように，気になることは保育者の主観に左右されるものであり，保育者の保育観や発達観に基づいて表現される。気になることをできるだけ客観的な指標で述べてもらうために行動チェックリスト（第2章 参照）で事前にチェックしておいてもらうとよいが，保育者の保育観に基づいた保育を実際に観ない

125

と，気になる子にどのような思いで接しているのか，書類だけでは読み取りにくい。そのために，保育者が気になる点については，相談時のカンファレンスで再度確認していくことが望ましい。

さて，保育者の場合，巡回相談にあげてくる子どもの気になる点は，当然のことながら集団保育をしていての気になる点が多い。例えば，お集まりの時にクラスの部屋から出てしまう。みんなでしている遊びが同じようにできない。子どもたちの前で発表ができない。クラスからの移動のときに出遅れる。奇声を上げたりおしゃべりをして絵本の読み聞かせを妨害する等など。保育者からは保育を遂行するにあたり子どもの困った行動として前述のような行動が相談にあがってくる。そして時として，「親御さんは子どもの状況を理解していない」と保護者に対して苦言を呈する保育者もいる。

しかしながら，こうした状況は，集団保育している場面を見ていない保護者には想像しにくいのである。例えば，ADHD 傾向のある子どもであれば，保育者からの指示は，集団という多くの刺激がある中では，刺激の弁別がしにくいために届きにくい。そのような子どもでも個別に対応する機会が多い家庭では，刺激が入り易く保護者の指示がわかりやすい。そのため，家庭では親の言うことは聞いてくれることがあり，保護者は家庭ではさほど困っていないこともある。保育者の日ごろ見ている対象児の姿と，保護者が日ごろ家庭で見ている姿が異なることが往々にしてあるのである。この点を保育者が留意していないと保護者の無理解を嘆くことになりかねない。

保育者と保護者の見解の相違は，このような場面の違いによって生じる子どもの行動の差異によりもたらされることがある。つまり，異なる状況の子どもの姿を見ているために起こるのである。また，保護者のもっている発達観や教育観によっても食い違ってくる。巡回相談員はこうした食い違いの原因を保育者にも認識してもらうことが必要になることもある。

7 | 保護者の気持ちに寄り添う

保育者が保護者支援をするにあたってまず確かめてもらいたいのは，保護者の子どもについての認識である。

先にも述べたが，保育者と保護者は保育所や幼稚園と家庭といった，置かれている環境の異なるところでの経験をもとに子どもを見ている。そのため子ども理解が異なることが大いにあり得ることを前提に保育者は保護者にアプローチしていく必要があろう。

日本では，障害診断を下すのは医師の仕事であり，保育者の仕事ではないが，保護者に障害理解をしてほしいために診断機関への受診を勧めたくなる。仮に子どもに診断が下ったとき，保護者はどのような心境になるのであろうか。

保護者の中には，つぎのタイプが見られる。①障害があるかもしれないとうすうす感じていても，それを指摘されるとネガティブに受け止め，将来子どもも親も苦労するだろうと想像し

てしまい，障害を認めたくないと反応するタイプ。恐らくこう思う保護者が大多数であろう。しかし中には，②ポジティブに受け止め，自分の子育てが悪いのではなく，障害のせいだったのでホッとするというタイプの保護者もいる。

　保育現場の保育者が保護者に障害認知を求めた場合，大半の保護者は否認の反応を示すのではないかと思われる。保護者の多くは，保育現場は診断機関ではないことを認識しており，保護者が障害と認識したことで特別扱いして保育を変えるようなことはしてほしくないと望んでいるからである。

　では，保護者と保育者の間で子どもの気になる行動とその背景についてどのように共通認識を促していけばよいであろうか。また，子どもの相談にのってくれる専門機関を勧めるにはどのようにしたらよいであろうか。

　保護者に以下のことを伝えてみることを保育者に提案したい。

①　お子さんは，他の子どもと同じような発達の筋道をたどらないかも知れない。

②　人の発達は普通になることが目的ではない。

③　人と違うことが悪いことではない。

④　その子なりの発達を支援することが肝心。

⑤　その子の良いところ，得意なところ，興味のあることにスポットを当てて，早くから伸ばすことが大切。

⑥　できないところ，弱いところに焦点を当てて子どもを追い込まない。

⑦　保護者の子育ての仕方が悪くて子どもの発達に支障が出ていると決めつけてはいけない。

⑧　疾病等治療すべきことはしておいたほうがよい。早期にしないと治療が難しくなってしまうものもある。

⑨　もし，障害と認定されたら，福祉のサービスを利用できることがあるので活用するとよい。

⑩　専門相談・療育機関は，アセスメントをしてくれる。

⑪　専門機関の中には，個別または小集団で時間をかけて整理された刺激の中で療育してくれるところがある。

⑫　共通の悩みを抱える保護者の仲間ができる。

　こうした，話は一気に①～⑫まで話すべきものではなく，保護者の心境を考えながら保育者との信頼関係を築いたうえで伝えていくことが望まれる。このとき，乳幼児健診ではどのように伝えられているかも情報を入手しながら進めていくとよい。保育者が保育していくうえで困るから，また小学校で困るからと脅すニュアンスで話を進めてはいけない。あくまでも保護者の心情に寄り添いながら，子ども本人が困らないようにするためにいかに大人として互いに努力すべきかを目標にしたい旨を話していく。巡回相談では，保護者を悪者扱いしないように保育者に伝えたい。

　園によっては，保護者に直接，子どもの障害の問題を話してほしいと依頼してくるところもある。また，「この子は障害があると巡回相談の先生が言っていた」と巡回相談を利用して，

保育者が保護者に伝えてしまうケースもある。しかし巡回相談は，障害のお墨付きを与える相談ではない。巡回相談員が診断的な障害名を巡回相談時に保育者に伝えたことが，保護者と園との関係を悪くする要因にならないよう気をつけたい。子どもの発達支援は診断名がないと進まないものではないのである。

8 | 一番困るのは子ども本人

　巡回相談は，子どもの最善の利益を尊重して実施することが最優先である。最善の利益は，保護者の想いに反することもある。例えば，虐待を行っている親に対し，子どもの最善の利益を考えた場合，親は引き離されたくないと思っていても子どもの命の危険を考えれば引き離さずを得ないこともある。また，保護者のメンツから自分の子どもが障害児と言われたくないために医師の診断を受けに行かなかったり，療育を受けさせなかったりなどもその例である。

　何が子どもの最善の利益なのか保育者は常に子どもに関する情報を集めながら判断していかなくてはならない。保護者や保育者の都合で保育をされて困るのは子ども当人なのである。巡回相談員には保育が子どもの最善の利益に繋がっているかを見取る役割もある。

　巡回相談では，子どもの社会的自立を考えた場合，自立していくには何が必要か，今の乳幼児期に何をしておくべきか，保育所や幼稚園ですることは何か，家庭でしてほしいことは何か，地域での生活でしてほしいことは何か，時間軸，空間軸の両方の見通しを考えた子育てを保護者と共に考えていくことが，子どもの発達支援になることを保育者に伝えていきたい。

参考文献

金谷京子（2002）．軽度発達障害相談における保護者への配慮　鹿児島国際大学福祉社会学部児童相談センター年報，15

金谷京子（2015）．早期支援の重要性と幼稚園・保育所等での支援の在り方　特別支援教育研究　東洋館出版社

厚生労働省雇用均等児童家庭局母子保健課（2009）．乳幼児健康診査における発達障害の発見と支援に関する研究の成果〈http://www.mhlw.go.jp/bunya/kodomo/boshi-hoken15/〉（閲覧日2017/12/29確認）

中田洋二郎（1995）．親の障害の認識と受容に関する考察――受容の段階説と慢性的悲哀　早稲田心理学年報，27，83-92

中村　敬（2008）．乳幼児健康診査の現状と今後の課題　母子保健情報，58

第8章 巡回相談をめぐる諸制度とシステム

和田香誉・白石京子

> 巡回相談の場は，さまざまな制度により，システムが構成され機能し，保育が展開されている。巡回相談の対象となる子どもたちはその文脈の中で生活していることを踏まえ，問題を理解し，支援を行っていかなければならない。

1 | 現行の保育制度について

1）幼稚園・保育所・認定こども園・地域型保育の歴史と制度

2015（平成27）年度から子ども家庭福祉・保育制度の一環として実施された子ども・子育て支援新制度において，展開されている教育・保育の場はつぎのようになる。

1 幼稚園

幼稚園は学校教育法によって位置づけられた学校である。

小学校以降の教育の基礎をつくるための幼児期の教育を行う学校として文部科学省によって定められている。

1840年にドイツのフレーベルにより幼稚園の祖であるキンダーガルテン（子どもの園：kinder garten）が創設された。キンダーガルテンは大人の心ない抑圧から子どもを解放し，自由と独自性を追求する場であった。フレーベルは恵まれない子ども，特に低階層児への普及を望み，努力を惜しまなかった。その36年後の1876（明治9）年に日本では，東京女子師範学校（お茶の水女子大学の前身）の附属として東京女子師範学校附属幼稚園が開設された。東京女子師範学校の主事を務めた洋学者中村正直が，横浜の外国人居留地の幼稚園を見学し，保育者が幼児を処遇する様子に感銘を受けて導入したものである。しかし，この日本の幼稚園は，

上中階層のシンボルだった。戦後暫くまでは，フレーベルの考案した恩物教材は一流幼稚園の象徴だった（藤永，2013）。

保育内容・方法についての国の法的基準である「幼稚園教育要領」は1956年版から何回かの改訂を重ね，現在は2008（平成20）年3月28日文部科学省告示として示され，2009（平成21）年4月1日から施行されている（野崎，2010）。更に2017（平成29）年3月31日文部科学省告示として示され，2018（平成30）年4月1日から施行される予定である。

学校基本調査によると2012（平成24）年5月1日現在で，幼稚園は13,170園存在している。

2 保育所

保育所は児童福祉法によって位置づけられた児童福祉施設として，厚生労働省によって定められている。

イギリス（ウェールズ）のオーエンにより産業革命期の1816年にスコットランドで作られた幼児学校が始まりである。自身の経営する紡績工場で働く労働者とその子どものため，1歳から6歳までを対象とし，幼い子どもたちの健全な性格形成を目指し，母親が安心して働くことができるようにするための学校であった。

日本では1900（明治33）年に東京四谷に東京で最初の保育所である二葉幼稚園（現双葉保育園）が開園した。これは東京女子師範附属幼稚園創設の24年後であった。華族女学校幼稚園（のちの学習院幼稚部）に保母として勤めていたクリスチャンの野口幽香と森島峰が通勤の途中で通る貧困地域の子どもたちの様子を見かねて，その子どもたちにも十分な教育をと開設したものである。

この時代には，クリスチャンや社会主義者によって同様な施設が各地につくられた。また，企業も保育施設をつくった。

保育所教育の父と言われる城戸幡太郎は，保育者も単なる保護を越える責任を果たす権威をもたなければならない，保育者には保護者を説得できる教養と見識が必要と説いた（藤永，2013）。

「保育所保育指針」ははじめ「保育指針」として1952（昭和27）年に初めて発行された。そして，1956（昭和31）年に「幼稚園教育要領」が刊行されたのを機に，1965（昭和40）に厚生省（当時）から通知として刊行された。その後何回かの改訂を経て，2008（平成20）年3月28日厚生労働省告示として交付され，2009（平成21）年4月1日に施行された。同時に「幼稚園教育要領」と告示された。

保育所も幼稚園も幼児教育施設として，同じ教育を与えていくことが示された。

また，「保育所保育指針」は，「幼稚園教育要領」と違って，通知であったが，2008年版から幼稚園と同じ大臣の告示として示されたことにより，拘束力，規範性が強いものになった（野崎，2010）。

2014（平成26）年4月1日のまとめによると，保育所は24,425か所存在し，平成19年度か

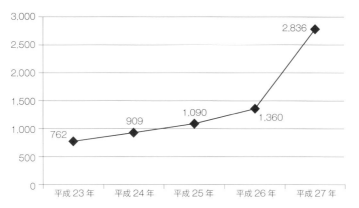

図8-1 認定こども園の推移（内閣府，2015年の資料をもとに筆者が作成）
※この調査では「認定こども園」と標記している

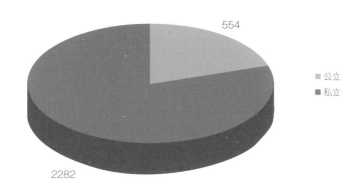

図8-2 認定こども園の公私の割合（内閣府，2015年の資料をもとに筆者が作成）
※この調査では「認定こども園」と標記している

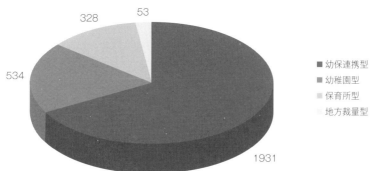

図8-3 認定こども園の類型別（内閣府，2015年の資料をもとに筆者が作成）
※この調査では「認定こども園」と標記している

らずっと増加を続けている。

3　認定こども園

認定こども園は教育基本法（第6条）で規定された学校である。

認定こども園は認定こども園法により，保育所と同様の保育施設であり，家庭での保育を必要とする子どもの保育を行う場と定められた。

法令的に正規に幼稚園と保育所を兼ねていて，学校教育と児童福祉の双方を行う場として規定されている。

2014（平成26）年4月30日に内閣府，文部科学省，厚生労働省の告示第1号として，「幼保連携型認定こども園教育・保育要領」が示された。そこでは，子どもの保育に当たる保育者は保育教諭とされている。

幼保連携型認定こども園は，2015（平成27）年5月8日内閣府子ども・子育て本部のまとめによると，2,836園となっている。

2014（平成26）年から2015（平成27）年度にかけて子ども・子育て支援新制度実施開始に向けて認定こども園はこれまで以上に急増した（図8-1）。2015（平成27）年5月8日の内閣府子ども子育て本部のまとめによると認定こども園の公立と私立の内訳は図8-2のようになる。

さらに類型別にみると図8-3のようになり，幼保連携型が一番多い。

幼保一元化の考え方の源は，1892（明治25）年，東京女子師範学校校長の細川潤次郎が東京女子師範学校附属幼稚園が「労働して生活する人の子を入園せしむ可き所」になっていないのを憂いたことにあるといえる。そして，学生の実習施設の名目のもとに無償で貧困層の幼児を入園させたのである。1926（大正15）年に幼稚園令（勅令）が公布され，その補足として，必要に応じて幼稚園に託児所を付設して良いという規定がみられたが，これが新たに市町村の認可事業として今日の施設共用化・一体化の先取りといえる（藤永，2013）。

4　地域型保育

「子ども・子育て支援新制度」では原則20人以上より小人数の単位で，0～2歳の子どもを預かる事業として，国の補助が入ることになった。地域型保育とは，「小規模保育」「家庭的保育」「居宅訪問型保育」「事業所内保育」の4つのタイプを言う（表8-1）。

小規模保育事業は，定員が19名以下，6名以上である。保育所は定員が20名以上なのでそれに満たないものである。原則保育士であるが例外的に保育士でなくても入ることができる。ただし，保育士資格をもたない場合は研修を受ける形で良いことになっていて，比較的に作りやすい。人口動態の変化に応じて撤退しやすい。家庭的保育は，定員が5名以下である。居宅訪問型保育は，障害・疾患などで個別のケアが必要な場合や，施設が無くなった地域で保育を継続する必要がある場合に行う。特に市町村が必要と認めた場合に，国の補助が入る。事業所内保育は病院や企業などに勤務する人のための保育施設である（無藤・北野・矢藤，2014）。

表8-1　地域型保育

小規模保育	定員が６〜19人　家庭的保育に近い
家庭的保育 （保育ママ）	定員５人以下　家庭的な雰囲気
居宅訪問型保育	保護者の自宅で１対１の保育
事業所内保育	会社の事業所の保育施設など

２）幼稚園・保育所・認定こども園に至るまでの変遷

　東京女子師範学校附属幼稚園が開設された13年後から貧困層の幼児を無償で入園させ，1926（大正15）年の幼稚園令の補足として託児所を付設してよいという規定が見られたことはすでに述べた。しかし，1947（昭和22）年に学校教育法，1948（昭和23）年に児童福祉法が別個に成立して，教育は幼稚園，保育は保育所と考えられるようになった。それに対して幼稚園と保育所の一本化の提案は何度かなされてきたが，厚生省にも文部省にも受け入れられなかった。長い間，矛盾が続いてきたが，1995（平成７）年から，文部省と厚生省の間で非公式に話し合いが続けられてきた（小田，2014）。

　そして，国は「認定こども園」創設のための法案として，「就学前の子どもに関する教育，保育等の総合的な提供の推進に関する法律」（認定こども園法）を 2006（平成18）年６月15日に交付し，2006（平成18）年10月１日から施行した。それは，就学前の子どもに関する教育・保育等の総合的な提供の推進に関する法律を志向するものであった。

　その１ヵ月後の 2006（平成18）年11月16日，全国で最初の認定こども園が秋田県で５か所誕生した（松川・工藤・西村，2008）。

３）子ども・子育て支援新制度

　2012（平成24）年に「子ども・子育て支援法」，「就学前の子どもに関する教育，保育等の総合的な提供の推進に関する法律（認定こども園法）の一部を改正する法律」，「子ども・子育て支援法及び就学前の子どもに関する教育，保育等の総合的な提供の推進に関する法律の一部を改正する法律の施行に伴う関係法律（児童福祉法など）の整備などに関する法律」という３つの新制度関連法案が成立し，2015（平成27）年４月１日からは，子ども・子育て支援新制度が本格的に実施されることになった。

4）障害の子どもについてどのように考えられているか

「幼稚園教育要領」，「保育所保育指針」，「幼保連携型認定こども園教育・保育要領」はそれぞれの施設における，保育の内容・方法を示すものである。そこに，発達障害児などに関する記述はあまり多くないが述べられている。

「幼稚園教育要領」では，「第3章　指導計画及び教育課程に係る教育時間の終了後等に行う教育活動などの留意事項」の「第1　指導計画の作成に当たっての留意事項」の「2　特に留意する事項」の「(2)」に1か所明記されている。

第3章　指導計画及び教育課程に係る教育時間の終了後等に行う教育活動などの留意事項
2　特に留意する事項
　(2)　障害のある幼児の指導に当たっては，集団の中で生活することを通して全体的な発達を促していくことに配慮し，特別支援学校などの助言又は援助を活用しつつ，例えば指導についての計画又は家庭や医療，福祉などの業務を行う関係機関と連携した支援のための計画を個別に作成することなどにより，個々の幼児の障害の状態などに応じた指導内容や指導方法の工夫を計画的，組織的に行うこと。

「保育所保育指針」では，「第4章　保育の計画及び評価」の1　保育の計画の「(3)　指導計画の作成上，特に留意すべき事項」の「ウ　障害のある子どもの保育」として「(ア)」から「(エ)」までの4項目にわたって記述がある。また，「第6章　保護者に対する支援」の「2　保育所に入所している子どもの保護者に対する支援」の「(4)」にも記述がある。

第4章　保育の計画及び評価
1　保育の計画
(3)　指導計画の作成上，特に留意すべき事項
ウ　障害のある子どもの保育
　(ア)　障害のある子どもの保育については，一人一人の子どもの発達過程や障害の状態を把握し，適切な環境の下で，障害のある子どもが他の子どもとの生活を通して共に成長できるよう，指導計画の中に位置付けること。また，子どもの状況に応じた保育を実施する観点から，家庭や関係機関と連携した支援のための計画を個別に作成することなど適切な対応を図ること。
　(イ)　保育の展開に当たっては，その子どもの発達の状況や日々の状態によっては，指導計画にとらわれず，柔軟に保育したり，職員の連携体制の中で個別の関わりが十分行えるようにすること。
　(ウ)　家庭との連携を密にし，保護者との相互理解を図りながら，適切に対応すること。

> （エ）専門機関との連携を図り，必要に応じて助言等を得ること。

2か所目の記述では，

第6章　保護者に対する支援
　2　保育所に入所している子どもの保護者に対する支援
　　⑷　子どもに障害や発達上の課題が見られる場合には，市町村や関係機関と連携及び協力を図りつつ，保護者に対する個別の支援を行うよう努めること。

「幼保連携型認定こども園教育・保育要領」においても2か所の記述がみられる。「第1章総則」の「第3　幼保連携型認定こども園として特に配慮すべき事項」の「6」の「⑴　幼保連携型認定こども園の園児の保護者に対する子育ての支援」の「カ」に記述されている。また，「第3章　指導計画に当たって配慮すべき事項」の「第2　特に配慮すべき事項」の「6」に記述がある。

第1章　総則
　第3　幼保連携型認定こども園として特に配慮すべき事項
　　6　保護者に対する子育ての支援に当たっては，この章の第1に示す幼保連携型認定こども園における教育及び保育の基本及び目標を踏まえ，子どもに対する学校としての教育及び児童福祉施設としての保育並びに保護者に対する子育ての支援について相互に有機的な連携が図られるよう，保護者及び地域の子育てを自ら実践する力を高める観点に立って，つぎの事項に留意するものとする。
　　⑴　幼保連携型認定こども園の園児の保護者に対する子育ての支援
　　　カ　園児に障害や発達上の課題が見られる場合には，市町村や関係機関と連携及び協力を図りつつ，保護者に対する個別の支援を行うよう努めること。

2か所目に明記されていることは

第3章　指導計画作成に当たって配慮すべき事項
　第2　特に配慮すべき事項
　　6　障害のある園児の指導に当たっては，集団の中で生活することを通して全体的な発達を促していくことに配慮し，適切な環境の下で，障害のある園児が他の園児との生活を通して共に成長できるよう，特別支援学校などの助言又は援助を活用しつつ，例えば指導についての計画又は家庭や医療，福祉などの業務を行う関係機関と連携した支援のための計画を個別に作成することなどにより，個々の園

> 児の障害の状態などに応じた指導内容や指導方法の工夫を計画的，組織的に行うこと。

　以上のように，「保育所保育指針」と「幼保連携型認定こども園教育・保育要領」では 2 か所の記述が見られる。また，「幼保連携型認定こども園教育・保育要領」では子育て支援という文脈において，保護者への支援が総則で述べられている。

　「幼稚園教育要領」が「保育所保育指針」とともに初めて同時に改訂・告示されてから 9 年後，「幼保連携型認定こども園教育・保育要領」においてははじめて告示がなされた 1 年11カ月後の，2017年（平成29年） 3 月31日に「幼稚園教育要領」，「保育所保育指針」，「幼保連携型認定こども園教育・保育要領」が改訂され，同時に告示され，2018年（平成30年） 4 月 1 日から施行される。

　障害児に関しては，改訂前の「幼保連携型認定こども園教育・保育要領」の「第 1 章　総則」において記述されていたが，改訂後では，「幼稚園教育要領」，「保育所保育指針」においても，「第 1 章　総則」において記述がされている。

　「幼稚園教育要領」では，「第 1 章　総則」の「第 5　特別な配慮を必要とする幼児への指導」の「1　障害のある幼児などへの指導」の項にまず記述されている。

> 第 1 章　総則
> 　第 5　特別な配慮を必要とする幼児への指導
> 　　1　障害のある幼児などへの指導
> 　　　障害のある幼児などへの指導に当たっては，集団の中で生活することを通して全体的な発達を促していくことに配慮し，特別支援学校などの助言又は援助を活用しつつ，個々の幼児の障害の状態などに応じた指導内容や指導方法の工夫を組織的かつ計画的に行うものとする。また，家庭，地域及び医療や福祉，保健等の業務を行う関係機関との連携を図り，長期的な視点で幼児への教育的支援を行うために，個別の教育支援計画を作成し活用することに努めるとともに，個々の幼児の実態を的確に把握し，個別の指導計画を作成し活用することに努めるものとする。

　さらに，「第 1 章　総則」の「第 6　幼稚園運営上の留意事項」の「3」にも記述がある。これまでは， 1 か所だったが改定後は 2 か所記述されている。

> 第 1 章　総則
> 　第 6　幼稚園運営上の留意事項
> 　　3　地域や幼稚園の実態などにより，幼稚園間に加え，保育所，幼保連携型認定こども園，小学校，中学校，高等学校及び特別支援学校などとの間の連携や交流を図る

ものとする。特に，幼稚園教育と小学校教育の円滑な接続のため，幼稚園の幼児と小学校の児童との交流の機会を積極的に設けるようにするものとする。また，障害のある幼児児童生徒との交流及び共同学習の機会を設け，ともに尊重し合いながら協働して生活していく態度を育むよう努めるものとする。

「保育所保育指針」でも「第1章　総則」の「3　保育の計画及び評価」の「(2)　指導計画の作成」の「キ」の中での記述を含め，4か所の記述がある。

第1章　総則
　3　保育の計画及び評価
　(2)　指導計画の作成
　　キ　障害のある子どもの保育については，一人一人の子どもの発達過程や障害の状態を把握し，適切な環境の下で，障害のある子どもが他の子どもとの生活を通して共に成長できるよう，指導計画の中に位置付けること。また，子どもの状況に応じた保育を実施する観点から，家庭や関係機関と連携した支援のための計画を個別に作成するなど適切な対応を図ること。

2か所目は，

第3章　健康及び安全
　1　子どもの健康支援
　(1)　子どもの健康状態並びに発育及び発達状態の把握
　　イ　保護者からの情報とともに，登所時及び保育中を通じて子どもの状態を観察し，何らかの疾病が疑われる状態や傷害が認められた場合には，保護者に連絡するとともに，嘱託医と相談するなど適切な対応を図ること。看護師等が配置されている場合には，その専門性を生かした対応を図ること。

3か所目は，

第3章　健康及び安全
　2　食育の推進
　(2)　食育の環境の整備等
　　ウ　体調不良，食物アレルギー，障害のある子どもなど，一人一人の子どもの心身の状態等に応じ，嘱託医，かかりつけ医等の指示や協力の下に適切に対応すること。栄養士が配置されている場合は，専門性を生かした対応を図ること。

4か所目は，

第4章　子育て支援
　2　保育所を利用している保護者に対する子育て支援
　　(2)　保護者の状況に配慮した個別の支援
　　　イ　子どもに障害や発達上の課題が見られる場合には，市町村や関係機関と連携及
　　　　び協力を図りつつ，保護者に対する個別の支援を行うよう努めること。

「幼保連携型認定こども園教育・保育要領」でも，これまでのものと同様に，「第1章　総則」
の「第2　教育及び保育の内容並びに子育ての支援等に関する全体的な計画等」の「2　指導
計画の作成と園児の理解に基づいた評価」の「(3)　指導計画の作成上の留意事項」の「サ」で
述べられているのをはじめとして，5か所で触れている。

第1章　総則
　第2　教育及び保育の内容並びに子育ての支援等に関する全体的な計画等
　　2　指導計画の作成と園児の理解に基づいた評価
　　(3)　指導計画の作成上の留意事項
　　　サ　地域や幼保連携型認定こども園の実態などにより，幼保連携型こども園間に
　　　　加え，幼稚園，保育所等の保育施設，小学校，中学校，高等学校及び特別支援
　　　　学校などとの間の連携や交流を図るものとする。特に，小学校教育との円滑な
　　　　接続のため，幼保連携型認定こども園の園児と小学校の児童との交流の機会を
　　　　積極的に設けるようにするものとする。また，障害のある園児児童生徒との交
　　　　流及び共同学習の機会を設け，共に尊重し合いながら協働して生活していく態
　　　　度を育むよう努めるものとする。

さらに「第1章　総則」の「第2　教育及び保育の内容並びに子育ての支援等に関する全体
的な計画等」の「3　特別な配慮を必要とする園児への指導」の「(1)　障害のある園児などへ
の指導」で2か所目が述べられている。

第1章　総則
　第2　教育及び保育の内容並びに子育ての支援等に関する全体的な計画等
　　3　特別な配慮を必要とする園児への指導
　　(1)　障害のある園児などへの指導
　　　　障害のある園児などへの指導に当たっては，集団の中で生活することを通し
　　　て全体的な発達を促していくことに配慮し，適切な環境の下で，障害のある園

児が他の園児との生活を通して共に成長できるよう，特別支援学校などの助言又は援助を活用しつつ，個々の園児の障害の状態などに応じた指導内容や指導方法の工夫を組織的かつ計画的に行うものとする。また，家庭，地域及び医療や福祉，保健等の業務を行う関係機関との連携を図り，長期的な視点で園児への教育及び保育的支援を行うために，個別の教育及び保育支援計画を作成し活用することに努めるとともに，個々の園児の実態を的確に把握し，個別の指導計画を作成し活用することに努めるものとする。

3か所目は，

第3章　健康及び安全
　第1　健康支援
　1　健康状態や発育及び発達の状態の把握
　(2)　保護者からの情報とともに，登園時及び在園時に園児の状態を観察し，何らかの疾病が疑われる状態や傷害が認められた場合には，保護者に連絡するとともに，学校医と相談するなど適切な対応を図ること。

4か所目は，

第3章　健康及び安全
　第2　食育の推進
　6　体調不良，食物アレルギー，障害のある園児など，園児一人一人の心身の状態等に応じ，学校医，かかりつけ医等の指示や協力の下に適切に対応すること。

5か所目は，

第4章　子育ての支援
　第2　幼保連携型認定こども園の園児の保護者に対する子育ての支援
　6　園児に障害や発達上の課題が見られる場合には，市町村や関係機関と連携及び協力を図りつつ，保護者に対する個別の支援を行うよう努めること。

　以上のように，改訂後の「幼稚園教育要領」では，1か所から2か所に，「保育所保育指針」では，2か所から4か所に，「幼保連携型認定こども園教育・保育要領」では，2か所から5か所で障害について記述されおり，改訂前より多くなった。
　また，公定価格の側面においても，障害児について認定こども園では，地域の子育て支援・

療育支援，療育支援を補助する職員（非常勤）の加配が質の改善ベースとして示されている。さらに，地域型保育の4つのタイプについても障害児保育加算として，質の改善ベースが図られている。

5）子ども・子育て支援新制度と障害児支援制度

2015（平成27）年度から実施された子ども・子育て支援新制度では障害児の受け入れも議論になった。子ども・子育て支援新制度では，障害児支援サービスの創設として，特定保育・教育施設における障害児の優先利用や入所の応諾義務の規定，障害児保育（一般財源化分）や療育支援加算，地域型保育給付における障害児保育，放課後児童健全育成事業における障害児受け入れ加算の充実などの人員などの加算が行われている。また，居宅訪問型保育事業における障害児の受け入れ加算や同事業並びに一時預かり事業，延長保育事業における障害児の利用を念頭に置いた事業類型の創設などが行われ，障害児支援の充実が図られている。また，2015（平成27）年度から児童発達支援事業所等と保育所等との連携強化を図る障害報酬改定（関係機関連携加算）が実施され，保育所等訪問支援事業についても加算が行われ，障害児に固有の専門サービスが制度化された（柏女，2016）。2012（平成24）年度からの改正児童福祉法の施行では，保育所等訪問支援のいくつかが法改正された。

子ども・子育て支援新制度は障害児相談支援事業と密接に連携がなされることが求められている。

2 | 巡回相談の諸制度

1では現行の保育制度を中心に述べたが，2では巡回相談の歴史と諸制度について述べることにする。まずはどのような経緯で巡回相談を含む障害児保育の諸制度が歴史的に確立されていったかを見ていきたい。

1）巡回相談確立の歴史的な経緯

障害児保育には長い歴史があるが，ここでは具体的に保育巡回が確立していった1970年代から取り上げる。

1　幼稚園

幼稚園における障害児教育制度については，1971年の中央教育審議会の答申「今後における学校教育の総合的な拡充整備のための基本的施策について」を嚆矢とする。同年，国立特殊教育総合研究所（現　国立特別支援教育総合研究所）が設立され，1974年には文部省（当時）が「心身障害児幼稚園助成事業補助金交付要綱」（公立幼稚園）および「私立幼稚園特殊教育費国

庫補助金制度」を設け，幼稚園における障害児の受け入れに対する公的な保障が確立した（佐伯，2013；末次，2011；三山，2013）。そして1978年には，教育措置としての就学免除・就学猶予が原則として廃止され，翌年，養護学校が義務化された。

2003年，文部科学省は「今後の特別支援教育の在り方について（最終報告）」をまとめ，従来行われていた特殊教育（障害の程度に応じ特別な場で行う指導）から，これまで対象とされてこなかったLDやADHD，高機能自閉症などを含む，障害のある子ども一人一人の教育的ニーズに応じて，適切な教育的支援を行う『特別支援教育』への転換を提唱した（文部科学省，2003；金谷，2008）。これを受けて幼稚園では子ども一人一人にどのような保育を行えばよいのか，という悩みを持つ保育者を支援する巡回相談のニーズが高まった（木原，2011）。

2007年に学校教育法が改正されると，文部科学省は「特別支援教育の推進について」を全国の知事・教育長等宛に通知し，特別支援教育のための体制作りが進められ，その体制の一環として，各自治体による巡回相談が増加していった（五十嵐，2010；木原，2011；柘植ら，2010）。続いて2010年には文部科学省により特別支援教育総合推進事業が始められ，外部専門家による巡回相談がその事業の中核の１つとなった。

国連による「障害者の権利に関する条約」の理念を踏まえ，2011年改正「障害者基本法」が施行された。その中で国及び地方公共団体は，障害者が「可能な限り障害者である児童及び生徒が障害者でない児童及び生徒と共に教育を受けられるよう配慮しつつ，教育の内容及び方法の改善及び充実を図る等必要な施策を講じなければならない」（第16条）ことが明記され，インクルーシブ教育システムの構築に向けた関連するモデル事業が全国各地で始められた（文部科学省，2012；柘植ら，2010）。

このように40年以上にわたって幼稚園における障害児教育が行われてきたが，新しい取り組みとして，内閣府の旗振りで，幼稚園・保育所に共通した政策である「子ども・子育て支援新制度」が新たに設けられた（2015年）。この制度において，内閣府，厚生労働省，文部科学省の３省庁は，幼保連携型認定こども園の普及促進，「地域型保育」の新設など，地方自治体へのさまざまな子育て事業への支援を行っている。さらに，2017年度予算案において，文部科学省は，幼児教育の質向上を目指して，幼児教育の推進体制構築事業を推進，幼稚園・保育所・認定こども園などを巡回して助言などを行う「幼児教育アドバイザー」の育成・配置など，自治体における幼児教育の推進体制の構築を支援している（内閣府子ども・子育て本部・厚生労働省雇用均等児童家庭局・文部科学省初等中等教育局，2017）。

２　保育所

一方，保育所の障害児保育は，大津市にその源泉を辿ることができる（三山，2013）。大津市は「発達障害児の健診もれ，発見もれ，対応もれをなくす」という理念の下，乳幼児健診を行い，保育を希望する障害児を全て受け入れることにした。そして受け入れた全ての園においては年１，２回巡回相談を行い，助言や報告書作成を行った（鈴木ら，1978）。この大津市の方

式は「大津方式」と呼ばれ，障害児保育が制度化されると，多くの自治体は大津方式をモデルとして，巡回相談のしくみを構築していった（三山，2013）。

障害児保育の制度化については，中央児童福祉審議会の中間答申「当面推進すべき児童福祉対策について」が始まりである（1973年）。その中の一項目「多様化する保育需要について」では，障害児を保育所に受け入れて適切な保育を行う，とされた。そして翌1974年，厚生省（当時）から，「障害児保育事業実施要綱」が出された（大豆田・三谷・森上，2015）。

1980年代になると，障害児・者の人権の確立とノーマライゼーション社会を目指す国内外の運動が広がった。専門家を交えた障害児研修が盛んとなり，巡回相談は普及していった（藤井，2015；真鍋，2013）。ただ，普及の仕方は自治体によって違いがあり，地域格差が拡大していった（水野，2012）。

1996年に厚生労働省は「障害児（者）地域療育等支援事業の実施について」を通達した。その第三項において巡回相談が触れられており，巡回相談の定着を促した（三山，2013；佐伯，2013）。

21世紀に入ると発達障害への理解が進み，「発達障害者支援法」が施行された（2005年）。これにより，これまで十分な対応がされてこなかった発達障害である「自閉症，広汎性発達障害，学習障害，注意欠陥多動性障害」への対応がなされることとなった。この法律において，発達障害の定義，国および地方公共団体の責務，国民の責務，早期発見・早期支援の必要性，発達障害者支援センターに関する規定，専門家の養成の必要性が明記された。そして発達障害の早期発見と「発達障害児の健全な発達が他の児童と共に生活することを通じて図られるよう」に留意することが市町村に義務付けられ，障害児の受け入れが進み，巡回相談が定着していった（高原・三國，2014；佐伯，2013）。

2012年には「児童福祉法」が改正され，それまで障害種別などに分かれていた障害児施設が，通所による支援は「障害児通所支援（児童発達支援等）」，入所による支援は「障害児入所支援（障害児入所施設）」に，それぞれ一元化された。また通所支援の実施主体が市町村へ移行され，地域において児童発達支援センターを中核として支援体制が整備されることになった。また地域で育つ障害児とその周辺児への訪問・巡回型支援である「保育所等訪問支援事業」等（第6条）が盛り込まれ，巡回相談がさらに広まっていった（大豆生田・三谷・森上，2015）。

2015年には，先に述べたように「子ども・子育て支援新制度」が新設され，障害児保育の支援の在り方にも影響を与えた。例えばこの制度の2017年度予算案において，厚生労働省は待機児童の減少を目指して，保育人材を確保する取組事業への支援に予算を配分している。また継続雇用支援の一環として，若手保育者や保育事業者への巡回支援事業についても支援を行っている（白石，2016）。さらに安心かつ安全な保育の実施への支援として，保育所などの事故防止の取組強化事業をも支援しており，保育所などでの事故を防止するため，保育所などへの巡回指導をも支援している。

以上のように，巡回相談の重要性は段階を追うごとに高まってきており，2017年現在の最

表8-2　障害児保育を背景とした保育巡回相談に関わる諸制度の歴史（本保，2010 より一部改正）

昭和45年（1970年）	「心身障害者対策基本法」公布
昭和49年（1974年）	「障害児保育事業実施要綱」の策定，開始
〃	「私立幼稚園特殊教育費補助事業」開始
昭和53年（1978年）	「学校教育法施行令及び学校保健法の一部を改正する政令」の公布
昭和54年（1979年）	養護学校における就学義務の施行
昭和58年（1983年）	国際障害者年開始
平成元年（1989年）	「盲学校，聾学校及び養護学校教育要領・学習指導要領」告示
平成5年（1993年）	障害者基本法制定（「心身障害者対策基本法」を改正）
〃	アジア太平洋障害者の10年開始
〃	文部省告示により「通級による指導」開始
平成6年（1994年）	UNESCOサラマンカ宣言（個々の子どもの特別な教育的ニーズに応じた教育の在り方を提唱）
平成7年（1995年）	「障害者プラン（ノーマライゼーション7ヵ年戦略）」策定
平成8年（1996年）	「障害児（者）地域療育等支援事業の実施について」通達
平成11年（1999年）	「盲学校，聾学校及び養護学校教育要領・学習指導要領」告示
平成14年（2002年）	学校教育法施行令第22条の3改正
〃	「障害のある児童生徒の就学について」通知
〃	「新障害者プラン（重点実施5ヵ年計画：特別支援教育への具体的プラン）」策定
平成15年（2003年）	「今後の特別支援教育の在り方について」（最終報告）
平成16年（2004年）	障害者基本法改正
〃	発達障害者支援法制定
〃	「特別支援教育の推進について」通知
平成17年（2005年）	「特別支援教育を推進するための制度の在り方について」（中教審答申）
平成18年（2006年）	学校教育法等の一部改正（特別支援学校制度の創設）
平成19年（2007年）	学校教育法改正
平成21年（2009年）	特別支援学校学習指導要領の改訂
平成21年（2010年）	特別支援教育総合推進事業
平成23年（2011年）	「障害者基本法」の抜本改正，障害者差別の禁止
平成24年（2012年）	児童福祉法改正
平成25年（2013年）	「障害者差別解消法」の成立
〃	学校教育法施行令改正
〃	「インクルーシブ教育システム構築事業」実施
平成27年（2015年）	国連「障害者の権利条約」の制定
平成28年（2016年）	「子ども・子育て支援新制度」の実施
	障害者差別法の施行
令和元年（2019年）	「児童福祉法」および「児童虐待防止法」改正
〃	幼児教育，保育無償化
令和3年（2021年）	「医療的ケア児支援法」施行
〃	「障害者差別解消法」改正
令和5年（2023年）	「子ども家庭庁」設置予定

（2022年12月12日現在）

新データによれば，専門職の巡回相談を実施している保育所は全国で56.0%（全国保育協議会，2012；藤井，2015），幼稚園では私立68.0%，公立87.1%（文部科学省，2016）となっている。詳しい歴史は表8-2を参照されたい。

　なお，このような日本の障害児教育・保育の流れは，日本独自のものではなく，世界の障害に対する考え方の変化から大きく影響を受けていることに注意したい。世界の障害への考え方の原点は，ノーマライゼーションである。これは，1950年代にデンマークで生まれた理念であり，「障害者も一般者と同じ生活を享受できる社会」を目指すものである。

　この考えは障害者の地位向上に大きく貢献したものの，その背後には一般者をノーマル，障害者をノーマルでないものと見なす「偏見」があるとの指摘もあり，障害のある人もない人も同等に「包み込む」社会を目指す「インクルージョン」へと発展していった（森，2011）。1994年にはサラマンカ声明が発表され，インクルーシブ教育の促進が求められた。2006年には「障害者の権利に関する条約」が国連で採択され，「合理的配慮」が求められるようになった。それを受けて日本では，2014年「障害者の権利に関する条約」を批准，2016年に「障害者差別解消法」が施行された。

２）巡回相談のシステム

　巡回相談を巡るシステムを見る視点としては，横と縦がある。横の視点はある特定の時間において，横断的に子どもと家族を支える支援システムを閲覧するものであり，縦の視点は児童のライフステージに沿って，縦断的にシステムを俯瞰するものである。つまり支援には，横断と縦断の２種類が存在するといえる。

　まず横断的支援から見ていくと，この支援システムは主に保健・医療，福祉・保育・労働，教育，司法，その他の５領域から構成される（図8-4）。

①　保健・医療領域においては，医療機関が行う乳幼児健康診査と訪問指導事業などがある。乳幼児健康診査は主に１歳６カ月児，３歳児を対象として行われており，訪問指導事業は全戸に対し生後４カ月までの乳児を対象に全国で行われている。これらの事業にはさまざまな専門職（保健師，医師，巡回相談員等）が関わっており，母体や胎児の心身の健康保持や子どもの育児支援，虐待や障害の早期発見，子育て不安への対処，健診後のフォローなどの取り組みが行われている。

②　福祉・保育・労働領域においては，児童相談所（児童相談センター）や地域療育センター（障害児通園施設等）の支援が提供されている。児童相談所には，医療・福祉・心理などの専門家が関わっており，家庭や施設等から養護（親による養育困難，虐待等），障害，親子関係等など，子どもに関する相談を受けつける。そして相談について調査・診断・判定し，必要に応じて一時保護したり，児童福祉施設に入所（措置）させたりする。また地域療育センターは，障害のある子どもに対して，早期発見・療育，各種療育相談，保健所・幼稚園への巡回訪問等を通して，子どもとその家族を支援する。

第8章 保育巡回相談をめぐる諸制度とシステム

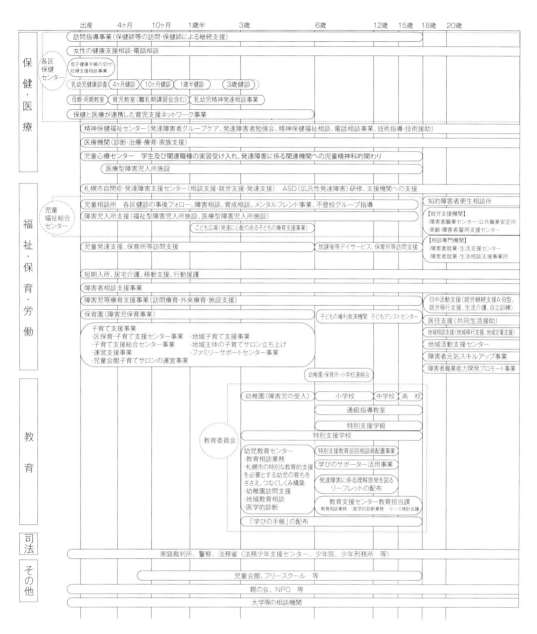

図8-4 ライフステージに応じた支援機関の一例（札幌市，2013を一部改正） （2022年12月現在）

③　教育領域においては，保育所・幼稚園・小学校が主な支援機関である。一部の小学校には通級指導教室や特別支援学級による特別な支援・指導が提供されている。また必要に応じて専門家による巡回相談も行われている。さらに特別支援学校はこれらの中心的な役割を果たしている。また，都道府県・政令指定都市及び各自治体の教育委員会は教育相談室を設置しており，幼稚園児から高校生までの子どもと保護者を相談対象としている。巡回相談員は教育の専門家や心理専門職である。

④　司法の領域においては，警察や家庭裁判所が主な支援機関である。家庭裁判所は，家事部と少年部にわかれ，家事部では家族や親族に関する家事事件（①子どもの親権，②養育費，③氏・戸籍の決定，④面接交渉等）の調停や訴訟を，少年部は少年の非行に関する少年事件をそれぞれ扱っている。巡回相談においては不適切な養育や虐待を受けている子どもを発見することがあるが，園や保育者独自の対応では一般に解決が難しい。そのため家庭裁判所を含む多くの機関と連携を取りながら対応していくことが，今後一層求められる。

⑤　その他の領域において親の会は，障害のある子どもの親が，交流・情報交換・学習をする目的で組織している。中には，全国的な組織もあり，国や地方自治体への制度改善の要望活動も行っている。また，子育てサークルでは，地域の中で子育てをする親が自主的に集まって交流している。保護者は自分の住んでいる地域にそのような会やサークルがあることで，子育ての大変さを同じ仲間と乗り越えることができ，孤独な子育てから解放される。さらに，NPOがさまざまな子育て支援活動を行っている。

　これら各機関はそれぞれ独自の役割を果たしていることが多い。巡回相談は子どもや保護者のニーズに合わせて，それらを繋ぎあわせることも求められる。

　つぎに縦断的支援（ライフステージ支援）について見てみよう。ライフステージ支援とは，生まれた段階から保育所・幼稚園，小・中学校・高校・大学を経て成人し，社会生活を営むまでの切れ目のない支援のことである。内閣府でも「ライフステージごとの個別の支援の充実」を唱えるなど，重要性が増している（内閣府，2015）。

　ライフステージ支援のうち，巡回相談は乳幼児期支援の1つとして位置づけられる。そして子どもの成長に応じて巡回相談員は小学校の巡回相談員へ引き継ぎ，小学校の巡回相談員は中学校へ引き継ぐ等，ライフステージに沿った切れ目のない支援が縦の支援として求められる。厚生労働省の報告書（平成26年）においても，子どもの発達を踏まえたライフステージに応じた支援（縦の支援）と，保健・医療，福祉・保育・労働，教育支援などと連携した地域支援（横の支援）の双方からなる支援体制の確立が唱えられており，巡回相談も柱の1つになっている。巡回相談員は制度の成り立ちを十分に理解し，領域を越えて繋げる横の支援とともに，最初の気づきから現状を把握し，先の見立てまでを考慮する縦の支援をも行うことが求められている。

　では具体的にどのように横断的・縦断的支援が行われているだろうか。最後に巡回相談の一事例を取り上げよう。

第8章　保育巡回相談をめぐる諸制度とシステム

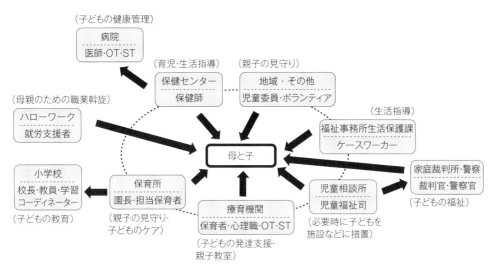

図8-5　母と子を取り巻く連携体制例　（小橋，2014 より改変）

【事例】ゲンちゃん（仮名）は保育所に通所中の5歳児である。入園の面接で母親（22歳）は，夫と別居して子どもと二人暮らしであり，子育てに協力をしてくれる人はいないと述べた。入園一カ月後，ゲンちゃんが他児に噛みついたり，叩いたりすることが目立ってきた。これに気づいた保育者は注意深く観察したところ，身体にあざを発見。本児に聞いても，目を背けて知らないそぶりをする。このことは，すぐに主任や園長に報告され，注意して対応するとともに，母親に事情を聞くこととした。母親は「家の中で転んだ」と述べたが，保育者が母親の日ごろの頑張りを認め，ねぎらいのことばを伝えると，「実は相談したいことがあります」とことばを詰まらせた。そして最近，子どもを叱り過ぎて手が出てしまうこと，夫やゲンちゃんの祖母との不仲から支援が得られないことなど，悩みがつぎつぎと語られた。

　その報告を聞いた園長は虐待のリスクが高いと判断し，巡回相談員に連絡。巡回相談員が子どもの観察や母親との面談を実施すると同時に，保健所と連絡を取ったところ，一歳6カ月健診で落ち着きのなさや自閉傾向があったが，それ以来連絡が途絶えていたことがわかった。そこで園長は児童相談所とも相談しつつ，保健師を含めた関係者らとケース会議（この親子に関する情報を共有し，支援の一貫性を確保させるための会議）を開催した。会議では依頼を受けた巡回相談員も加わり，各関係者が情報や支援方針を共有して協議が行われた。その結果，①子どもの発達，②母親の安定，③生活環境，の3点への支援の重要性が共有された。また，担任保育者をキーパーソンとして，巡回相談員はコンサルテーションを行い，保健師は母親に改めて連絡を取るなど役割分担が決められ，横の支援が開始された。開始後もケース会議はたびたび開かれ，①発達支援・療育機関の紹介，②子育て相談・保健師面談，③裁判所への申し立て情報（夫婦関係調整や婚姻費用分担）等が提供された。やがてゲンちゃん

の行動も落ち着き，母親も安定していった。

　また縦の支援については，秋の就学相談では親子が就学への不安を表明したため，巡回相談員が小学校への橋渡しを行った。その結果スムーズに小学校に就学できた。

　なお，以上の事例は，筆者のこれまでの発達支援における諸活動をふまえ，人名や園名等の各種設定，及び登場人物の言動に加工を施した構成事例として掲載したものである。

　子どもの支援には，その子への支援だけでなく，親や家族への社会的支援も欠かせない（図8-5）。さらに，地域社会全体が障害を持つ子どもと一緒に歩むというインクルージョンの視点も重要視されつつある。これらの課題の解決を目指して，巡回相談員には早い段階から特別な支援のニーズに気づいたうえで，家庭の支援や，園内のコーディネート，専門機関との連携を通した支援体制の構築など，さまざまな支援が求められている。この作業は一人でできるものではなく，多種多様な関係者ら，さらには保護者や家庭・地域社会との連携を常に強めることが望まれる。

参考文献（8-1）

藤永　保（2013）．幼稚園と保育所は一つになるのか――就学前教育・保育の課程と子どもの発達保障　萌文書林

保育研究所（編）（2001）．基礎から学ぶ保育制度――現状と改善・拡充のポイント　保育研究所

保育研究所（編）（2014）．これでわかる！　子ども・子育て支援新制度――制度理解と対応のポイント　ちいさいなかま社

柏女霊峰（2016）基調講演　子ども・子育て支援制度の創設と障害児支援の今後のあり方：インクルーシブな社会をめざして（第113回学会特集号　今，「療育」を考える）小児の精神と神経，55(4)，291-303.

松川恵子・工藤夕貴・西村重稀（2008）．認定こども園の現状と課題（2）――認定こども園の実情について――　仁愛女子短期大学研究紀要，40，75-85.

森田明美（編著）（2000）．幼稚園が変わる　保育所が変わる――自治体発：地域で育てる保育一元化　明石書店

無藤　隆・北野幸子・矢藤誠慈郎（2014）．子どもの未来のための新制度理解とこれからの戦略48　ひかりのくに

中山　徹・杉山隆一・保育行財政研究会（編著）（2004）．幼保一元化――現状と課題　自治体研究社

野崎美幸（2010）．領域「言葉」の変遷　柴崎正行・戸田雅美・秋田喜代美（編）最新保育講座10 保育内容「言葉」　ミネルヴァ書房　pp.177-189.

小田　豊（2014）．幼保一体化の変遷　北大路書房

大阪保育研究所（編）（2006）．「幼保一元化」と認定こども園　かもがわ出版

鈴木祥蔵（2000）．「保育一元化」への提言――人権保育確立のために　明石書店

参考文献（8-2）

藤井和枝（2015）．保育巡回相談におけるコンサルテーションの進め方　浦和大学・浦和大学短期大学部浦和論叢，53，49-68.

五十嵐元子（2010）．首都圏における巡回相談のシステムの状況について　白梅学園大学短期大学教育・福祉研究センター研究年報，15，25-30.

金谷京子（2008）．通常学級における特別支援教育の推進　聖学院大学論叢，21，25-30.

木原久美子（2011）．巡回発達相談による気になる子どもの保育支援——発達相談員としての力量形成のための試論——　帝京大学心理学紀要，15，39-52.

厚生労働省（2014）今後の障害児支援の在り方について（報告書）〈http://www.mhlw.go.jp/file/05-Shingikai-12201000-Shakaiengokyokushougaihokenfukushibu-Kikakuka/0000051490.pdf〉（2017/5/31確認）

小橋明子（2014）．相談援助保育相談支援　中山書店　pp.176-180.

真鍋　健（2011）．障害のある幼児に関する保育巡回相談の評価——X市における保育者と保育コーディネーターへの質問紙調査より——　幼年教育研究年報，32，43-52.

三山　岳（2013）．保育巡回相談における巡回相談の歴史と今後の課題　京都橘大学研究紀要，39，135-156.

水野恭子（2012）．障害児保育の歩みとこれからの障害児保育実践に向けて　愛知教育大学幼児教育研究，16，77-82.

文部科学省（2003）．今後の特別支援教育の在り方について〈www.mext.go.jp/b_menu/shingi/chousa/.../1361204.htm〉（2017/5/31確認）

文部科学省（2012）．共生社会の形成に向けたインクルーシブ教育システム構築のための特別支援教育の推進（報告）〈http://www.mext.go.jp/b_menu/shingi/chukyo/chukyo3/044/houkoku/1321667.htm〉（2017/5/31確認）

文部科学省（2016）．平成27年度特別支援教育体制整備状況調査結果〈http://www.mext.go.jp/component/a_menu/education/micro_detail/__icsFiles/afieldfile/2014/03/14/1345100_2.pdf〉（2017/5/31確認）

森はな絵（2011）．知的障がい者との共生社会の実現　早稲田大学文化構想学部現代人間論系岡部ゼミ・ゼミ論文／卒業研究〈http://www.f.waseda.jp/k_okabe/semi-theses/11hanae_mori.pdf 〉（2017/5/30確認）

内閣府（2015）．平成27年度版障害者白書

内閣府子ども・子育て本部・厚生労働省雇用均等児童家庭局・文部科学省初等中等教育局（2017）すくすくジャパン——平成29年度における子ども・子育て支援新制度に関する予算案の状況について

内閣府・厚生労働省・文部科学省（2017）．平成29年度における子ども・子育て新制度に関する予算案の状況について 8-12〈http://www8.cao.go.jp/shoushi/shinseido/meeting/kodomo_kosodate/k_30/pdf/s1.pdf〉（2017/5/30確認）

大豆田啓友・三谷大紀・森上史郎（監）（2015）．最新保育資料集　ミネルヴァ書房

佐伯文昭（2013）．保育所・幼稚園における巡回相談について　関西大学社会福祉部16-2，85-92.

札幌市（2013）．ライフステージに応じた支援機関マップ〈https://www.city.sapporo.jp/shogaifukushi/.../shiryo6-4.pdfhttps://www.city.sapporo.jp/shogaifukushi/hattatu/documents/ichiran2013.pdf〉（2017/5/30確認）

白石京子（2016）．保育者の精神的健康に関連する要因の研究　日本人間関係学会第24回全国大会，

30-31.

末次有加（2011）．戦後日本における障害児保育の展開──1950年代から1970年代にかけて──　大阪大学教育学年報，16，173-180.

鈴木弘一・宮下俊彦・佐々木正美・荒木直嗣（編）（1978）．大津式の全国受け入れ方式　障害児保育，全国社会福祉協議会，85-102.

髙原千代・三國牧子（2014）．発達障害における支援者支援研究の現状と展望　九州産業大学国際文化部紀要，57，141-158.

柘植雅義・渡辺匡隆（2010）．初めての特別支援教育　有斐閣　pp.41-58.

全国保育協議会（2012）．全国の保育所実態調査報告書2011，61.

小学校への移行を支援する

第**9**章

金谷京子

> 移行支援においては，まず保育者が小学校の教育内容，ことに生活科を中心としたスタートカリキュラムについて理解しておくこと，子どもには自律心を育てておくこと，小学校教師と保育者が連携できるようにしておくこと，小学生と園児との交流を図り，小学校に馴染みやすくしておくことが望まれる。

1 | なぜ移行支援が必要か

　保育者や保護者が子どもたちの将来のことで気になるのは，まず小学校就学の問題である。巡回相談時の気になる子どもの相談でもよく話題にあがる問題である。

　小学校への移行については，子どもたち自身も気になることである。実際に就学すると幼稚園・保育所から小学校への生活の変化は，保育園や幼稚園での遊び中心から，教科学習中心の生活へ変化する。時間の構成や集団の構成，環境の規模も異なる生活へと移る。このことは，大きな生活の変化として子どもには捉えられるであろう。まさに段差を乗り越えなくてはならないのである（金谷，2013）。

　磯部（2010）は，「子どもの発達は連続しているにもかかわらず，両者の間に段差があり，そのために，両者の教育が効果的に実現していないというのが，さらなる幼・保・小の連携実施が謳われる前提といえる」としている。たしかに子どもの発達は連続しているのであり，急に段差を飛び越えられるわけではない。そうなると，子どもにとっての環境となる幼稚園・保育所と小学校が互いに子どもの発達につまずきがでないように連携して調整していく必要がある。巡回相談員も発達の連続性を意識ながら就学に向けての相談にのれるようにしたい。

2│幼児期から小学校期への子どもの変化を知る

　無藤（2016）は，幼児教育から小学校教育へのつなぎを考える際に，幼児期から小学校の時期の子どもたちの発達を知っておく必要があるとし，幼児期から児童期の発達を①思考過程の変化，②子ども同士の関係の変化，③学びの対象の変化，④対象に関わる学びの変化の視点から見ている。

　①の思考過程の変化に関わる思考力と言語力の発達は4つの段階を経て変化していくとしている。第1段階は，身体で考える時期で，2－4歳ころにあたる。第2段階は，話しことばで考える時期で声に出して考えるようになり，幼児期後半に盛んになる。第3段階は，文字で考える時期で，書きことばを記し，読んで考え，文の中身が理解できるようになる。おおむね小学校中学年以降の時期である。第4段階は，記号で考える時期であり，教科で学ぶ体系的な記号やモデルを使って考えるようになる時期で，小学校高学年のころである。第2段階の幼児期の終わりごろから第3段階の小学校入門期への移行期は，身体で学ぶ時期に加えてことばの学びが次第に強くなる時期であり，話しことばの時期から，文字の時期に移行する時期なのでその間の繋がりをつくる必要があるという。

　②の子ども同士の関係の変化では，群れとして動く時期（幼児期）から，集団の中での役割を担う時期（幼児期終わりから小学校低学年）へ，さらに個の学習者としての役割をもち，自分の疑問を追究する時期（小学校期）へと変化していく。幼児期から小学校の時期は子どもは探求者であり，共同研究者となっていく時期であるという。

　③の学びの対象の変化については，環境に包まれて，遊びが営まれる幼児期から，教材に関わって学ぶ時期，作品を検討する時期へと変化するとしている。

　④の対象に関わる学びの変化は，対象となるものの時間に沿って変容していく様子を知る時期から，見えないところに想像を広げる立体化が起こる時期，さらに作品とその生成過程との関係を吟味するなど吟味化の時期へと発展するとしている。

　これらの子どもの変化については，保育者も教師も把握しておくことはもちろんであるが，巡回相談員も幼児期における学びから，小学校で子どもたちがどのように学習し，成長していくか，その過程を把握しておきたい。

3│どのように移行期の支援をするか

　移行支援にあたって保育者に以下のことを勧めたい。

1）保育者がしておくこと

2017年公示の新幼稚園教育要領では，小学校教育との接続に当たっての留意事項としてつぎのように記している。

⑴　幼稚園においては，幼稚園教育が，小学校以降の生活や学習の基盤の育成に繋がることに配慮し，幼児期にふさわしい生活を通して，創造的な思考や主体的な生活態度などの基礎を培うようにするものとする。

⑵　幼稚園教育において育まれた資質・能力を踏まえ，小学校教育が円滑に行われるよう，小学校の教師との意見交換や合同の研究の機会などを設け，「幼児期の終わりまでに育ってほしい姿」を共有するなど連携を図り，幼稚園教育と小学校教育との円滑な接続を図るよう努めるものとする。

小学校との接続にあたっての注意として磯部（2010）は，つぎのように述べている。

　　小学校との連携を重視するがために，就学前教育の目標と方法を小学校教育に近づけ，いち早く小学校教育に「慣れさせる」ことが小学校への接続のための教育ではないことを確認しておきたい。同様に，小学校教育は，「6歳」の発達段階を迎えた子どもを対象として，教科の学習を中心とした場を提供する。そこでの実践は，子どもたちに新たな学びの世界の中で，学ぶこと，わかることの意味を段階的に経験させながら，教科教育という系統的な教育を通して認識の形成が目指される。スムーズな接続のためという事由で，就学前教育の「雰囲気」を真似たところで，その実践に意味はない。（中略）両者の連携とは，子どもの発達や学習をおとなや教師にとって都合よく進めるための「手段」を模索することにあるのではないことを確認しておきたい。

幼稚園の中には就学前教育として，小学校の学習の先取りをあたかも小学校の一斉授業のように実施しているところも見受けられるが，形式だけの模倣は園児に負担を強いるだけに終わる可能性があるので注意したい。

移行支援にあたって，保育者がしておくことは，第1に小学校教育の理解である。カリキュラム内容や指導法，小学校生活におけるルールなど保育とは異なる部分を理解しておき，そのうえで保育の中に活かせるものを考え，さらに特別な配慮の必要な子どもには就学に向けた対応を考えていく必要がある。第2に，どのようにするとクラスの子どもが行動しやすいか保育の中で工夫してきたこと，家庭で工夫したことなどを記録に留め，引き継ぎ情報としていくことである。ことに配慮の必要な子どもへの工夫を記録にとどめたい。第3に，年長クラスから同じ小学校に就学する子どもとの仲間づくりもしておくことである。小学校でのピア・サポートを望める可能性があるからである（金谷，2012）。

小学校の教科でいえば，生活科が幼児教育と小学校教育の両方の生活を併せ持つ教科であり，

幼保小連携の鍵を握る教科であると言われている（木村，2010）。保育者も生活科の内容を把握しておくことが望まれる。

2017年に公示された新学習指導要領（文部科学省，2017）に示されている「生活」の目標は以下のようである。

（目　標）
具体的な活動や体験を通して，身近な生活に関わる見方・考え方を生かし，自立し生活を豊かにしていくための資質・能力をつぎのとおり育成することを目指す。
⑴　活動や体験の過程において，自分自身，身近な人々，社会及び自然の特徴やよさ，それらの関わり等に気付くとともに，生活上必要な習慣や技能を身に付けるようにする。
⑵　身近な人々，社会及び自然を自分との関わりで捉え，自分自身や自分の生活について考え，表現することができるようにする。
⑶　身近な人々，社会及び自然に自ら働きかけ，意欲や自信をもって学んだり生活を豊かにしたりしようとする態度を養う。

生活科の内容は幼児教育の中でも取り入れることのできる事項が多くあるので，小学校の教科の先取りという意味ではなく，幼稚園・保育園の生活に合わせて応用を試みることを提案したい。

2）子どもに育てておきたいこと

2017年公示の新幼稚園教育要領では，年長までに育てておきたい資質・能力として以下の10項目が提示された。

⑴　健康な心と体
幼稚園生活の中で，充実感をもって自分のやりたいことに向かって心と体を十分に働かせ，見通しをもって行動し，自ら健康で安全な生活をつくり出すようになる。
⑵　自立心
身近な環境に主体的に関わり様々な活動を楽しむ中で，しなければならないことを自覚し，自分の力で行うために考えたり，工夫したりしながら，諦めずにやり遂げることで達成感を味わい，自信をもって行動するようになる。
⑶　協同性
友達と関わる中で，互いの思いや考えなどを共有し，共通の目的の実現に向けて，考えたり，工夫したり，協力したりし，充実感をもってやり遂げるようになる。
⑷　道徳性・規範意識の芽生え
友達とさまざまな体験を重ねる中で，してよいことや悪いことがわかり，自分の行動を振り

返ったり，友達の気持ちに共感したりし，相手の立場に立って行動するようになる。また，きまりを守る必要性が分かり，自分の気持ちを調整し，友達と折り合いを付けながら，きまりをつくったり，守ったりするようになる。

⑸　社会生活との関わり

　家族を大切にしようとする気持ちをもつとともに，地域の身近な人と触れ合う中で，人との様々な関わり方に気付き，相手の気持ちを考えて関わり，自分が役に立つ喜びを感じ，地域に親しみをもつようになる。また，幼稚園内外の様々な環境に関わる中で，遊びや生活に必要な情報を取り入れ，情報に基づき判断したり，情報を伝え合ったり，活用したりするなど，情報を役立てながら活動するようになるとともに，公共の施設を大切に利用するなどして，社会とのつながりなどを意識するようになる。

⑹　思考力の芽生え

　身近な事象に積極的に関わる中で，物の性質や仕組みなどを感じ取ったり，気付いたりし，考えたり，予想したり，工夫したりするなど，多様な関わりを楽しむようになる。また，友達の様々な考えに触れる中で，自分と異なる考えがあることに気付き，自ら判断したり，考え直したりするなど，新しい考えを生み出す喜びを味わいながら，自分の考えをよりよいものにするようになる。

⑺　自然との関わり・生命尊重

　自然に触れて感動する体験を通して，自然の変化などを感じ取り，好奇心や探究心をもって考え言葉などで表現しながら，身近な事象への関心が高まるとともに，自然への愛情や畏敬の念を持つようになる。また，身近な動植物に心を動かされる中で，生命の不思議さや尊さに気付き，身近な動植物への接し方を考え，命あるものとしていたわり，大切にする気持ちをもって関わるようになる。

⑻　数量や図形，標識や文字などへの関心・感覚

　遊びや生活の中で，数量や図形，標識や文字などに親しむ体験を重ねたり，標識や文字の役割に気付いたりし，自らの必要感に基づきこれらを活用し，興味や関心，感覚をもつようになる。

⑼　言葉による伝え合い

　先生や友達と心を通わせる中で，絵本や物語などに親しみながら，豊かな言葉や表現を身に付け，経験したことや考えたことなどをことばで伝えたり，相手の話を注意して聞いたりし，言葉による伝え合いを楽しむようになる。

⑽　豊かな感性と表現

　心を動かす出来事などに触れ感性を働かせる中で，様々な素材の特徴や表現の仕方などに気付き，感じたことや考えたことを自分で表現したり，友達同士で表現する過程を楽しんだりし，表現する喜びを味わい，意欲をもつようになる。

　こうした力を，幼児期は環境を通して教育され，遊びを通して子どもはつけていく。木村（2010）

は，「幼稚園・保育園は遊びを中心とした生活を送っている。幼児の生活の中心をなす遊びとは，自分で見付けた課題を自分なりの方法で，自分の力で実現・達成することのできる活動である。そこでは，自己選択・自己決定・自己実現の機会がふんだんに与えられる。こうした力の滋養が小学校での課題に取り組む力に繋がる」としている。

3）小学校による移行支援の実践例

　1年生のスタートプログラムとして各地でさまざまな実践が取り組まれている。幼稚園や保育所で馴染みのある読み聞かせや手遊び歌などを取り入れる例はよくあるが，学級編制を工夫している例もある。例えば，入学後約1カ月間は，生まれた日にち順の仮クラスを編成し，共通の指導計画を立てる。教師がローテーションでクラスを担当するなど，学年担当の教師全員が児童を把握できるようにする取り組みが実施されている（大里，2010）。また，子ども同士の互恵性の育成を目指して小学生と園児とのプール交流や給食交流などを実施しているところもある（秋田・第一日野グループ，2015）。

　1年生が学校に馴染みやすいようにさまざまなプログラムが実施されているが，磯部（2010）は，小学校での授業に対し，「子どもが主体となる学びの具体を『授業』を通して実現していただきたい。学習することはがんばること，つまらないけれど我慢しながら続けなければならないことではなく，『学ぶことは楽しい！』『わかることはうれしい！』と実感できるような授業を作りだしていただきたい」という。

　学校は楽しく，安心して行かれる場であり，新しい「学び」は楽しいと子どもが感じる工夫が必要であり，それは配慮が必要な子どもにもなされるように期待したい。

4｜配慮が必要な子どもへの就学にあたっての保護者支援

　子どもが就学する先は，地域の小学校の通常学級，特別支援学級，および特別支援学校とあり，選択肢は1つではない。教育委員会の就学相談に出かけている配慮の必要な子どもの保護者は各種の学校の情報も入っているが，就学相談を受けていない保護者には，特別支援学級または特別支援学校の見学もして保護者の目で確かめておくことを巡回相談員から勧めたい。

　また，通常学級を希望する場合は，就学時健診または，その後でも，できれば希望校と連絡をとっておくことを勧めたい。学校も事前に子どもの状態や保護者の願いがわかれば配慮もしやすい。

　入学直前にしておくこととして，子どもとともに学校訪問をしておき，場慣れしておくことがある。子どもによっては，大きな体育館等での入学式に驚いてしまい，式に参加できなくなる例もあるので，事前に学校訪問して場に慣れておくことも方策となろう。

　指導要録の送付，個別の指導計画の引継ぎや支援ファイルの活用は小学校との対象児の情報

共有に役に立つので保護者の許可を得て実施しておきたい。支援ファイルには，特に子どもに対し気を付けて欲しいことも保護者に記入してもらっておくと，学校の教師も理解しやすくなる。また，保護者も何度も過去のことを話さなくても済む。

　就学後の長期的支援を考えると，専門機関の利用も勧めたい。園から保育者が卒業生の学校を訪問して様子を見に行くことは，業務上なかなかできないのが現状である。園によっては同窓会を開いたり，相談窓口を設けたりして卒後の保護者の相談にも応じているところもあるが，ごく稀である。療育に関する専門機関と繋がっていれば，卒後も学校訪問し，フォローをしてもらえる可能性もあり，保護者も安心できる。

参考文献

秋田喜代美・第一日野グループ（編著）（2013）．保幼小連携——育ちあうコミュニティづくりの挑戦　ぎょうせい

磯部裕子（2010）．幼・保・小の接続期カリキュラムの課題　木村吉彦（監修）・仙台市教育委員会（編）「スタートカリキュラム」のすべて　ぎょうせい

金谷京子（2012）．幼稚園・保育所から小学校へ——行動が気になる子どもたちの支援　指導と評価 11 月号　図書文化社

金谷京子（2013）．保育の中での人間関係・社会性発達の課題と支援　社会性発達支援のユニバーサルデザイン　保・幼・小学校連携・移行支援　長崎　勉・森　正樹・高橋千枝（編）　金子書房

木村吉彦（2010）．なぜ今スタートカリキュラムなのか　「スタートカリキュラム」のすべて——仙台市発信幼小連携の新しい視点　木村吉彦（監修）・仙台市教育委員会（編）ぎょうせい

無藤　隆（2013）．幼児教育と小学校教育を展望する　秋田喜代美・第一日野グループ（編著）　保幼小連携——育ちあうコミュニティづくりの挑戦　ぎょうせい

文部科学省（2017）．新学習指導要領・新幼稚園教育要領〈http://www.mext.go.jp/a_menu/shotou/new-cs/1383986.htm〉

大里朝彦（2010）．「『小1プロブレム』解消策——神奈川県相模原市冨士見小学校」週刊教育資料　No.1116　教育公論社

酒井　朗・横井紘子（2011）．保幼小連携の原理と実践　移行期の子どもの支援　ミネルヴァ書房

相談⑥

「わが子の障害を認めない保護者と
どう向かい合えばいいですか？」

———————————— 森　正樹

1.事例：Ｆ君（５歳男児）は，つい最近，自閉症スペクトラム障害の診断を受けたばかりである。保育園では集団生活に馴染めず友だちとのトラブルが目立った。保育者は「Ｆ君の大変さを知ってもらおう」と，トラブルが起きるたびに電話で保護者に連絡を入れた。保育園の園長は，幾度か保護者を個別面談に誘ったが，何かと理由をつけて当日にキャンセルされてしまった。また先日は，保育士が電話で，「お母さん，お家でたくさんお話してあげてくださいね！」と，家庭での協力をお願いしたところ，「うちの子は個性が強いだけです。障害児と決めつけないで！」と電話を切られてしまった。このような状況で，保育者は「どうしたらこの保護者が，ちゃんと障害を認めてくれるのか？」と悩み，巡回相談員に相談を持ちかけた。

２．問題の背景：残念ながら，「Ｆ君のため」と思って保育士が行った働きかけは，かえって保護者を遠ざけてしまい，悪循環となっている。まず，「トラブルの報告」が連続すると，保護者は電話が鳴るたびに胸をドキッとさせることになるだろう。これは大きなストレスである。つぎに，「大変さ」を強調した伝え方は，保育者のことばが「お宅のお子さんで迷惑しています」というメッセージと受け取られかねない。そして，コミュニケーションの難しいわが子との絆を実感できず，無力感を抱える親にとって，「たくさんお話を！」はときに残酷な一言にもなる。さらに，「障害を認めさせる」という発想が保護者を追い込む。当然障害の受容は種々の葛藤を伴うため，長期的なスパンで考えるべきものだ。このように，残念ながらＦ君の保護者は，まだ保育士を，悩みや迷いを率直に語れる相手として認め，受容してはいないと考えられる。

３．コンサルテーション：こうした状況で巡回相談員は，「専門家の先生の話なら親も聞くはず」と，"説得"の役回りを，園から要請されるかもしれない。だが，安易に応じてはいけない。安易な代行は巡回相談員の役割ではない。ここではまず，保育者の課題意識や現状理解に着目したアプローチをしてみたい。例えば，「Ｆ君のお母さんの目に，先生方はどう見えていますか？」と問いかけ，保育士が自らの言動を"保護者の立場"で振り返る機会を提供するとよいだろう。そして今，最も必要なのは，まず保護者に園と保育者を"味方"だと思ってもらうことだと気づいてもらおう。つまり，「相手を変える」発想から，「自分たちが変わる」発想へのリフレーミングである（第6章2｜4）4参照）。

　これらを経て巡回相談員は，保護者との関係を構築する具体的な方途を，保育者とともに考えたい。その際，特に以下の諸点を大切にしたい。①Ｆ君の園生活で，"誉めてあげたい"エピソードを収集し積極的に報告する。その際「嬉しかったです」といった共感的な会話表現を心がける。②園でのトラブルを伝える際は事実のみではなく，Ｆ君をどう理解し，今後，対応するのかをわかりやすく伝える。③会話の導入では，保護者にとって葛藤性が強く防衛的な反応を引き起こす話題を避ける。まずは，ニュートラルな話題を選び，不安や緊張の少ない会話ができるようにする。④保護者の側の表出，例えば"困っています""どうしたらいいですか"などに着目し，以降の相談の契機とする。⑤保護者が親としての自己効力感をもてるように，些細なことでも話題にして共感・肯定する。さらに，これらの対応を可能とするカウンセリングマインドを大切にしたい。（本事例は構成された架空事例である）

相談⑦

「園にいろいろと要求を向けてくる保護者と
どう関わればいいですか？」

――――――――――――――――――――――――――――――――――― 森　正樹

1. 事例：G君（5歳男児・自閉症スペクトラム障害）は療育センターに通いつつ，「社会性を伸ばしたい」という保護者の希望で保育園に入園した。保護者はとても療育に熱心で，療育センターで使っているたくさんの絵カードを家庭でも作り，「園で使ってください」と担任に渡した。そこで後日の面談で，「保育園と療育センターは違います」と園長が考えをはっきり伝えた。またこの場で保護者はG君のパニックの相談をしたが，「ご安心を。時間が経てばきっと慣れますよ」と保育者は返答した。すると後日，個別指導の方法を詳細に記したノートが園に送られてきた。こうした「要求の多い親にどう対応したらよいのか？」と，保育者は当惑し，巡回相談員に相談を持ちかけた。

2. 問題の背景：第一点目として，保育者と保護者の"保育"に関する見解の相違に着目したい。療育センターでの療育指導は構造化され，ノウハウがわかりやすく保護者はこれを信奉している。一方，保育者は，園の自然な生活文脈の中でG君の成長と発達を支えようとしている。しかしこの保育観は保護者には伝わっていない。さらに，「時間が経てば慣れる」といった経験に偏った発言に不安感を抱いた保護者は，「ノート」を送らずにはいられなかったようだ。

　第二点目は，保育者の姿が保護者の目にどう映ったかである。園長の発言，「保育園と療育センターは違う」は確かに正論であり，これに悪気はない。「ご安心を」という対応も，当然，保護者の気持ちを思ってのことである。しかし結果として，前者のメッセージは拒否的な印象を相手に与えてしまっている。また，後者は保護者の心情への傾聴姿勢の不足は否めない。

3. コンサルテーション：まず，「要求の多い保護者」と決めつけないようにしたい。そこで巡回相談員は「ご両親が本当に望んでいることは何でしょう？」と保育者に問いかけ，一緒に考えたい。すると，一見，無理な要求の背景にある，「園と目標と手立てを共有したい」という保護者の願いが見えてくる。実は，保護者は園と保育者に期待しているのだ。そこで巡回相談では，保育者と巡回相談員が対話を通じて園の日ごろの実践を言語化し，意味づけるプロセスを大切にしたい（第6章2｜4）1参照）。そうしたコンサルテーションが契機となり，保育者は自信をもって日々の実践の意味と大切さを保護者に説明できるようになる。さらに，そんな姿に保護者は信頼を寄せてくれることであろう。

　つぎに巡回相談では，保育者が日々のコミュニケーションを振り返り，自身を内省する機会も大切だ。例えば，「ご両親の目に先生方はどう映っていますか？」「先生の目にご両親はどう見えていますか？」などと，保育者に問いかけてみたい。すると，療育の知識で"理論武装"して挑んでくるかに見える保護者から，何とか自分を守ろうとしていた自分に気づくかもしれない。また，よかれと思って発したことばが，結果的に保護者を遠ざけている，そんなコミュニケーションの難しさを実感するかもしれない。コミュニケーションでは，「伝えること」と「伝わること」は別物なのだ。

　これらの認識に立って，G君を保護者とともに支えようとする保育者の思いが，保護者に伝わる関わり方を考えてみたい。上記の面談では，①G君の"よいところ"を積極的に伝えること，②保護者の情報を保育に活かす姿勢を示すこと，③現在の保育の工夫の報告や，今後の実践の積極的提案を行うこと，④「Aできません」といった否定的ニュアンスの表現ではなく，「Bできます」と可能性に焦点化した会話表現をすることが考えられる。　　　（本事例は構成された架空事例である）

相談⑧

「虐待の可能性のある保護者との接し方は？」

阿部利彦

1．事例：年長の子ども。年齢の割に体が小さく，ほっそりしていて，ことばの発達もゆっくりしている。送り迎えのときの母親の様子も表情が乏しく，あまり子どもをかわいがっているようには感じられない。お着替えのときに，体のいくつかの箇所にあざがあるのを発見した。それからもたびたびあざや傷があるので心配している。保護者の虐待も疑われるが，どのように対応したらいいのだろうか。

2．問題の背景：虐待に繋がりやすいのは「育てにくさ」「関わりにくさ」である。多くの場合，そのうまくいかなさを家族にもわかってもらえない孤立感が影響している。親自身が自分を責めていることも多いので，子どもの「関わりにくさ」に共感し，子どもの育ちに関する課題を保護者と共有する必要があるだろう。

3．コンサルテーション：虐待が疑われるケースの場合，慎重に対応する必要があるが，場合によっては子どもの生命が危険にさらされる可能性があるので「気のせいかも」と見過ごさないよう，児童相談所などと積極的に連携していく必要がある。児童相談所に抵抗がある場合は，園医に相談してみるという方法もある。

また，子どもの年齢にもよるが，家庭での様子を丁寧に聞き取る必要がある。夕食に何を食べたか，誰と食べたか，お風呂や，寝るときの様子など，そういう日常の生活にも重要な情報が隠されている。ただし，「お母さんは怖いか？」「ぶたれたことはあるか？」などのダイレクトな質問は子どもにとって誘導になる可能性があるので，注意したい。

気が引けるかもしれないが，あざや傷は一応写真に撮っておいたり，記録に残しておいたりする必要がある。デジカメの場合はデータが残るので大丈夫であろうが，あざや傷を発見した日時やその程度を正確に把握する必要がある。あざや傷がだんだん増えているような気がする，という主観的な情報は避けたい。

保護者との関わり方であるが，保護者会の出席状況や様子，運動会や親子遊びなど園のイベントにきちんと参加するか，そのときの保護者と子どもの触れ合いの様子などを観察する。子どもの成長やよい変化について情報提供したときの保護者の反応などもおさえておきたい。そして，保護者の育て方を責めずに，発達的に気にかかる点については課題を共有できるようにしていく。虐待での相談ではなく，まずは子どもの発達相談で専門機関にリファーしていけるとよい。

園長のリーダーシップにより，必要に応じて虐待での通告という手段もとれるよう，園全体で取り組む必要がある。

親子は一緒に暮らすべきだ，という固定観念にとらわれると虐待が疑われるケースへの介入方法が狭まってしまう。保護者は一度子どもと距離をとることで，自分の課題を見つめ直すよい機会になると捉えることも重要である。

まずは子どもの命を守ることが最優先である。と同時に保護者も支援の対象であることを忘れてはならない。

相談⑨

「専門機関を利用している園児に関して，
専門職との有効な連携の方法は？」

————————————————————————————————————— 阿部利彦

1. 事例：発達障害の診断がある年長の子ども。医療機関に定期的に通院し，発達相談センターではいろいろな訓練を受けているようだ。保護者は療育に大変熱心で，専門的知識も豊富である。園としてもできる限りの支援をしていきたいと考えているが，どのような形で専門機関と連携していけばいいのだろうか。

2. 問題の背景：職員たちは，地域で実施される発達障害についての理解・支援研修会に参加しているものの，一般的知識と日々の実践には隔たりを感じることが多い。もし専門的なことを要望されても，それを実際に園で行うことには困難さが伴う。専門家が常駐しているわけではないので，調整が難しいと思われる。

3. コンサルテーション：まずはじめに，保護者と面談し，医療機関やセンターの情報をもらうことが先決である。担当医師やカウンセラーの氏名，他にどのような専門家が関わっているか（言語聴覚士，作業療法士，理学療法士など）を把握する。またどのような訓練が行われているかも知る必要がある。特に，ソーシャルスキルトレーニングなどが行われている場合，園でも歩調が合わせられる内容があるかもしれないので，訓練内容をよく把握するようにする。保護者の説明の中でわからないことはきちんと質問すること。わかったような感じで対応し，あとから理解が不十分だったことを保護者が知ると，信頼関係に影響してしまう。

　中には保護者の了解を得て，担当医などと電話で連絡を取る園もあるし，保護者と一緒に担当医に助言を受けに行くという園もある。それが難しい場合は，保護者に頼んで助言を受けたい項目を聞いてきてもらう，あるいは担当医宛に文書を作成して保護者を通じてアドバイスをもらう方法もある。文書にまとめる場合は，①どのような情報が知りたいのか，②具体的にどのようなことで困っているのか，③園ではどのような配慮をしているのか，を整理して記載するとよいだろう。

　得られた貴重な情報は個別のファイルにまとめ，園で情報を共有する必要があるし，もし年少，年中児であれば次年度にきちんと申し送りすることが求められる。またこの情報は就学相談の際にも必要になってくる。

　このように整理された情報を巡回相談員にもきちんと提供することによって，「子ども理解」の助けにすることができる。また，具体的支援を検討していくためにもこれらの情報は大変有益である。

　巡回相談員としては，園が専門機関とどう付き合っていけばいいのか，園にとってより有益な情報を提供してもらうためにはどのような準備が必要なのか，専門機関からの情報をどのように日々の支援につなげていけばいいのか，などのアドバイスができると良い。また専門機関から提供された情報をよりわかりやすく説明し直すことも重要である。

　子どもに関わる人々が繋がることにより，さらに強力な支援体制ができあがる。むすびつきを深めるために巡回相談員がコーディネーター的役割を担うことも期待される。

相談⑩

「園内研修やケースカンファレンスを
うまく進めるポイントは？」

―――――――――――――――――――――――― 大石　幸二

　園内研修やケースカンファレンス（以下，事例検討）をうまく進めることができれば，障害のある子の理解を深め，課題の背景となる問題に迫り，支援計画を効果的に遂行することができるであろう。①担任や担当者を含む園の関係者全員が支援のポイントを押さえ，②保育者の個性を活かして，③同僚や保護者と連携・協働しながら支援を進められれば，④保育者の側に心理的な余裕が生まれ，⑤冷静かつ効果的に障害のある子に対応することが可能となる。保育者の対応を観察する他の子どもたちも，何が共同生活で大切なのか，手助けを必要としている友だちにはどのように対応したらよいのか，代わりにやってあげるのではなく，できるように支えとなってあげることが重要なのだ，ということを学ぶことができる。以上のことを振り返る機会となり，自ら実践の意味づけを図るためのかけがえのない取り組みが園内研修や事例検討である。

　園内研修や事例検討は，保育者の職能発達に関わるかけがえのない取り組みである。これを成功させることができれば，個々人の力量を高めるとともに，互いをカバーし合いながら，チームや組織の支援力を増強することもできる。そのチャンスの１つが巡回相談に他ならない。そして，巡回相談を実施した後に継続的な園内研修をどのように行うか，その後も定期的に事例検討を行うことができるか，がより重要になる。そして，園内研修や事例検討を成功させるためには，「秘訣」のようなものがある。すなわち，①短時間で行う，②具体的で，小さな目標を立てる，③一人ひとりが質問を用意して問題解決を進めるインシデント・プロセスやグループワークを取り入れて，全員の意見表明・意見集約がなされる，④継続可能な，あと一歩で手が届く課題にチャレンジする，ということである。

　支援実践の領域で，とかく「PDCAサイクル」が重要である，ということが語られる。「計画⇒実行⇒評価⇒改善」のサイクルを回す，ということであるが，このような「教科書的」な取り組みは，一定の条件に恵まれた現場でなければ実践できないであろう。したがって，「無理なく，地道に漸進できる」ことが大切なのだ。事例検討を園内研修として位置づけ，担任・担当者を含む園の関係者全員が年に１回ずつ事例提案ができるとよいであろう。そして，その中で「PDCAサイクル」でなく，「RPD／Ｉのスパイラル」を実践するようにしたい。つまり，「Review：振り返り」「Plan：計画」「Do／Improve：実践しつつ改善する」ことである。ここで言う「振り返り」は，すでに実践できている支援を，まずは冷静に眺め渡してみる，ということである。そこには，今後の支援の目標と計画のヒントが隠されているはずである。続いて，「計画」は，ほんの僅かの努力で容易に実践でき，誰でもマネができる，ということである。未経験のことに挑戦をすることはストレスとなる。しかも，経験年数の浅い保育者を含めて全員が実践可能な取り組みは，やがて保護者が家庭でも実践していけるプランになるかもしれない。さらに，「実践しつつ行う」は，加配の保育者や特例保育の担当者からの報告なども参考にして，よいものはどんどん取り入れて，手立てを洗練させようということである。保育の現場では支援に関する評価会議を頻回に開くことが難しいため，「RPD／Ｉのスパイラル」を日ごろから心がけることが肝要である。そのような地道な努力により最善の実践に近づけるのである。

おわりに

　保育所保育指針，学習指導要領が改訂の時期を迎え，保育所保育指針・幼稚園教育要領が共に2018年に施行となる。

　教育界では前回の改訂のときから「生きる力」をテーマに子どもたちの育成を図ってきた。少子化や家庭および地域の教育力の低下，子どもの遊び環境の変化などの影響で子どもたちの生活力が低下しているのは事実で，子どもたちの生活力を高めるためには，認知能力を向上させること以上に非認知能力を向上させることが重要であるとの意見が注目を浴びている。非認知能力とは，「真面目さ」「粘り強さ」「自制心」「忍耐力」「気概」「首尾一貫性」などの人間性に関わる力のことで，幼児教育において，これらの力の育成を重視して教育したところ，将来の就学や，就業にも影響したというアメリカの経済学者の調査から，日本でも学力偏重の教育への批判を含め，非認知能力の育成を幼児教育において重視するようにと提唱する動きも出てきている。

　少子化が顕著になって以来，幼稚園・保育園への役割期待は保護者などから高まっているが，今後，保護者や教育界以外からも幼児教育に期待が寄せられる可能性が出てきそうである。幼稚園・保育園では家庭では体験できない多様な子どもたちと多数触れ合うことができる。育った環境も個性も異なる他者と折り合いをつけることを学ぶことができる場なのである。大人になり社会に出ていくための基礎力をつける場であり，まさに「遊び」を通して，非認知能力を育む場としてふさわしいところなのである。

　保育者にしてみれば，多様な家庭的背景を抱え，育ち方も，性格や能力もさまざまな子どもたちを集団で保育するのは，難しい話である。ことに，気になる子がいる場合は，クラス全体が落ち着かなくなっている場合もある。保護者の中には，「大変なお子さんがいることを理由に保育の手を抜かず，うちの子もよく見てほしい」などと自己中心的批判をする人もいると聞く。我が国ではクラスで問題があると教える者の個人の能力が問題にされがちで，保育者や教師が問題を1人で抱えて悩みこんでしまうケースも出ている。

　保育が目指すものは，みんなにやさしい保育，みんながやさしい保育，そしてみんなが楽しみに登園できる場づくりなのである。互いの違いを認め合い，共に育ち合う保育なのである。共に育ち合う保育を目指したクラス運営は，担任一人でできるものではなく，他のクラスの保育者や園長，副園長等の園スタッフ，時には保護者ボランティア等の地域ボランティアや専門機関のスタッフ等の力も借りてできることなのである。

　また，このような大人の力だけではなく，子どもたちの力も必要である。子どもたちの相互扶助力を求めるには，子ども一人一人の力と子ども同士の関係性を把握していないと育成の方

法も見えてこない。さらに子どもたちが楽しめる環境づくりをするには，子どもたちが日々何を発見し，何を環境に働きかけようとしているかも見ていく必要がある。

　こうしたみんなにやさしい保育，みんながやさしくなる保育，みんなが楽しめる保育づくりの支援をするのが巡回相談の役目なのである。

　近年では，保育所等訪問事業も展開されるようになり，今後は巡回相談の需要も高まり，巡回相談員が巡回相談に出かける頻度も増してくるであろう。

　保育所等訪問事業の場合は，巡回相談員が観察結果を保護者に直接報告することも出てくる。このような業務の拡大に伴い，巡回相談員の研鑽も今後ますます求められるであろう。

　本書では，気になる子どもの事例をあげて対応策についても具体的に述べてきた。また保育や障害児保育の制度や方法についても述べてきた。巡回相談員の自己研鑽の一助として，また保育者の保育の充実のための一助として本書が少しでも役に立てばと願っている。ことに子どもたちのアセスメントのツールとしての行動チェックリストは，筆者らが保育巡回相談ガイドライン研究会を立ち上げ，長年調査研究してきた成果によるものである。保育者との協議の際に役に立てていただければ幸いに思う。

　　2018年2月

　　　　　　　　　　　　　　　　　　　　　　　　　　　　金谷　京子

事項索引

あ

RPD／Ⅰのスパイラル　162
ICF（国際生活機能分類）　7
愛情の器　56
愛着関係　30
IPW（Inter Professional Work：専門職間連携）　111
アクションリサーチ　110
足場作り　116
アスペルガー障害　29
アセスメント　164
アメリカ精神医学会（APA）　29

い

怒り　123
移行支援　152
一時預かり事業　140
一時保護　144
意味づけ　100
インクルーシブ教育　91, 144
インクルーシブ教育システム　85, 141
インクルーシブ保育　91
インクルージョン　144
インシデント・プロセス　162
因子分析　14

え

ADHD（注意欠如／多動性障害，Attention-Deficit/ Hyperactivity Disorder）　18, 44
エコラリア（おうむ返し）　30
NPO　146
M-ABC　63
遠城寺式乳幼児分析的発達検査　14
延長保育事業　140
園内研修　50, 162
エンパワメント　97, 104

お

大津方式　142
OT（作業療法士）　63
親子教室　123
親の会　146

か

外発的動機づけ　8
カウンセリングマインド　107
過集中　37
華族女学校幼稚園　130
語り　98, 117
学校教育法　91, 129, 133, 141
家庭裁判所　146
家庭的保育　132
悲しみ　123
通う場の保障　91
感覚統合　63
環境調整　51, 73
環境との相互作用　109
カンファレンス　10, 34, 40, 50, 66, 95, 97, 111

き

キーパーソン　111
基準連関妥当性　13
KIDS（キッズ）乳幼児発達スケール　14
気になる子ども　6
ギフテッド（Gifted）　57
ギフテッド教育プログラム　57
教育課程　79
教育基本法　132
教育相談室　146
協調運動　62
共通理解　117
共同注意　31
居宅訪問型保育　132
居宅訪問型保育事業　140
キンダーガルテン　129

く

クライエント　85
グループワーク　162
クロンバックのα係数　14

け

警察　146
ケースカンファレンス　162
言語聴覚士　78

こ

高機能自閉症　29
構成概念妥当性　13
広汎性発達障害　29
合理的配慮　91, 93, 144
コーディネーター的役割　161
誤学習　74

国立特殊教育総合研究所　140
国立特別支援教育総合研究所　140
個人間差　109
個人差　109
個人内差　109
子育てサークル　146
ごっこ遊び　31
ことば・気持ち・からだ　56
子ども・子育て支援新制度　129, 132, 133, 140, 141
子ども・子育て支援法　133
子ども・子育て支援法及び就学前の子どもに関する
　教育，保育等の総合的な提供の推進に関する法律
　の一部を改正する法律の施行に伴う関係法律（児
　童福祉法など）の整備などに関する法律　133
子どもの権利に関する条約　3
Conners 3　45
個別相談方式　80
個別の教育支援計画　12
個別の支援計画　91
個別の指導計画　12, 156
今後の特別支援教育の在り方について（最終報告）
　141
コンサルタント　99
コンサルティ　85, 99
コンサルテーション　34, 39, 80, 97, 99

さ

最善の利益　128
作業療法士　78
サラマンカ声明　144
三位一体観　13

し

支援ファイル　156
視覚障害　120
事業所内保育　132
自己決定　156
自己肯定感　46
自己効力感　45
自己刺激　88
自己実現　156
自己選択　156
自己中心性　24
自己有能感　61
実行機能　45, 51
児童相談所　144
児童相談センター　144
児童発達支援事業所　140
児童発達支援センター　142
児童福祉施設　130, 144
児童福祉法　11, 130, 133, 142

指導要録　156
自閉症スペクトラム障害　19
自閉スペクトラム症/自閉症スペクトラム障害　29
就学相談　156
就学前の子どもに関する教育，保育等の総合的な提
　供の推進に関する法律（認定こども園法）　133
就学前の子どもに関する教育，保育等の総合的な提
　供の推進に関する法律（認定こども園法）の一部
　を改正する法律　133
就学免除　141
就学猶予　141
巡回相談　2, 141
障害児（者）地域療育等支援事業の実施について
　142
障害児相談支援事業　140
障害児通園施設等　144
障害児通所支援（児童発達支援等）　142
障害児入所支援（障害児入所施設）　142
障害児保育　91, 140
障害児保育加算　140
障害児保育事業実施要綱　142
障害者基本法　141
障害者差別解消法　144
障害者の権利に関する条約　85, 91, 141, 144
障害の告知　124
障害を理由とする差別の解消の推進に関する法律
　3
小規模保育　132
小規模保育事業　132
情動調整　25
叙述　72
私立幼稚園特殊教育費国庫補助金制度　140
事例検討　162
事例検討会　80
新学習指導要領　154
神経発達障害　45
心身障害児幼稚園助成事業補助金交付要綱　140
人的環境　109
新版K式発達検査　14
新幼稚園教育要領　153
心理外来相談　123
心理的・社会的要因　38

す

スクリーニング検査　120
スモールステップ　41, 109

せ

生活科　153
生理的原因　38
世界人権宣言　3

接続　153
全国保育士会倫理綱領　3
染色体異常　120
全般的発達遅延　38

そ

早期発見　122
ソーシャルスキルトレーニング　161
粗大運動　39, 68

た

代謝異常　120
第四の発達障害　52
脱抑制型　52
脱抑制型対人交流障害　52
脱抑制型の愛着障害　52
田中・ビネー式知能検査　14
多問題家族　53
タレンテッド：Talented　57
段階説　123

ち

地域型保育　141
地域型保育給付　140
地域療育センター　144
知覚運動　63
知的障害　19, 38
知的能力障害　38
注意喚起　72
中央教育審議会　140
中央児童福祉審議会　142
中間反抗期　25
聴覚障害　120

つ

通級指導教室　146
通常学級　156

て

DSM－5　29, 38, 45
DSM-Ⅳ　45
定型発達　6

と

東京女子師範学校附属幼稚園　129
統合保育　91
当面推進すべき児童福祉対策について　142
特殊教育　141
特別支援学級　146, 156

特別支援学校　146, 156
特別支援教育　91, 141
特別支援教育コーディネーター　91, 111
特別支援教育総合推進事業　141
特別支援教育体制推進事業　9
特別支援教育の推進について　141

な

内容的妥当性　13

に

日本版デンバー式発達スクリーニング検査　14
日本臨床心理士会　83
日本臨床発達心理士会　12, 83
乳幼児健康診査　122, 144
認知行動カウンセリング　107
認定こども園　132, 133
認定こども園法　132

の

脳性麻痺　120
ノーマライゼーション　142, 144

は

背景情報　108
発達障害者支援法　123, 142
発達障害者支援センター　142
発達性協調運動障害（Developmental Coordination
　　Disorder：以下DCD）　61
発達の最近接領域　109
発達の連続性　151
発問　104
反応性愛着障害　52
反応性アタッチメント障害／反応性愛着障害　52

ひ

ピア・サポート　153
PT（理学療法士）　63
PDCAサイクル　162
微細運動　39
否認　123
病理的原因　38

ふ

ファシリテーション　111
二葉幼稚園　130
物的環境　109
文脈情報　72

ほ

保育課程　79
保育カンファレス　32
保育カンファレンス方式　80
保育教諭　132
保育士　78
保育指針　130
保育者　82
保育所等訪問支援事業　9, 11, 140, 142
保育所保育指針　4
保育所保育指針　79, 130, 134
放課後児童健全育成事業　140
訪問指導事業　144
保健師　78
保健センター（保健所）　122
保護者支援　126
母子保健法　122

ゆ

ユニバーサルデザイン　93

よ

要求　72
養護学校　141
幼児教育アドバイザー　141
幼稚園教育要領　79, 130, 134
幼稚園令　132
幼保一元化　132
幼保小連携　154
幼保連携型認定こども園　132
幼保連携型認定こども園教育・保育要領　79, 132,
　134
抑制型　52

ら

ライフステージごとの個別の支援の充実　146
ライフステージ支援　146

り

療育支援加算　140
臨床心理士　77, 78
臨床発達心理士　77, 78

わ

ワーキングメモリ　51

人名索引

オーエン　130
城戸幡太郎　130
中村正直　129
野口幽香　130
フレーベル　129
細川潤次郎　132
森島峰　130

資　料

巡回相談に活用できるシート

〈対象児童フェイスシート〉（様式1）

氏名（イニシャル）　　　　　（男・女）	記入日　　　　年　　　　月　　　　日
園名 （地区　　　　　　　　　　　　　　）	生年月日 　　　　　　　　　年　　月　　日（　歳　月）
在籍クラス：　　　組　　歳児クラス 担任：	クラス人数　　　人，保育者数　　　人
家族構成：同居の親族　□男，○女 父　　　母 本人	居住環境： 利用できる地域資源：
生育歴	就学予定学校
専門機関への相談歴	
保護者の主訴，認識，願い：	
保育上の困難，課題：	
今後の支援方針	

資 料

〈対象児童の特徴〉（様式２）　　　　　　　　　　　　記入日　　年　月　日

氏名	性別	生年月日	クラス名
		年　月　日（　　歳　月）	

生活 習慣 運動	
情動 社会性	
言語	
認知 興味 遊び	
気に なる 行動	
最近の 変化	

巡回相談・子どもの行動記録用紙（様式3）　[児童名：イニシャル]　　男・女　[年齢（　才　月）[所属園]　　[組]　　[記入者]　　[記入日]

主な日課	対象児の気になる点	得意な面・うまくいっているところ	保育者が既に工夫していること
■登園時の様子 （送迎時・身支度等）			
■自由遊びの様子 （外遊び・室内遊び等）			
■設定遊びの様子			
■給食の様子			
■午睡の様子			
■午後の遊びの様子 （外遊び・室内遊び等）			
■降園時の様子 （迎時・身支度等）			

資　料

巡回時観察記録票（様式4）

年　　月　　日　　　NO.

園名(　　　　　　　)クラス(　　歳児　　　組)対象児(　　　　　　　)

時間・場面	子どもの動き・保育者の動き・環境	気になる点

巡回相談訪問記録（様式５）

訪問日時	年　　月　　日（　）
	時　　～　　時
訪問先	

相談にあたっての主訴

対象児童の概要
1　現在までの経過・問題点

2　観察結果

3　教師・保育者との懇談から

4　助言等の要旨

5　所見

6　今後の予定，その他

年　月　日
巡回相談員氏名

資　料

表　保育評価チェックリスト

Ⅰ．施設運営に関して

評価項目	評価結果	コメント
1－①保育理念，保育方針の明示		
1－②保育理念，保育方針の職員への徹底		
2．保育サービスを確保するための人員体制の具体的プラン		
3．所長の責任の明確化とリーダーシップの発揮		
4－①職員の教育・研修のプラン		
4－②職員の教育・研修結果の伝達		
5．地域の関係機関との連携 （児童相談所，福祉事務所，保健センター，医師，児童委員等）		

Ⅱ．利用者満足向上のための活動

評価項目	評価結果	コメント
1．保護者の意向を把握する取り組み（保護者会，保育参観等）の実施		
2．保育相談を組織的に実施している		
3．保護者向け講演会や研修会の実施		
4－①苦情解決の仕組みを作っている		
4－②苦情解決の仕組みを保護者に周知している		
5．保護者からの意見等に対応するマニュアルを整備している		
6．一人一人の保護者との日常的な情報交換が行き届いているか		
7．保護者同士の情報交換や交流の場を設けているか		

Ⅲ．自己点検，保育記録，保育の共有化

評価項目	評価結果	コメント
1．保育内容に関する自己評価を定期的に職員が実施している		
2．管理上の保育記録が作成されている（児童票，出席簿，健診記録，避難訓練簿，給食関係記録，事故発生記録，事務日誌など）		
3．一人一人の発達状況，保育目標，生活状況についての保育実践上の記録（保育日誌，保育経過記録，連絡帳，行事記録など）が作成されている		
4．職員全体に子どもの発達状況，保育目標，生活状況が周知されている		
5．勤務交代時の申し送りができているか		
6．複数担当者間の連携ができているか		

175

Ⅳ．発達援助①

評価項目	評価結果	コメント
1．保育計画が地域の実態や保護者の意向等を考慮して作成されている		
2．子どもの発達，クラスの成長に応じて，定期的に指導計画の立案，評価を行い，次の計画に生かされている		
3．子どもの健康管理を子どもの状態に応じて実施している（マニュアル作成，健康事状態の把握，情報の共有，保護者への伝達）		
4．子どもの食への配慮をしている（アレルギー，偏食，食欲不振などへの配慮）		
5．環境の整備ができている（保育室，園庭の広さ，遊具・用具の素材・形状，施設の採光，換気，保温，清潔，危険防止，くつろぎ空間など）		
6．安全確保のための施設・設備の定期点検の実施（死角の点検，故障箇所・危険箇所の点検）		
7．子どもに安全教育を実施している（危険の理解，危険の回避，危険への対処法）		
8．自然や社会との触れ合いの機会を作っているか		
9．表現活動が自由に体験できるような配慮をしているか（素材の準備，音楽表現，絵本への親しみなど）		
10．社会的ルールが理解できるような活動や役割活動を取り入れているか		
11．子どもたちの話し合いの時間を設けている		
12．グループで協力して行う活動を取り入れている		
13．異年齢交流の機会がある		
14．時間に余裕をもってクラス運営をしている		
15．長時間にわたる保育への配慮が行き届いている（子どもの疲労への対応，おやつや水分の補給など）		
16．障害児保育のための環境上の工夫があるか（バリアフリーなど）		

資　料

Ⅴ．発達援助②（保育中の保育者のかかわり方・動き方）

評価項目	評価結果	コメント
1．子どもへの話し方がわかりやすいか		
2．「早く」「ダメ」「いけません」など活動を制限することばが多いか		
3．質問に対し後回しにせず，その場で対応しているか		
4．「できない」「やって」と言ってくる子どもに対し，その都度気持ちを受け止めて対応しているか		
5．駄々をこねたり，乱暴するなど自己表現が上手にできない子どもの気持ちを汲み取ろうとしているか		
6．生活習慣や生理現象の個人差に配慮した対応をしているか		
7．子ども同士の関係をよくする言葉かけができているか		
8．両者の気持ちを受け止めてけんかの仲裁を適切にしていか		
9．他の子どもの気持ちや発言を受け入れられるような配慮をしているか		
10．「気になる」子どもとよくトラブルをおこす特定の子どもに配慮しているか		
11．「気になる」子どもを拒否する特定の子どもへの配慮をしているか		
12．「気になる」子どもと仲の良い特定の子どもに配慮する		
13．子どもが自分の意見を保育者に表明できるよう配慮しているか		
14．性差へ先入観や固定観念をもって対応していないか		
15．クラス全体を良く見て保育をしているか		
16．子どもの所在の確認をこまめに行っているか		
17．一人一人の子どもの遊びの継続性に配慮できているか		
18．子どもを引き付ける技術をもっているか		
19．保育者が活動的か，動きが長時間止まっていないか		
20．保育者が場を離れるときの伝言ができているか		

【執筆者一覧（執筆順）】

編著者

金谷京子（かなやきょうこ）聖学院大学名誉教授
　　第1章　保育のための巡回相談の実施にあたって
　　第7章　保護者支援で留意したいこと
　　第9章　小学校への移行を支援する

執筆者

澤江幸則（さわえゆきのり）筑波大学
　　第2章　巡回相談のための行動チェックリストの開発とその意義について
　　第3章　第5節　第1項　DCDについて／DCDの診断基準／DCDへの支援

藤井和枝（ふじいかずえ）元 関東学院大学
　　第3章　第1節　自閉症スペクトラム障害の事例
　　第4章　巡回相談の現状と課題—保育現場の声

白石京子（しらいしきょうこ）文教大学大学院（兼任講師）・社会福祉法人いなほ会理事
　　第3章　第2節　知的障害のある子どもの事例
　　第8章　第2節　巡回相談の諸制度

根岸由紀（ねぎしゆき）株式会社バンブーワァオ（心理専門職）
　　第3章　第3節　ADHD事例
　　第3章　第4節　ギフテッド事例
　　第3章　第5節　第1項　乳幼児期のDCDの子どもたち／巡回相談で出会うDCDの子どもたち
　　第3章　第5節　第2項　事例を通してDCDの子どもの支援を考える
　　第5章　求められる巡回相談とは？

柄田　毅（つかだたけし）文京学院大学
　　相談①　ことばの発達に遅れのある子どもへの支援のポイントは？
　　相談②　音に過敏に反応する子どもの支援のポイントは？

小野里美帆（おのざとみほ）文教大学
　　相談③　友だちを叩く子どもにどう対応すればいいのか？
　　相談④　障害のある子と加配保育士だけで“小さな世界”になってしまいます

森　正樹（もりまさき）埼玉県立大学
　　第6章　保育者をエンパワメントする巡回相談員の心構え
　　相談⑥　わが子の障害を認めない保護者とどう向かい合えばいいですか？
　　相談⑦　園にいろいろと要求を向けてくる保護者とどう関わればいいですか？

大石幸二（おおいしこうじ）立教大学
　　相談⑤　障害のある子の支援に園内でなかなか共通理解が図れません
　　相談⑩　園内研修やケースカンファレンスをうまく進めるポイントは？

和田香誉（わだかよ）元 埼玉県立大学
　　第8章　第1節　現行の保育制度について

阿部利彦（あべとしひこ）星槎大学大学院
　　相談⑧　虐待の可能性のある保護者との接し方は？
　　相談⑨　専門機関を利用している園児に関して，専門職との有効な連携の方法は？

発達と保育を支える巡回相談

臨床発達支援とアセスメントのガイドライン

2018年3月13日　初版第1刷発行	［検印省略］
2024年3月25日　初版第3刷発行	

編著者　　　　金 谷 京 子
発行者　　　　金 子 紀 子
発行所　株式会社　金 子 書 房

　　　　　〒112-0012　東京都文京区大塚3−3−7
　　　　　TEL 03-3941-0111㈹　FAX 03-3941-0163
　　　　　振替　00180-9-103376
　　　　　URL　https://www.kanekoshobo.co.jp

印刷／藤原印刷株式会社　　製本／有限会社井上製本所

© Kyoko Kanaya, et al. 2018

ISBN 978-4-7608-3266-8　C3011　Printed in Japan